陈寅恪合集

史集

陈寅恪 著

讲义集

U0134073

译林出版社

图书在版编目（CIP）数据

陈寅恪合集．史集．讲义集 / 陈寅恪著．—南京：译林出版社，2023.7
ISBN 978-7-5447-9702-3

Ⅰ.①陈… Ⅱ.①陈… Ⅲ.①陈寅恪（1890-1969）-文集 Ⅳ.①C52

中国国家版本馆CIP数据核字（2023）第 075210 号

陈寅恪合集：史集
讲义集 陈寅恪／著

合集选编	江奇勇
出版创意	王训海
特约编审	徐海燕　徐　麟
责任编辑	韩继坤
特约编辑	胡　莉　吕冰心
装帧设计	朱赢椿　杨杰芳
责任校对	孙玉兰　戴小娥
特约校对	时舒敏　徐佩兰
责任印制	颜　亮

出版发行	译林出版社
地　　址	南京市湖南路 1 号 A 楼
邮　　箱	yilin@yilin.com
网　　址	www.yilin.com
市场热线	025-86633278
排　　版	南京展望文化发展有限公司
印　　刷	南京新世纪联盟印务有限公司
开　　本	880 毫米×1280毫米　1/32
印　　张	12.75
版　　次	2023 年 7 月第 1 版
印　　次	2023 年 7 月第 1 次印刷
书　　号	ISBN 978-7-5447-9702-3
定　　价	89.00 元

陈寅恪合集

《陈寅恪合集》前言

东汉以后学术文化，其重心不在政治中心之首都，而分散于各地之名都大邑，是以地方大族盛门乃为学术文化之所寄托。中原经五胡之乱，而学术文化保持不坠者，固有地方大族之力，而汉族学术文化变为地方化及家门化矣。故论学术，只有家学之可言，而学术文化与大族盛门常不可分离也。

陈寅恪《崔浩与寇谦之》

陈寅恪（一八九〇年至一九六九年），出身世家，幼承家学。陈氏义宁之学肇始于祖父陈宝箴，形成于父亲陈三立，兴盛并终结于陈寅恪。

一九〇二年春，未满十二周岁的陈寅恪遵父命走出陈氏家塾，随长兄衡恪东渡日本，以听讲生身份就读于东京弘文学院；一九〇四年，与其兄隆恪同时考取官费留日，仍留弘文学院读高中；一九〇五年秋，插班考入上海复旦公学，一九〇九年暑期肄业。随后，陈寅恪开始了在西方的游学生涯。他先后在德国柏林大学、瑞士苏黎世大学、法国巴黎高等政治学校（巴黎政治学院）、美国哈佛大学、德国柏林大学研究院求学研究，历十五年，虽未获取学位，但因博学盛名，于一九二五年受聘为清华学校研究院导师，与梁启超、王国维、赵元任并称"清华四大导师"。在中国学术界，陈寅恪被誉为"公子的公子，教授之教授"（郑天挺语），与吕思勉、陈垣、钱穆并称"史学四大家"（严耕望语）。经历之传奇，影响之巨大，震动学界。

一九九五年十二月，陆键东所著《陈寅恪的最后二十年》由北京三联书店出版，后成为畅销书。自此，学院派教授陈寅恪由学界推入民间，并成为话题。其中，陈寅恪撰《清华大学王观堂先生纪念碑铭》中"独立之精神，自由之思想"意义的抉发阐述引发了公众的特别关注，陈著也风行一时。二〇〇一年，三联书店出版《陈寅恪集》十三种十四册，排版依陈寅恪一贯要求，繁体字竖排。

三联版《陈寅恪集》，虽经多次再版重印，刊行的数字始终与社会关注的热度相去甚远。耐人寻味的是，由陈寅恪弟子万绳楠教授根据听课笔记整理出版的《陈寅恪魏晋南北朝史讲演录》却畅销起来，至今不衰。究其原因，大概是繁体字竖排版式不合现代读者的阅读习惯，反倒是用简体字横排的由陈寅恪学生整理的听课笔记更平易近人。繁体竖排显然不利于陈著的传播，更不利于读者全面了解陈寅恪的学术成就。

二〇二〇年，陈寅恪著作权进入公有领域，我们精心选编了简体字横排版《陈寅恪合集》，让更多读者接近陈寅恪，阅读其著，体悟其思。

"综观陈寅恪的一生，有令人羡慕之才华与家学，亦有令人扼腕之失明与膑足。"（汪荣祖语）因此，陈著前后阶段表现出两种气象。我们遵其不同，分别以"史集"和"别集"呈现，以"陈寅恪合集"统摄之。

《陈寅恪合集》的内容，以陈寅恪生前审定的上海古籍版《陈寅恪文集》八种九册为基干，增补三联版《陈寅恪集》中含两晋南北朝课的《讲义集》，形成"史集"五册，"别集"五册，计九种十册。书目如下：《金明馆丛稿初编》《金明馆丛稿二编》《讲义集》《隋唐制度渊源略论稿》《唐代政治史述论稿》《元白诗笺证稿》《寒柳堂集》《柳如是别传》《诗存》。

全书内容调整和编辑体例如下：

一、全书内容除《讲义集》以三联版《陈寅恪集》为底本外，其余均以上海古籍版《陈寅恪文集》为底本。在编辑过程中，我们尽可能地对底本文字做了勘对，径改了其中存在的文字讹误。

二、所收内容略有调整。将三联版《讲义与杂稿》中杂稿部分调整至《寒柳堂集》，书名改作《讲义集》。将上海古籍版《寒柳堂记梦未定稿》与三联版《寒柳堂记梦未定稿（补）》合并为《寒柳堂记梦未定稿（增补）》，仍附《寒柳堂集》。《诗存》增加若干诗篇。

三、全书采用简体字横排。对异体字，除陈氏征引文献中的人名、地名、古籍名中的之外，均改用通行正字。

四、全书依据二〇一一年十二月发布的国家标准《标点符号用法》，对底本的原标点做了必要的调整和补充，尤其是考籍核典，尽可能全面、正确地添加了书名号。括号的使用参照上海古籍版，（）内文字仍为陈寅恪注，〔〕内文字仍为蒋天枢补。

值此陈寅恪先生逝世五十周年、诞辰一百三十周年之际，我们选编出版《陈寅恪合集》以表纪念。先生所撰《清华大学王观堂先生纪念碑铭》之结语，今实可为先生之铭词："先生之著述，或有时而不章。先生之学说，或有时而可商。惟此独立之精神，自由之思想，历千万祀，与天壤而同久，共三光而永光。"

全书由徐海燕女士主持编辑校对，朱赢椿先生主持装帧设计，王训海先生力主促成之厚谊，在此一并表示衷心感谢。

二〇一九年十月江奇勇敬识

《陈寅恪合集》总目

史集

金明馆丛稿初编

金明馆丛稿二编

讲义集

隋唐制度渊源略论稿

唐代政治史述论稿

元白诗笺证稿

别集

寒柳堂集

柳如是别传

诗存

编者注："史集"中，《隋唐制度渊源略论稿》《唐代政治史述论稿》合为一册；"别集"中，《柳如是别传》分上、中、下三册。

史集出版记言

本史集主要收录陈寅恪中年学术研究高峰期所撰著的唐史三稿及其他重要论文和讲义，侧重展现先生的学术创见。

陈寅恪早期史学研究的重点在于充分利用他所掌握的语文工具，研究"塞外之史，殊族之文"。陈氏这一阶段的重要著述在本史集中均予以收录。二十世纪三十年代以后，陈氏史学研究的重点逐渐移向魏晋至隋唐。他自言："寅恪不敢观三代两汉之书，而喜谈中古以降民族文化之史。"（《陈垣〈元西域人华化考〉序》）究其缘由，吴宓有言："寅恪尝谓唐代以异族入主中原，以新兴之精神，强健活泼之血脉，注入于久远而陈腐之文化，故其结果灿烂辉煌，有欧洲骑士文学之盛况。而唐代文学特富想象，亦由于此云云。"（《空轩诗话》）

陈寅恪在概述"晋至唐文化史"讲习方法时说："本课程讲论晋至唐这一历史时期的精神生活与物质生活之关系。……在讲论中，绝不轻易讲因果关系，而更着重条件"；"本课程学习方法，就是要看原书，要从原书中的具体史实，经过认真细致而实事求是的研究，得出自己的结论，一定要养成独立精神、自由思想、批评态度。"〔《陈寅恪先生编年事辑》（增订本）一九三二年谱〕在上"晋至唐史"第一课时，陈先生说明讲课要旨："本课程是通史性质，虽名为'晋至唐'，实际所讲的，在晋前也讲到三国，唐后也讲到五代。因为一个朝代的历史不能以朝代为始终。"他认为："必须对旧材料很熟悉，才能利用新材料。因为新材料是零星发现的，是片断的。旧材料熟，才能把新材料安置于适宜的地位。正像一幅已残破的古画，必须知道这幅画的大概轮廓，才能将其一山一树置于适当地位，以复旧观。"[《陈寅恪先生编年事辑》（增订本）一九三五年谱] 赵元任亦回忆道："寅恪总说你不把基本的材料弄清楚了，就急着要论微言大义，所得的结论还是不可靠的。"（《忆寅恪》）

俞大维认为陈寅恪研究历史的目的"是在历史中寻求历史的教训。他常说：'在史中求史识。'"（《怀念陈寅恪先生》）一九五一年陈氏在发表《论唐高祖称臣于突厥事》一文的开篇写道："吾民族武功之盛，莫过于汉唐。然汉高祖困于平城，唐高祖亦尝称臣于突厥，汉世非此篇所论，独唐高祖起兵太原时，实称臣于突厥，而太宗又为此事谋主，后来史臣颇讳饰之，以至其事之本末不明显于后世。夫唐高祖太宗迫于当时情势不得已而出此，仅逾十二三年，竟灭突厥而臣之，大耻已雪，奇功遂成，又何讳饰之必要乎？兹略取旧记之关于此事者，疏通证明之，考兴亡之陈迹，求学术之新知，特为拈出此一重公案，愿与当世好学深思读史之有心人共参究之也。"在文章的结尾他发出感慨："呜呼！古今唯一之'天可汗'，岂意其初亦尝效刘武周辈之所为耶？初虽效之，终能反之，是固不世出人杰之所为也。又何足病哉！又何足病哉！"全篇用古典以述今事，盖有深意存焉。可见陈寅恪无时不"在历史中寻求历史的教训"，且以"了解之同情"品评史实和古人，这篇论文便是其中一例。

我因编辑《李泽厚十年集》，与李泽厚先生结交二十余年，曾听他高度评价陈氏的《魏晋南北朝史讲演录》。二〇一〇年在与刘绪源的对话中，他更加明确地表达了自己的观点："陈寅恪先生治史，所用的材料也是不多的。他材料看得极多极熟，但用的时候，只把关键的几条一摆就定案。他主要是有 insight，洞见。有见识、史识。……真正能代表陈寅恪治学水平和治学方法的，还是他的《唐代政治史述论稿》《隋唐制度渊源略论稿》那些书。"（《该中国哲学登场了?》）

陈寅恪一九四四年八月十日致陈槃信中自述："弟近草成一书，名曰'元白诗笺证'，意在阐述唐代社会史事，非敢说诗也。弟前作两书，一论唐代制度，一论唐代政治，此书则言唐代社会风俗耳。"（《陈寅恪集·书信集》）本史集以该书殿后，取"以诗证史"的代表作来承启下面的"别集"，以引领读者步入陈氏晚年史学研究领域。

二〇一九年十月江奇勇敬识

史集

讲义集

目

次

两晋南北朝史（高等学校交流讲义）

编者案：原讲义目录页又题作"两晋南北朝史参考资料"。在十九讲之后另有论文七篇，因已分别编入《金明馆丛稿初编》《金明馆丛稿二编》，故本卷略去，只存目以备读者了解讲义原貌。

万绳楠教授《陈寅恪魏晋南北朝史讲演录》系依据此讲义整理的，请读者参照该讲义阅读。

目

次

附年表

公元二〇〇年	汉献帝建安五年	官渡之战
公元二二〇年	魏文帝黄初元年 十月庚午改元	魏代汉
公元二二一年	蜀先主章武元年 四月丙午改元	蜀称帝
公元二二二年	吴大帝黄武元年 十月改元	吴称帝
公元二四九年	魏齐王芳嘉平元年 四月乙丑改元	司马懿杀曹爽
公元二六三年	魏陈留王奂景元四年 十一月	魏灭蜀
公元二六五年	晋武帝泰始元年 十二月改元	晋代魏
公元二八〇年	晋武帝太康元年 四月乙酉改元	晋灭吴
公元三一七年	东晋元帝建武元年 三月辛卯	

一 魏晋统治者之社会阶级 附论吴、蜀

《晋书》一《宣帝纪》云：

> 楚汉间，司马卬为赵将，与诸侯伐秦。秦亡，立为殷王，都河内。汉以其地为郡，子孙遂家焉。自卬八世，生征西将军钧，字叔平。钧生豫章太守量，字公度。量生颍川太守俊，字元异。俊生京兆尹防，字建公。帝即防之第二子也，博学洽闻，伏膺儒教。

《后汉书》一一七《西羌传》略云：

> 〔永初元年〕先零别种滇零与锺羌诸种大为寇掠。明年冬，〔邓〕骘使任尚及从事中郎司马钧率诸郡兵与滇零等数万人战于平襄（县名，属汉阳郡），尚军大败，死者八千余人。于是滇零等自称天子于北地。〔元初〕二年春，遣左冯翊司马钧行征西将军，督右扶风仲光、安定太守杜恢、北地太守盛包、京兆虎牙都尉耿溥、右扶风都尉皇甫旗等，合八千余人，又庞参将羌胡兵七千余人，与钧分道并北击零昌。参兵至勇士（县名，属天水郡）东，为杜季贡所败，于是引退。钧等独进攻，拔丁奚城，大克获。杜季贡率众伪逃。钧令光、恢、包等收羌禾稼，光等违钧节度，散兵深入，羌乃设伏要击之。钧在城中，怒而不救，光并没，死者三千余人。钧乃遁还，坐征自杀。

《三国志·魏志》一五《司马朗传》裴《注》引司马彪《序传》云：

> 朗祖父俊，字元异，博学好古，乡党宗族咸景附焉，位至颍川太守。父防，字建公，闲居宴处，威仪不忒。雅好《汉书》名臣列传，所讽诵者数十万言。少仕州郡，历官洛阳令、京兆尹。诸子虽冠成人，不命曰进不敢进，不命曰坐不敢坐，不指

有所问不敢言，父子之间肃如也。有子八人，朗最长，次即晋宣皇帝也。

《后汉书》四五《袁安传》略云：

袁安字邵公，汝南汝阳人也。祖父良，习《孟氏易》，平帝时举明经，为太子舍人；建武初，至成武令。安少传良学，为人严重有威，见敬于州里。建初八年，迁太仆。〔元和三年〕代第五伦为司空。章和元年，代桓虞为司徒。

同书五四《杨震传》略云：

杨震字伯起，弘农华阴人也。父宝，习《欧阳尚书》。哀、平之世，隐居教授。震少好学，受《欧阳尚书》于太常桓郁，明经博览，无不穷究。诸儒为之语曰："关西孔子杨伯起。"延光二年，代刘恺为太尉。

《世说新语·政事类》"山公以器重朝望"条刘《注》引虞预《晋书》曰：

山涛字巨源，河内怀人。祖本，郡孝廉。父曜，冤句令。涛蚤孤而贫，少有器量，宿士犹不慢之。年十七，宗人谓宣帝曰："涛当与景、文共纲纪天下者也。"帝戏曰："卿小族，那得此快人邪？"好庄老，与嵇康善。为河内从事，与石鉴共传宿，涛夜起蹋鉴曰："今何等时而眠也。知太傅卧何意？"鉴曰："宰相三日不朝，与尺一令归第，君何虑焉。"涛曰："咄！石生，无事马蹄闲也。"投传而去。果有曹爽事，遂隐身不交世务。累迁吏部尚书、仆射、太子少傅、司徒。年七十九薨，谥康侯。

同书《简傲类》云：

> 谢万在兄前，欲起，索便器。于时阮思旷在坐曰："新出门户，笃而无礼。"

《晋书》四九《阮籍传》附《阮裕传》略云：

> 裕字思旷。尝以人不须广学，正应以礼让为先。

《晋书》二〇《礼志中》略云：

> 文帝之崩，国内服三日。武帝亦遵汉魏之典，既葬除丧，然犹深衣素冠，降席撤膳。太宰司马孚等奏（请）敕御府易服，内者改坐，太官复膳，诸所施行，皆如旧制。诏曰："本诸生家，传礼来久，何心一旦便易此情于所天。"孚等重奏（请）敕有司改坐复常，率由旧典。又诏曰："三年之丧，自古达礼，虽薄于情，食旨服美，所不堪也。不宜反覆，重伤其心，言用断绝，奈何奈何。"帝遂以此礼终三年，后居太后之丧亦如之。

《抱朴子·外篇·讥惑篇》云：

> 吾闻晋之宣、景、文、武四帝，居亲丧皆毁瘁逾制，又不用王氏二十五月之礼，皆行（二十）七月服，于时天下之在重哀者，咸以四帝为法。世人何独不闻此而虚诬高人，不亦惑乎？

《三国志·魏志》四《陈留王奂传》云：

> 咸熙元年三月丁丑，以司空王祥为太尉，征北将军何曾为司徒，尚书左仆射荀颢为司空。己卯，进晋公爵为王，封十郡，并前二十。

同书同卷裴《注》引《汉晋春秋》曰：

> 晋公既进爵为王，太尉王祥、司徒何曾、司空荀颢并诣王。颢

曰："相王尊重，何侯与一朝之臣皆已尽敬，今日便当相率而拜，无所疑也。"祥曰："相国位势诚为尊贵，然要是魏之宰相，吾等魏之三公，公王相去，一阶而已，班列大同，安有天子三公可辄拜人者？损魏朝之望，亏晋王之德，君子爱人以礼，吾不为也。"及入，颙遂拜，而祥独长揖。王谓祥曰："今日然后知君见顾之重。"

《晋书》三三《王祥传》略云：

> 王祥，琅邪临沂人。祖仁，青州刺史。祥性至孝。早丧亲，继母朱氏不慈，数谮之，由是失爱于父，每使扫除牛下，祥愈恭谨。父母有疾，衣不解带，汤药必亲尝。母常欲生鱼，时天寒冰冻，祥解衣将剖冰求之，冰忽自解，双鲤跃出，持之而归。母又思黄雀炙，复有黄雀数十飞入其幕，复以供母。乡里惊叹，以为孝感所致焉。有丹柰结实，母命守之，每风雨，祥辄抱树而泣，其笃孝纯至如此。

同书同卷《何曾传》略云：

> 何曾，陈国阳夏人也。父夔，魏太仆、阳武亭侯。进封颍昌乡侯。咸宁四年薨，下礼官议谥，博士秦秀谥为"缪丑"，帝不从，策谥曰"孝"。曾性至孝，闺门整肃，自少及长，无声乐嬖幸之好。年老之后，与妻相见，皆正衣冠，相待如宾。己南向，妻北面，再拜上酒，酬酢既毕便出。一岁如此者不过再焉。初，司隶校尉傅玄著论称曾及荀颙曰："以文王之道事其亲者，其颍昌何侯乎，其荀侯乎！古称曾、闵，今曰荀、何。内尽其心以事其亲，外崇礼让以接天下。孝子，百世之宗；仁

人，天下之命。有能行孝之道，君子之仪表也。"又曰："荀、何，君子之宗也。"然性奢豪，务在华侈。帷帐车服，穷极绮丽；厨膳滋味，过于王者。每燕见，不食太官所设，帝辄命取其食。蒸饼上不坼作十字不食。食日万钱，犹曰无下箸处。人以小纸为书者，敕记室勿报。刘毅等数劾奏曾侈忲无度，帝以其重臣，一无所问。都官从事刘享尝奏曾华侈，以铜钩鼗纼车，莹牛蹄角。后曾辟享为掾，常因小事加享杖罚。其外宽内忌，亦此类也。时司空贾充权拟人主，曾卑充而附之。及充与庾纯因酒相竞，曾议党充而抑纯，以此为正直所非。

同书三九《荀顗传》略云：

荀顗，颍川人，魏太尉彧之第六子也。性至孝，与扶风王骏论仁孝孰先，见称于世。咸熙中，迁司空，进爵乡侯。以母忧去职，毁几灭性，海内称之。明三礼，知朝廷大仪，而无质直之操，唯阿意苟合于荀勖、贾充之间。初，皇太子将纳妃，顗上言贾充女姿德淑茂，可以参选，以此获讥于世。

《三国志·魏志》一《武帝纪》略云：

太祖武皇帝，沛国谯人也。姓曹，讳操，字孟德。桓帝世，曹腾为中常侍大长秋，封费亭侯。养子嵩嗣，官至太尉，莫能审其生出本末。（裴《注》云：吴人作《曹瞒传》及郭颁《世语》并云，嵩，夏侯氏之子，夏侯惇之叔父，太祖于惇为从父兄弟。）嵩生太祖。太祖少机警，有权数，而任侠放荡，不治行业，世人未之奇也。

同书《魏志》六《袁绍传》裴《注》引《魏氏春秋》载陈琳檄文

略云：

〔曹〕操赘阉遗丑，本无令德，僄狡锋侠，好乱乐祸，加其细政苛惨，科防互设，缯缴充蹊，坑阱塞路，举手挂网罗，动足蹈机陷。

同书《魏志》一二《毛玠传》云：

务以俭率人，由是天下之士莫不以廉节自励，虽贵宠之臣，舆服不敢过度。

同书《魏志》一《武帝纪》裴《注》引《魏书》曰：

性节俭，不好华丽，后宫衣不锦绣，侍御履不二采，帷帐屏风坏则补纳，茵蓐取温，无有缘饰。

同书《魏志》一二《崔琰传》裴《注》引《世语》曰：

〔曹〕植妻衣绣，太祖登台见之，以违制，命还家赐死。

同书《魏志》一《武帝纪》"建安十五年"云：

春，下令曰："自古受命及中兴之君，曷尝不得贤人君子与之共治天下者乎？及其得贤也，曾不出闾巷，岂幸相遇哉？上之人不求之耳。今天下尚未定，此特求贤之急时也。'孟公绰为赵、魏老则优，不可以为滕、薛大夫。'若必廉士而后可用，则齐桓其何以霸世？今天下得无有被褐怀玉而钓于渭滨者乎？又得无盗嫂受金而未遇无知者乎？二三子其佐我明扬仄陋，唯才是举，吾得而用之。"

〔建安十九年十二月〕乙未令曰："夫有行之士，未必能进取，进取之士，未必能有行也。陈平岂笃行，苏秦岂守信邪？而陈平定汉业，苏秦济弱燕。由此言之，士有偏短，庸可废乎？有司明思此义，则士无遗滞，官无废业矣。"又曰："夫刑，百姓之命也。而军中典狱者或非其人，而任以三军死生之事，吾甚惧之。其选明达法理者，使持典刑。"于是置理曹掾属。

〔建安二十二年裴《注》引〕《魏书》曰：秋八月，令曰："昔伊挚、傅说出于贱人，管仲，桓公贼也，皆用之以兴。萧何、曹参，县吏也，韩信、陈平，负污辱之名，有见笑之耻，卒能成就王业，声著千载。吴起贪将，杀妻自信，散金求官，母死不归。然在魏，秦人不敢东向；在楚，则三晋不敢南谋。今天下得无有至德之人放在民间，及果勇不顾，临敌力战；若文俗之吏，高才异质，或堪为将守；负污辱之名，见笑之行，或不仁不孝而有治国用兵之术。其各举所知，勿有所遗。"

《晋书》一《宣帝纪》略云：

帝内忌而外宽，猜忌多权变。魏武察帝有雄豪志，闻有狼顾相，欲验之。乃召使前行，令反顾，面正向后而身不动。帝于是勤于吏职，夜以忘寝，至于刍牧之间，悉皆临履，由是魏武意遂安。及平公孙文懿（渊），大行杀戮。诛曹爽之际，支党皆夷及三族，男女无少长，姑姊妹之适人者皆杀之。既而竟迁魏鼎云。迹其猜忍，盖有符于狼顾也。

《世说新语·尤悔类》云：

王导、温峤俱见明帝，帝问温前世所以得天下之由。温未答。顷，王曰："温峤年少未谙，臣为陛下陈之。"王乃具叙宣王创业之始，诛夷名族，宠树同己，及文王之末高贵乡公事。（刘《注》云：宣王创业，诛曹爽，任蒋济之流者是也。）明帝闻之，覆面着床曰："若如公言，祚安得长！"

《三国志·吴志》三《孙皓传》"斩吴丞相张悌"下裴《注》引《襄阳记》曰：

> 魏伐蜀，吴人问悌曰："司马氏得政以来，大难屡作，智力虽丰，而百姓未服也。今又竭其资力，远征巴蜀，兵劳民疲而不知恤，败于不暇，何以能济？"悌曰："不然。曹操虽功盖中夏，威震四海，崇诈杖术，征伐无已，民畏其威，而不怀其德也。丕、叡承之，系以惨虐，内兴宫室，外惧雄豪，东西驰驱，无岁获安，彼之失民，为日久矣。司马懿父子，自握其柄，累有大功，除其烦苛而布其平惠，为之谋主而救其疾，民心归之，亦已久矣。故淮南三叛而腹心不扰，曹髦之死，四方不动，摧坚敌如折枯，荡异同如反掌，任贤使能，各尽其心，非智勇兼人，孰能如之？其威武张矣，本根固矣，群情服矣，奸计立矣。彼强弱不同，智算亦胜，困危而伐，殆其克乎！"

同书《魏志》一《武帝纪》"建安九年九月"，令曰："河北罹袁氏之难，其令无出今年租赋。"重豪强兼并之法，百姓喜悦。裴《注》引《魏书》云：

> 公令曰："有国有家者，不患寡而患不均，不患贫而患不安。袁氏之治也，使豪强擅恣，亲戚兼并；下民贫弱，代出租赋，炫鬻家财，不足应命；审配宗族，至乃藏匿罪人，为逋逃主。欲望百姓亲附，甲兵强盛，岂可得邪！其收田租亩四升，户出绢二匹、绵二斤而已，他不得擅兴发。郡国守相明检察之，无令强民有所隐藏，而弱民兼赋也。"

同书《魏志》一五《贾逵传》略云：

自为儿童，戏弄常设部伍，祖父习异之，曰："汝大必为将率。"口授兵法数万言。初为郡吏，（后）为豫州刺史，是时天下初复，州郡多不摄。逵曰："州本以御史出监诸郡，以六条诏书察长吏二千石已下，故其状皆言严能鹰扬，有督察之才，不言安静宽仁，有恺悌之德也。今长吏慢法，盗贼公行，州知而不纠，天下复何取正乎？"兵曹从事受前刺史假，逵到官数月乃还，考竟，其二千石以下阿纵不如法者，皆举奏免之。〔文〕帝曰："逵真刺史矣。"布告天下，当以豫州为法。薨，子充嗣，咸熙中为中护军。（裴《注》引《晋诸公赞》曰：高贵乡公之难，司马文王赖充以免。为晋室元功之臣。）

同书《魏志》二八《王凌传》裴《注》引干宝《晋纪》曰：

凌到项，见贾逵祠在水侧，凌呼曰："贾梁道，王凌固忠于魏之社稷者，唯尔有神，知之。"其年（嘉平二年）八月太傅（司马懿）有疾，梦凌、逵为祸，甚恶之，遂薨。

《晋书》五〇《庚纯传》略云：

初，纯以贾充奸佞，与任恺共举充西镇关中，充由是不平。充尝宴朝士，而纯后至，充谓曰："君行常居人前，今何以在后？"纯曰："且有小市井事不了，是以来后。"世言纯之先尝有伍伯者，充之先有市魁者，充、纯以此相讥焉。充自以位隆望重，意殊不平。及纯行酒，充不时饮。纯曰："长者为寿，何敢尔乎！"充曰："父老不归供养，将何言也！"纯因发怒曰："贾充！天下凶凶，由尔一人。"充曰："充辅佐二世，荡平巴蜀，有何罪而天下为之凶凶？"纯曰："高贵乡公何在？"众坐因罢。充左右欲执纯，中护军羊琇、侍中王济佑之，因得出。

同书三一《惠贾皇后传》略云：

惠贾皇后，父充。荒淫放恣，与太医令程据等乱彰内外。

同书四○《贾充传》略云：

以外孙韩谧为〔充子〕黎民子，奉充后。谧母贾午，充少女也。父韩寿，美姿貌，贾充辟为司空掾。女见寿而悦焉，呼寿夕入。充知女与寿通，遂以女妻寿。

《三国志·魏志》二二《陈矫传》裴《注》引《世语》略云：

〔魏明〕帝忧社稷，问矫："司马公（懿）忠正，可谓社稷之臣乎？"矫曰："朝廷之望，社稷未知也。"

又引《魏氏春秋》曰：

矫本刘氏子，出嗣舅氏，而婚于本族。徐宣每非之，庭议其阙。太祖惜矫才量，欲拥全之，乃下令曰："丧乱已来，风教周薄，谤议之言，难用襃贬。自建安五年已前，一切勿论。其以断前诽议者，以其罪罪之。"

同书《魏志》九《夏侯惇传》云：

子楙素自封列侯。初，太祖以女妻楙，即清河公主也。

同书同卷《夏侯渊传》云：

渊妻，太祖内妹。长子衡，尚太祖弟海阳哀侯女。

同书同卷《夏侯尚传》云：

尚有爱妾嬖幸，宠夺嫡室。嫡室，曹氏女也，故文帝遣人绞杀之。

同书同卷夏侯尚附子玄传云：

> 正始初，曹爽辅政。玄，爽之姑子也。

《晋书》三五《陈骞传》略云：

> 陈骞，临淮东阳人也。父矫，魏司徒。武帝受禅，〔骞〕以佐命之勋，封高平郡公。与贾充、石苞、裴秀等俱为心膂，而骞智度过之，充等亦自以为不及也。弟稚与其子舆忿争，遂说骞子女秽行，骞表徙弟，以此获讥于世。

同书三三《石苞传》略云：

> 石苞，渤海南皮人也。县召为吏，给农司马。会谒者阳翟郭玄信奉使，求人为御，司马以苞及邓艾给之。行十余里，玄信谓二人曰："子后并当至卿相。"苞曰："御隶也，何卿相乎?"文帝崩，贾充、荀勖议葬礼未定。苞时奔丧，恸哭曰："基业如此，而以人臣终乎!"葬礼乃定。每与陈骞讽魏帝以历数已终，天命有在。及禅位，苞有力焉。

> 〔苞子〕崇颖悟有才气，而任侠无行检。在荆州劫远使商客，致富不赀。复拜卫尉，与潘岳谄事贾谧。财产丰积，室宇宏丽。后房百数，皆曳纨绣、珥金翠。丝竹尽当时之选，庖膳穷水陆之珍。与贵戚王恺、羊琇之徒以奢靡相尚。〔崇被害后，〕有司簿阅崇水碓三十余区，苍头八百余人，他珍宝货贿田宅称是。

《三国志·蜀志》五《诸葛亮传》"张飞卒后领司隶校尉"条裴《注》引《蜀记》所载"郭冲条亮五事"，其一事略云：

> 亮刑法峻急，刻剥百姓，自君子小人咸怀怨叹。法正谏曰：

"愿缓刑弛禁，以慰其望。"亮答曰："刘璋暗弱，自焉以来有累世之恩，文法羁縻，互相承奉，德政不举，威刑不肃。蜀土人士专权自恣，君臣之道渐以陵替；宠之以位，位极则贱，顺之以恩，恩竭则慢。所以致弊，实由于此。吾今威之以法，法行则知恩。限之以爵，爵加则知荣；荣恩并济，上下有节，为治之要，于斯而著。"

同书《蜀志》一《刘焉传》略云：

焉少仕州郡，以宗室拜中郎，后以师祝公（司徒祝恬）丧去官。居阳城山，积学教授，举贤良方正，辟司徒府。

同书《蜀志》二《先主传》略云：

先主少孤，与母贩履织席为业。事故九江太守同郡卢植。先主不甚乐读书，好交结豪侠，年少争附之。

同书同卷同传裴《注》引《诸葛亮集》载先主遗诏敕后主略云：

闻丞相为写《申》《韩》《管子》《六韬》一通已毕。

《三国志·吴志》一《孙坚传》裴《注》引《吴书》略云：

坚世仕吴，家于富春，母怀妊坚，梦肠出绕吴昌门，寤而惧之，以告邻母。邻母曰："安知非吉征也?"

《抱朴子·外篇》三四《吴失篇》略云：

吴之晚世，尤剧之病：贤者不用，淬秽充序，纪纲弛紊，吞舟多漏。贡举以厚货者在前，官人以党强者为右。匪富匪势，穷年无冀。秉维之佐，牧民之吏，非母后之亲，则阿谄之人也。车服则光可以鉴，丰屋则群乌爱止。势利倾于邦君，储积富乎公室。僮仆成军，闭门为市。牛羊掩原隰，田池布千里。虽造宾不沐嘉旨之俟，饥士不蒙升合之救，而金玉满堂，妓妾溢房，商贩千艘，腐谷万庚，园囿拟上林，馆第僭太极，梁肉余于犬马，积珍陷于帑藏。屡为奔北之辱将，而不失前锋之显号；不别菽麦之同异，而忝叨顾问之近任。

《晋书》四二《王濬传》略云：

〔王〕浑又腾周浚书，云濬军得吴宝物。濬又表曰：被壬戌诏书，下安东将军〔王浑〕所上扬州刺史周浚书谓臣诸军得孙皓宝物。

同书四三《王戎传》云：

性好兴利，广收八方园田水碓，周遍天下。积实聚钱，不知纪极，每自执牙筹，昼夜算计，恒若不足。而又俭啬，不自奉养。天下人谓之膏肓之疾。女适裴頠，贷钱数万，久而未还。女后归宁，戎色不悦，女遽还直，然后乃欢。从子将婚，戎遗其一单衣，婚讫而更责取。家有好李，常出货之，恐人得种，恒钻其核。以此获讥于世。

同书四五《和峤传》云：

峤家产丰富，拟于王者，然性至吝，以是获讥于世，杜预以为峤有钱癖。

同书九四《隐逸传·鲁褒传》略云：

元康之后，纲纪大坏，褒伤时之贪鄙，乃隐姓名，而著《钱神论》以刺之。其略云："亲之如兄，字曰'孔方'。失之则贫弱，得之则富昌。京邑衣冠，疲劳讲肆。厌闻清谈，对之睡寐。见我家兄，莫不惊视。洛中朱衣，当涂立士，爱我家兄，皆无已已。谚曰：'钱无耳，可使鬼。'凡今之人，惟钱而已。"

同书五《孝愍帝纪论》引干宝之言略云：

加以朝寡纯德之人，乡乏不贰之老，风俗淫僻，耻尚失所。学者以《老》《庄》为宗而黜六经，谈者以虚荡为辨而贱名检，行身者以放浊为通而狭节信，进仕者以苟得为贵而鄙居正，当官者以望空为高而笑勤恪。是以刘颂屡言治道，傅咸每纠邪正，皆谓之"俗吏"。其倚杖虚旷、依阿无心者，皆名重海内。若夫文王日昃不暇食，仲山甫夙夜匪懈者，盖共嗤黜以为灰尘矣。由是毁誉乱于善恶之实，情愿奔于货欲之途。选者为人择官，官者为身择利，而执钧当轴之士，身兼官以十数。大极其尊，小录其要，而世族贵戚之子弟陵迈超越，不拘资次。悠悠风尘，皆奔竞之士。其妇女，庄栉织纴皆取成于婢仆，未尝知女工丝枲之业，中馈酒食之事也。先时而婚，任情而动，故皆不耻淫泆之过，不拘妒忌之恶，父兄不之罪也，天下莫之非也。又况责之闻四教于古，修贞顺于今，以辅佐君子者哉！礼法刑政于此大坏，如水斯积而决其堤防，如火斯畜而离其薪燎也。国之将亡，本必先颠，其此之谓乎！故观阮籍之行，而觉礼教崩弛之所由也。察庾纯、贾充之争，而见师尹之多僻；考平吴之功，而知将帅之不让；思郭钦之谋，而寤戎狄之有衅；览傅玄、刘毅之言，而得百官之邪；核傅咸之奏、钱神之论，而睹宠赂之彰。民风国势如此，虽以中庸之才、守文之主治之，辛有必见之于祭祀，季札必得之于声乐，范燮必为之请死，贾谊必为之痛哭，又况我惠帝以放荡之德临之哉！

二　罢州郡武备与封建制度

《世说新语·识鉴类》"晋武帝讲武于宣武场"条刘《注》引《竹林七贤论》曰：

> 咸宁中，吴既平，上将为桃林、华山之事，息役弭兵，示天下以大安。于是州郡悉去兵，大郡置武吏百人，小郡五十人。时京师犹讲武，山涛因论孙吴用兵本意。涛为人常简默，盖以为国者不可以忘战，故及之。

《名士传》曰：

> 涛居魏晋之间，无所标明，尝与尚书卢钦言及用兵本意。武帝闻之，曰："山少傅名言也。"

又引《竹林七贤论》曰：

> 永宁之后，诸王构祸，狡虏歘起，皆如涛言。

《晋书》三《武帝纪》云：

> 〔泰始〕九年十一月丁酉，临宣武观，大阅诸军，甲辰乃罢。
>
> 〔泰始〕十年十一月庚午，帝临宣武观，大阅诸军。
>
> 咸宁元年十一月癸亥，大阅于宣武观，至于己巳。
>
> 〔咸宁〕三年十一日丙戌，帝临宣武观，大阅，至于壬辰。
>
> 太康元年三月壬寅，孙皓降。〔太康〕四年正月戊午，司徒山涛薨。

同书四三《山涛传》略云：

> 咸宁初，转太子少傅。

同书四四《卢钦传》略云：

> 入为尚书仆射，咸宁四年卒。

同书五七《陶璜传》略云：

吴既平，普减州郡兵，璜上言曰："臣〔在交州〕所统之卒本七千余人，其见在者二千四百二十人。未宜约损，以示单虚。"从之。

《三国志·魏志》一五《司马朗传》云：

朗以为天下土崩之势，由秦灭五等之制，而郡国无蒐狩习战之备故也。今虽五等未可复行，可令州郡并置兵，外备四夷，内威不轨，于策为长。又以为宜复井田。往者以民各有累世之业，难中夺之，是以至今。今承大乱之后，民人分散，土业无主，皆为公田，宜及此时复之。议虽未施行，然州郡领兵，朗本意也。

同书《魏志》四《陈留王奂传》云：

咸熙元年五月庚申，相国晋王奏复五等爵。

《通鉴》八一《晋纪》武帝太康元年末诏曰：

昔自汉末，四海分崩，刺史内亲民事，外领兵马。今天下为一，当韬戢干戈，刺史分职，皆如汉氏故事。悉去州郡兵，置武吏百人，小郡五十人。（此诏全文见刘昭《补〈后汉书·百官志〉注》引。）

《三国志·魏志》二三《裴潜传》裴《注》引《魏略》曰：

潜世为著姓。父茂，仕灵帝时，历县令、郡守、尚书。建安初，以奉使率导关中诸将，讨李催有功，封列侯。

又裴《注》引《魏略》曰：

其家教上下相奉事，有似于石奋。其履检校度，自魏兴少能及者。

《晋书》三五《裴秀传》略云：

裴秀，河东闻喜人也。祖茂，汉尚书令。父潜，魏尚书令。渡辽将军毌丘俭尝荐秀于大将军曹爽，曰："（秀）孝友著于乡党，高声闻于远近。"魏咸熙初，厘革宪司。时荀颉定礼仪，贾充正法律，而秀改官制焉。秀议五等之爵，自骑督以上六百余人皆封。武帝既即王位，拜尚书令、右光禄大夫，与御史大夫王沈、卫将军贾充俱开府，加给事中。秀儒学洽闻，且留心政事，当禅代之际，总纳言之要，其所裁当，礼无违者。

同书三九《王沈传》略云：

王沈，太原晋阳人也。祖柔，汉匈奴中郎将。父机，魏东郡太守。沈少孤，养于从叔司徒昶，事昶如父，奉继母寡嫂，以孝义称。好书，善属文。时魏高贵乡公好学有文才，引沈及裴秀数于东堂讲宴属文，号沈为"文籍先生"，秀为"儒林丈人"。及高贵乡公将攻文帝，召沈及王业告之，沈、业驰白帝，以功封安平侯，邑二千户。沈既不忠于主，甚为众论所非。沈以才望，显名当世，是以创业之事，羊祜、荀勖、裴秀、贾充等，皆与沈谘谋焉。

同书四〇《贾充传》云：

泰始中，人为充等谣曰："贾、裴、王，乱纪纲；王、裴、贾，济天下。"言亡魏而成晋也。

同书四六《刘颂传》略云：

除淮南相。颂上疏曰：今诸王裂土，皆兼于古之诸侯，而君贱其爵，臣耻其位，莫有安志，其故何也？法同郡县，无成国之制故也。今虽一国周环近将千里，然力实寡，不足以奉国典。宜令诸王国容少，而军容多。然于古典所应有者，悉立其制，然非急所须，渐而备之，不得顿设也。（寅恪案：《通鉴》系颂上疏事于太康十年末。）

同书一四《地理志》云：

武帝泰始元年，封诸王，以郡为国。邑二万户为大国，置上、中、下三军，兵五千人；邑万户为次国，置上军、下军，兵三千人；五千户为小国，置一军，兵千五百人。

同书五九《长沙王乂传》略云：

〔楚王〕玮既诛，乂以同母，贬为常山王。三王之举义也，乂率国兵应之。

同书同卷《东海王越传》云：

以东海国上军将军何伦为右卫将军，王景为左卫将军，领国兵数百人宿卫。

三 清谈误国

附「格论」

《世说新语·文学类》"锺会撰《四本论》始毕"条刘《注》云：

> 《魏志》曰：会论才性同异，传于世。"四本"者，言才性同、才性异、才性合、才性离也。尚书傅嘏论同，中书令李丰论异，侍郎锺会论合，屯骑校尉王广论离。文多不载。

《三国志·魏志》二一《傅嘏传》略云：

> 曹爽秉政，何晏为吏部尚书。嘏谓爽弟羲曰："何平叔外静而内铦巧，好利，不念务本。吾恐必先惑子兄弟，仁人将远，而朝政废矣。"晏等遂与嘏不平，因微事以免嘏官。起家拜荥阳太守，不行。太傅司马宣王请为从事中郎。曹爽诛，为河南尹，迁尚书。正元二年春，毌丘俭、文钦作乱。或以司马景王不宜自行，可遣太尉孚往，惟嘏及王肃劝之。景王遂行。以嘏守尚书仆射，俱东。俭、钦破败，嘏有谋焉。及景王薨，嘏与司马文王径还洛阳，文王遂以辅政。嘏以功进封阳乡侯。

《世说新语·贤媛类》"王公渊娶诸葛诞女"条刘《注》引《魏氏春秋》曰：

> 王广字公渊，王凌子也。有风量才学，名重当世。与傅嘏等论才性同异，行于世。

《三国志·魏志》二八《王凌传》云：

> 〔凌子〕广有志尚学行。〔凌败并死，〕死时四十余。

同书《魏志》九《夏侯尚传》略云：

> 中书令李丰虽宿为大将军司马景王（师）所亲待，然私心在〔夏侯〕玄。遂结皇后父光禄大夫张缉，谋欲以玄辅政。嘉平六年二月，当拜贵人，丰等欲因御临轩，诸门有陛兵，诛大将

军，大将军微闻其谋，请丰相见，丰不知而往，即杀之。

同书《魏志》二八《锺会传》略云：

> 毌丘俭作乱，大将军司马景王东征，会从，典知密事，卫将军司马文王为大军后继。景王薨于许昌，文王总统六军，会谋谟帷幄。时中诏敕尚书傅嘏，以东南新定，权留卫将军屯许昌，为内外之援，令嘏率诸军还。会与嘏谋，使嘏表上，辄与卫将军俱发，还到雒水南屯住。于是朝廷拜文王为大将军辅政，会迁黄门侍郎，封东武亭侯，邑三百户。及〔诸葛〕诞反，车驾住项，文王至寿春，会复从行。寿春之破，会谋居多，亲待日隆，时人谓之子房。以中郎在大将军府管记室事，为腹心之任。

《世说新语·轻诋类》"桓公入洛"条云：

> 桓公入洛，过淮、泗，践北境，与诸僚属登平乘楼，眺瞩中原，慨然曰："遂使神州陆沉，百年丘墟，王夷甫诸人不得不任其责。"袁虎率尔对曰："运自有废兴，岂必诸人之过？"

同书同类同条刘《注》引《八王故事》曰：

> 夷甫虽居台司，不以事物自婴，当世化之，羞言名教，自台郎以下，皆雅崇拱默，以遗事为高。四海尚宁，而识者知其将乱。

同书同类同条引《晋阳秋》曰：

> 夷甫将为石勒所杀，谓人曰："吾等若不祖尚浮虚，不至于此。"

《晋书》四三《王戎传》附《王衍传》略云：

> 衍自说少不豫事，欲求自免，因劝〔石〕勒称尊号。勒怒曰：

"君名盖四海，身居重任，少壮登朝，至于白首，何得言不豫
世事邪？破坏天下，正是君罪。"使人夜排墙填杀之。

《元和郡县图志》七《河南道三》"亳州真源县"条云：

宁平故城，在县西南五十五里，汉县地。晋永嘉五年，东海王
越自阳城率甲士四万死于项，秘不发丧。石勒兵追之，及宁平
城，焚越尸于此，数万众敛手受害，尸积如山，王夷甫亦
遇害。

《晋书》五九《东海王越传》略云：

永嘉五年薨于项，秘不发丧。以襄阳王范为大将军，统其众。
还葬东海。石勒追及于苦县宁平城，将军钱端出兵距勒，战
死，军溃。勒命焚越柩曰："此人乱天下，吾为天下报之，故
烧其骨以告天地。"于是数十万众，勒以骑围而射之，相践如
山，王公士庶死者十余万。王弥弟璋焚其余众，并食之。

《世说新语·伤逝类》"王濬冲为尚书令"条云：

王濬冲为尚书令，着公服，乘轺车，经黄公酒垆下过，顾谓后
车客："吾昔与嵇叔夜、阮嗣宗共酣饮于此垆，竹林之游亦预
其末。自嵇生夭阮公亡以来，便为时所羁绁。今日视此虽近，
邈若山河。"

刘《注》引《竹林七贤论》曰：

俗传若此。颍川庾爰之尝以问其伯文康，文康云："中朝所不
闻，江左忽有此论，盖好事者为之耳。"

同书《文学类》"袁彦伯作《名士传》成"条云：

袁彦伯作《名士传》成，（刘《注》：宏以夏侯太初、何平叔、

王辅嗣为正始名士，阮嗣宗、嵇叔夜、山巨源、向子期、刘伯伦、阮仲容、王濬冲为竹林名士，裴叔则、乐彦辅、王夷甫、庾子嵩、王安期、阮千里、卫叔宝、谢幼舆为中朝名士。）见谢公。公笑曰："我尝与诸人道江北事，特作狡狯耳。彦伯遂以箸书。"

《晋书》四九《羊曼传》略云：

羊曼，〔泰山南城人也，〕时州里称陈留阮放为宏伯，高平郗鉴为方伯，泰山胡毋辅之为达伯，济阴卞壶为裁伯，陈留蔡谟为朗伯，阮孚为诞伯，高平刘绥为委伯，而曼为䴡伯，凡八人，号"兖州八伯"，盖拟古之八隽也。

《水经注》九《清水篇》"清水出河内修武县之北黑山"句下注云：

又径七贤祠东，左右筠篁列植，冬夏不变贞萋，魏步兵校尉陈留阮籍、中散大夫谯国嵇康、晋司徒河内山涛、司徒琅邪王戎、黄门郎河内向秀、建威参军沛国刘伶、始平太守阮咸等同居山阳，结自得之游，时人号之为"竹林七贤"也。向子期所谓山阳旧居也，后人立庙其处。

又云：

郭缘生《述征记》所云："白鹿山东南二十五里有嵇公故居，以居时有遗竹焉，盖为此也。"

《高僧传》四《竺法雅传》略云：

竺法雅，河间人。少善外学，长通佛义，衣冠士子咸附谘禀。时依雅门徒，并世典有功，未善佛理。雅乃与康法朗等以经中事数，拟配外书，为生解之例，谓之"格义"。

《世说新语·文学类》云：

> 殷中军被废，徙东阳，大读佛经，皆精解。唯至"事数"处不解，遇见一道人，问所签，便释然。

刘《注》云：

> 事数：谓若五阴、十二入、四谛、十二因缘、五根、五（当作"十"）力、七觉之声。

《高僧传》六《义解门·晋庐山释慧远传》略云：

> 年二十四，便就讲说。尝有客听讲，难宾相义，往复移时，弥增疑昧。远乃引庄子义为连类，于是惑者晓然，是后安公特听慧远不废俗书。远内通佛理，外善群书，夫预学徒，莫不依拟。时远讲《丧服经》，雷次宗、宗炳等并执卷承旨。次宗后别著义疏，首称雷氏，宗炳因寄书嘲之曰："昔与足下共于释和尚间面受此义，今便题卷首称雷氏乎？"其化兼道俗，斯类非一。以晋义熙十二年八月初动散，至六日困笃，大德耆年，皆稽颡请饮豉酒，不许，又请饮米汁，不许，又请以蜜和水为浆。乃命律师，令披卷寻文，得饮与不。卷未半而终，春秋八十三矣。

四　西晋末年之天师道活动

《晋书》五九《赵王伦传》略云：

> 伦、秀并惑巫鬼，听妖邪之说。秀使牙门赵奉诈为宣帝神语，命伦早入西宫。又言宣帝于北芒为赵王佐助，于是别立宣帝庙于芒山，谓逆谋可成。使杨珍昼夜诣宣帝别庙祈请，辄言宣帝谢陛下，某日当破贼。拜道士胡沃为太平将军，以招福祐。秀家日为淫祀，作厌胜之文，使巫祝选择战日。又令近亲于嵩山著羽衣，诈称仙人王乔，作神仙书，述伦祚长久以惑众。

同书一〇〇《孙恩传》云：

> 孙恩，字灵秀，琅邪人，孙秀之族也。世奉五斗米道。

陶弘景《真诰》一六《阐幽微第二》谓：

> 晋宣帝为西明公宾友。

《晋书》一〇〇《王弥传》略云：

> 王弥，东莱人也，家世二千石。祖颀，魏玄菟太守，武帝时至汝南太守。弥有才干，博涉书记。少游侠京都，隐者董仲道见而谓之曰："君好乱乐祸，若天下骚扰，不作士大夫矣。"惠帝末，妖贼刘柏根起于东莱之𥂕县，弥率家僮从之，柏根以为长史。柏根死，聚徒海渚。会天下大乱，进逼洛阳，宫城门昼闭。司徒王衍等率百官距守。弥屯七里涧，王师进击，大破之。弥谓其党刘灵曰："晋兵尚强，归无所厝。刘元海昔为质子，我与之周旋京师，深有分契，今称汉王，将归之，可乎？"灵然之。乃渡河归元海。弥后与〔刘〕曜寇襄城，遂逼京师。时京邑大饥，人相食，百姓流亡，公卿奔河阴。曜、弥等遂陷宫城，至太极前殿，纵兵大掠。幽帝于端门，逼辱羊皇后，杀

皇太子诠，发掘陵墓，焚烧宫庙，城府荡尽，百官及男女遇害者三万余人，遂迁帝于平阳。

同书同卷《张昌传》略云：

张昌，本义阳蛮也，易姓名为李辰。造妖言云："当有圣人出。"山都县吏丘沈遇于江夏，昌名之为圣人，立为天子，置百官。沈易姓名为刘尼，称汉后，以昌为相国，于石岩中作宫殿。江沔间杀起以应昌，旬月之间，众至三万，皆以绛科头，撋之以毛。江夏、义阳士庶莫不从之。新野王歆上言："妖贼张昌、刘尼妄称神圣，犬羊万计，绛头毛面，挑刀走戟，其锋不可当。"昌别率石冰东破江、扬二州，伪置守长。当时五州之境皆畏逼从逆。又遣其将陈贞、陈兰、张甫等攻长沙、湘东、零陵诸郡。昌虽跨带五州，树立牧守，皆桀盗小人而无禁制，但以劫掠为务，人情渐离。刘弘遣陶侃等讨昌，昌乃（？）沈窜于下儁山。明年（永兴元年）秋，乃擒之。

《三国志·吴志》一《孙策传》"策阴欲袭许迎汉帝"句裴《注》引《江表传》略云：

策曰："昔南阳张津为交州刺史，舍前圣典训，废汉家法律，尝着绛帕头，鼓琴烧香，读邪俗道书，云以助化，今此子（于吉）已在鬼箓。"即催斩之。

《晋书》一二〇《李特载记》略云：

汉末，张鲁居汉中，以鬼道教百姓，賨人敬信巫觋，多往奉之。值天下大乱，自巴西之宕渠迁于汉中，特祖〔武〕将五百余家归之，魏武帝拜为将军，迁于略阳，北土复号之为"巴氏"。特父慕为东羌猎将。元康中，氐齐万年反，关西扰乱，频岁大饥，百姓乃流移就谷，相与入汉川者数万家。特随流人将入于蜀。初，流人既至汉中，上书求寄食巴蜀，朝议不许，遣侍御史李苾持节慰劳，且监察之，不令入剑阁。苾至汉中，受流人货略，反为表曰："流人十万余口，非汉中一郡所能振赡，东下荆州，水湍迅险，又无舟船。蜀有仓储，人复丰稔，宜令就食。"朝廷从之，由是散在益梁，不可禁止。

同书同卷《李流载记》略云：

〔李〕雄渡江害汶山太守陈图，遂入郫城，流移营据之。三蜀百姓并保险结坞，城邑皆空，流野无所略，士众饥困。涪陵人范长生率千余家依青城山，〔罗〕尚参军涪陵徐舆求为汶山太守，欲要结长生等，与尚椅角讨流。尚不许，舆怨之，求使江西，遂降于流，说长生等使资给流军粮。长生从之，故流军复振。

同书一二一《李雄载记》略云：

雄以西山范长生岩居穴处，求道养志，欲迎立为君而臣之。长生固辞。范长生自西山乘素舆诣成都，雄迎之于门，执版延坐，拜丞相，尊曰"范贤"。

长生劝雄称尊号，雄于是僭即帝位，加范长生为天地太师，封西山侯，复其部曲，不豫军征，租税一入其家。

《晋书》五八《周访传》附子抚传略云：

〔抚〕永和初，桓温征蜀，以功迁平西将军。隗文、邓定等复反，立范贤子贲为帝。初，贤为李雄国师，以左道惑百姓，人多事之，贲遂有众一万。抚与龙骧将军朱焘击破斩之。

五

徙戎问题

《晋书》九七《北狄传·匈奴传》略云：

郭钦上疏曰："魏初人寡，西北诸郡皆为戎居。宜及平吴之威，谋臣猛将之略，出北地、西河、安定，复上郡，实冯翊，于平阳已北诸县募取死罪，徙三河、三魏见士四万家以充之。"（《通鉴》八一"太康元年末"载郭钦此疏，不载"徙三河、三魏见士四万家"之语。殆由不甚解其义，遂与"出北地"等句并略去之耶？又《文选》四九干令升《晋纪总论》"思郭钦之谋而悟戎狄之有衅"句，李善《注》亦未及"见士四万家"之语，且"置冯翊、平阳"之句不可解，亦有脱误。）

《三国志·魏志》二五《辛毗传》略云：

〔文〕帝欲徙冀州士家（《通鉴》作"士卒家"）十万户实河南。毗曰："今徙，既失民心，又无以食也。"帝遂徙其半。

《晋书》四九《王尼传》略云：

王尼，城阳人也，或云河内人。本兵家子，寓居洛阳。初为护军府军士。

同书九六《列女传·王浑妻锺氏传》略云：

王浑妻锺氏，字琰，琰女亦有才淑，为求贤夫。时有兵家子甚俊，〔琰子〕济欲妻之，白琰，琰曰："要令我见之。"济令此兵与群小杂处，琰自帏中察之，既而谓济曰："绯衣者非汝所拔乎？"济曰："是。"琰曰："此人才足拔萃，然地寒寿促，不足展其器用，不可与婚。"遂止。其人数年果亡。

《三国志·魏志》二八《邓艾传》略云：

〔艾〕又陈："羌胡与民同处者，宜以渐出之，使居民表崇廉耻之教，塞奸宄之路。"大将军司马景王（司马师）新辅政，多纳用焉。

《晋书》四七《傅玄传》略云：

玄上便宜五事：其五曰，臣以为胡夷兽心，不与华同，鲜卑最甚。本邓艾苟欲取一时之利，不虑后患，使鲜卑数万散居人间，此必为害之势也。

《三国志·魏志》一五《张既传》略云：

〔张〕鲁降，既说太祖，拔汉中民数万户以实长安及三辅。是时，太祖徙民以充河北，陇西、天水、南安民相恐动，扰扰不安，既假三郡人为将吏者休课，使治屋宅，作水碓，民心遂安。太祖将拔汉中守，恐刘备北取武都氐以逼关中，问既，既曰："可劝使北出就谷以避贼，前至者厚其宠赏，则先者知利，后必慕之。"太祖从其策，乃自到汉中引出诸军，令既之武都，徙氐五万余落出居扶风、天水界。

同书《魏志》一四《蒋济传》略云：

太祖问济曰："昔孤与袁本初对官渡，徙燕、白马民，民不得走，贼亦不敢钞。今欲徙淮南民，何如？"济对曰："是时兵弱贼强，不徙必失之。〔今〕民无他志。然百姓怀土，实不乐徙，惧必不安。"太祖不从，而江淮间十余万众皆惊走吴。后济使诣邺，太祖迎见大笑曰："本但欲使避贼，乃更驱尽之。"

《晋书》五六《江统传》略云：

统深惟四夷乱华，宜杜其萌，乃作《徙戎论》。其辞曰：魏武皇帝令将军夏侯妙才（夏侯渊）讨叛氐阿贵、千万等，后因拔弃汉中，遂徙武都之种于秦川，欲以弱寇强国，扞御蜀虏。当今之宜，宜及兵威方盛，众事未罢，徙冯翊、北地、新平、安定界内诸羌，着先零、罕开、析支之地；徙扶风、始平、京兆之氐，出还陇右，着阴平、武都之界。廪其道路之粮，令足自致，各附本种，反其旧土，使属国、抚夷就安集之。且关中之人百余万口，率其少多，戎狄居半。并州之胡，本实匈奴桀恶之寇也。中平中，以黄巾贼起，发调其兵，部众不从，而杀羌渠。由是于弥扶罗求助于汉，以讨其贼。仍值世丧乱，遂乘衅而作，卤掠赵魏，寇至河南。建安中，又使右贤王去卑诱质呼厨泉，听其部落散居六郡。咸熙之际，以一部太强，分为三率。泰始之初，又增为四。于是刘猛内叛，连结外虏。近者郝散之变，发于谷远。今五部之众，户至数万，人口之盛，过于西戎。然其天性骁勇，弓马便利，倍于氐羌。若有不虞风尘之虑，则并州之域可为寒心。夫为邦者，患不在贫而在不均，忧不在寡而在不安。以四海之广，士庶之富，岂须夷虏在内，然后取足哉。

六　五胡种族问题

《魏书》六七《崔光传》附《崔鸿传》略云：

> 鸿乃撰为《十六国春秋》，表曰："自晋永宁以后，虽所在称兵，竞自尊树，而能建邦命氏成为战国者，十有六家。善恶兴灭之形，用兵乖会之势，亦足以垂之将来，昭明劝戒。但诸史残缺，体例不全，编录纷谬，繁略失所，宜审正不同，定为一书。"

《晋书》一一四《苻坚载记下》云：

> 〔姚〕苌求传国玺于坚曰："苌次膺符历，可以为惠。"坚瞋目叱之曰："小羌乃敢干逼天子，岂以传国玺授汝羌也。图纬符命，何所依据？五胡次序，无汝羌名。违天不祥，其能久乎？玺已送晋，不可得也。"

《通鉴》一〇六"晋孝武帝太元十年八月"条"五胡次序无汝羌名"句胡《注》云：

> 胡、羯、鲜卑、氐、羌，五胡之次序也。"无汝羌名"，谓谶文耳，姚苌自谓次应历数，坚故亦以谶文为言。

《晋书》一〇三《刘曜载记》云：

> 置单于台于渭城，拜大单于，置左右贤王已下，皆以胡、羯、鲜卑、氐、羌豪杰为之。

《魏书》九五《羯胡石勒传》略云：

> 羯胡石勒，字世龙，小字匐勒。（《晋书·石勒载记》仅作"匐"，无"勒"字。）其先匈奴别部，（《晋书·石勒载记》作"其先匈奴别部羌渠之胄"。）分散居于上党武乡羯室，因号"羯胡"。祖邪弈于，父周曷朱，一字乞翼加，并为部落小帅。

《晋书》一〇四《石勒载记》略云：

邬人郭敬、阳曲宁驱，并加资赡。勒亦感其恩，为之力耕。会建威将军阎粹说并州刺史、东嬴公腾执诸胡于山东卖充军实，腾使将军郭阳、张隆虏群胡将诣冀州，勒亦在其中。卖与茌平人师懽为奴。每耕作于野，懽家邻于马牧，与牧率汲桑往来，桑始命勒以石为姓，勒为名焉。

同书一〇六《石季龙载记上》略云：

太子詹事孙珍问侍中崔约曰："吾患目疾，何方疗之？"约素狎珍，戏之曰："溺中则愈。"珍曰："目何可溺？"约曰："卿目睕睕，正耐溺中。"珍恨之，以白〔石〕宣。宣诸子中最胡状，目深，闻之大怒，诛约父子。

同书一〇七《石季龙载记下》略云：

〔冉闵〕班令内外赵人，斩一胡首送凤阳门者，文官进位三等，武职悉拜牙门。一日之中，斩首数万。闵躬率赵人诛诸胡羯，无贵贱男女少长皆斩之，死者二十余万，尸诸城外，悉为野犬豺狼所食。屯据四方者，所在承闵书诛之，于时高鼻多须至有滥死者半。

《新唐书》二二一下《西域传》"康国"条略云：

君姓温，本月氏人。始居祁连北昭武城，为突厥（当作"匈奴"，参《唐会要》九九"康国"条）所破，稍南依葱岭，即有其地。枝庶分王，曰安，曰曹，曰石，曰米，曰何，曰火寻，曰戊地，曰史，世谓"九姓"，皆氏昭武。募勇健者为柘羯。柘羯，犹中国言战士也。石，或曰柘支，曰柘折，曰赭时，汉大宛北鄙也。

《大唐西域记》一"飒秣建国（即康国）"条云：

> 兵马强盛，多是赭羯。赭羯之人，其性勇烈，视死如归。

《三国志·魏志》三〇《外夷传》裴《注》引《魏略·西戎传》曰：

> 其（氐）俗，语不与中国同，及羌杂胡同，各自有姓，姓如中国之姓矣。其衣服尚青绛。俗能织布，善田种，畜养豕牛马驴骡。其妇人嫁时着衽露，其缘饰之制有似羌，衽露有似中国袍。皆编发。多知中国语，由与中国错居故也。其自还种落间，则自氐语。其嫁娶有似于羌。

同书《魏志》九《夏侯渊传》略云：

> 还击武都氐羌下辩，收氐谷十余万斛。

《晋书》一一四《苻坚载记下》云：

> 初，坚强盛之时，国有童谣云："河水清复清，苻诏死新城。"坚闻而恶之，每征伐，戒军候云："地有名新者避之。"

《新唐书》二二二上《南蛮传·南诏传》（参《旧唐书》一九七《南诏蛮传》）云：

> 夷语王为"诏"。其先渠帅有六，自号"六诏"，曰蒙巂诏、越析诏、浪穹诏、邆睒诏、施浪诏、蒙舍诏。

《三国志·魏志》三〇《鲜卑传评》下裴《注》引《魏书》略云：

> 檀石槐既立，乃为庭于高柳北三百余里弹汗山啜仇水上，东西部大人皆归焉。兵马甚盛，南钞汉边，北拒丁令，东却夫余，西击乌孙，尽据匈奴故地，东西万二千余里，南北七千余里。分其地为中、东、西三部。从右北平以东至辽，东接夫余、濊

貊为东部，二十余邑，其大人曰弥加、阙机、素利、槐头。从右北平以西至上谷为中部，十余邑，其大人曰柯最、阙居、慕容等，为大帅。从上谷以西至敦煌，西接乌孙为西部，二十余邑，其大人曰置鞬落罗、日律推演、宴荔游等，皆为大帅，而制属檀石槐。

《魏书》一《序纪》云：

宣皇帝讳推寅立，南迁大泽，方千余里，厥土昏冥沮洳，谋更南徙，未行而崩。

同书一一三《官氏志》云：

东方宇文、慕容氏，即宣帝时东部。西方尉迟氏后改为尉氏。

《宋书》九六《鲜卑吐谷浑传》略云：

阿柴虏吐谷浑，辽东鲜卑也。父弈洛韩，有二子，长曰吐谷浑，少曰若洛廆。若洛廆别为慕容氏。浑拥马西行，廆遣旧父老及长史乙那楼追浑令还，浑曰："诸君试拥马令东，马若还东，我当相随去。"楼喜拜曰："处可寒。"虏言"处可寒"，宋言"尔官家"也。于是遂西附阴山，遭晋乱，遂得上陇。

《晋书》一二六《秃发乌孤载记》云：

秃发乌孤，河西鲜卑人也。其先与后魏同出。八世祖匹孤率其部自塞北迁于河西。

《魏书》四一《源贺传》略云：

源贺，自署河西王秃发傉檀之子也。傉檀为乞伏炽磐所灭，贺自乐都来奔。世祖谓贺曰："卿与朕源同，因事分姓，今可为源氏。"

《晋书》一二五《乞伏国仁载记》略云：

乞伏国仁，陇西鲜卑人也。在昔有如弗斯、出连、叱卢三部，自漠北南出大阴山，遇一巨虫于路，状若神龟，大如陵阜，乃杀马而祭之，祝曰："若善神也，便开路；恶神也，遂塞不通。"俄而不见，乃有一小儿在焉。时又有乞伏部有老父无子者，请养为子，众咸许之。

《魏书》一《序纪》略云：

圣武皇帝讳诘汾，献帝时命南移，山谷高深，九难八阻，于是欲止。有神兽，其形似马，其声类牛，先行导引，历年乃出。

《晋书》六《明帝纪》云：

〔王〕敦正昼寝，梦日环其城，惊起曰："此必黄须鲜卑奴来也。"帝母荀氏，燕代人，帝状类外氏，须黄，敦故谓帝云。（此出刘敬叔《异苑》。）

同书一一四《苻坚载记下》云：

谣曰："长鞘马鞭击左股，太岁南行当复虏。"秦人呼鲜卑为"白虏"。

《三国志·魏志》三〇《外夷传评》下裴《注》引《魏略·西戎传》略云：

赀虏，本匈奴也，匈奴名奴婢为"赀"。始建武时，匈奴衰，分去其奴婢，亡匿在金城、武威、酒泉北、黑水西、河东西，畜牧逐水草，钞盗凉州，部落稍多，有数万，不与东部鲜卑同也。其种非一，有大胡，有丁令，或颇有羌杂处，由本亡奴婢故也。

《新唐书》二一七下《回鹘传下》附《黠戛斯传》略云：

黠戛斯，古坚昆国也。地当伊吾之西，焉耆北，白山之旁。其种杂丁零，乃匈奴西鄙也。匈奴封汉降将李陵为右贤王，卫律为丁零王。后郅支单于破坚昆，于时东距单于廷七千里，南车师五千里，郅支留都之。故后世得其地者讹为"结骨"，稍号"纥骨"，亦曰"纥扢斯"云。人皆长大，赤发、皙面、绿瞳，以黑发为不祥。黑瞳者，必曰"陵苗裔"也。

《三国志·魏志》一九《任城威王彰传》略云：

> 太祖喜，持彰须曰："黄须儿竟大奇也。"（裴《注》引《魏略》曰：刘备使刘封下挑战。太祖骂曰："待呼我黄须来。"彰须黄，故以呼之。）

同书《魏志》二〇《武文世王公传》云：

> 武皇帝二十五男：卞皇后生文皇帝、任城威王彰、陈思王植、萧怀王熊。

同书《魏志》五《武宣卞皇后传》略云：

> 武宣卞皇后，琅邪开阳人，文帝母也。本倡家，年二十，太祖于谯纳后为妾。

《晋书》一二九《沮渠蒙逊载记》：

> 沮渠蒙逊，临松卢水胡人也。其先世为匈奴左沮渠，遂以官为氏焉。

《魏书》四下《世祖纪下》云：

> 〔太平真君六年〕九月卢水胡盖吴聚众反于杏城。

《南齐书》五七《魏虏传》云：

> 初，佛狸讨羯胡于长安，（寅恪案：此羯胡指盖吴言，详见《魏书》一一四《释老志》。）杀道人且尽。

七　坞壁及『桃花源』

《晋书》八六《张轨传》略云：

> 秘书监缪世征、少府挚虞，夜观星象，相与言曰："天下方乱，避难之国唯凉土耳。张凉州德量不恒，殆其人乎！"及京都陷，中州避难来者日月相继，分武威置武兴郡以居之。

同书一〇八《慕容廆载记》略云：

> 元康四年乃移居之（大棘城）。教以农桑，法制同于上国。百姓失业，流亡归附者日月相继。建武初，元帝承制拜廆假节、散骑常侍、都督辽左杂夷流人诸军事。流亡士庶多襁负归之。廆乃立郡以统流人，冀州人为冀阳郡，豫州人为成周郡，青州人为营丘郡，并州人为唐国郡。

同书八八《孝友传·庾衮传》略云：

> 张泓等肆掠于阳翟，衮乃率其同族及庶姓保于禹山。是时百姓安宁，未知战守之事。衮曰："孔子云：不教而战，是谓弃之。"乃集诸群士而谋曰："二三君子相与处于险，将以安保亲尊，全妻孥也。古人有言：千人聚而不以一人为主，不散则乱矣。将若之何？"众曰："善。今日之主非君而谁。"于是峻险厄，杜蹊径，修壁坞，树藩障，考功庸，计丈尺，均劳逸，通有无，缮完器备，量力任能，物应其宜，使邑推其长，里推其贤，而身率之。及贼至，衮乃勒部曲，整行伍，皆持满而勿发。贼挑战，晏然不动，且辞焉。贼服其慎而畏其整，是以皆退，如是者三。

《郡斋读书志》一四《兵家类》云：

> 庾衮《保聚图》一卷。

右晋庾衮撰。《晋书·孝友传》载衮字叔褒，齐王冏之倡义也。张泓等掠阳翟，衮率众保禹山，泓不能犯。此书序云："大驾迁长安，时元康三年己酉，撰《保聚垒议》二十篇。"按，冏之起兵，惠帝永宁元年也，帝迁长安，永兴元年也，皆在元康后，且三年岁次实癸丑，今云己酉，皆误。

《晋书》六七《郗鉴传》略云：

乡里遂共推鉴为主，举千余家俱避难于鲁之峄山，众至数万。

《太平御览》四二《地部》"峄山"条云：

《地理志》：峄山在邹县北，绎邑之所依名也。山东西二十里，南北一十三里，高秀独出，积石相临，殆无壤土。石间多孔穴，洞达相通，往往有如数间居处，其俗谓之"峄孔"。遭乱辄将居人入峄，外寇虽众，无所施害。永嘉中，太尉郗鉴将乡曲逃此山，胡贼攻守，不能得，今山南有大峄，名曰"郗公峄"。

《晋书》一〇〇《苏峻传》云：

苏峻，长广掖人也。永嘉之乱，百姓流亡，所在屯聚，峻纠合得数千家，结垒于本县，于时豪杰所在屯聚，而峻最强。

同书六二《祖逖传》略云：

河上堡固先有任子在胡者，皆听两属，时遣游军伪抄之，明其未附。诸坞主感戴，胡中有异谋，辄密以闻。前后克获，亦由此也。

同书一二〇《李流载记》略云：

（见前《西晋末年之天师道活动》第八条。）

《南史》一《宋本纪一·高祖纪》略云：

〔义熙〕十三年正月，帝以舟师进讨〔姚秦〕。二月（《资治通鉴》——八作"三月"）冠军将军檀道济等军次潼关。三月庚辰（初八日），帝率大军入河。五月（《资治通鉴》——八作"四月"），帝至洛阳。

《水经注》四《河水篇》"又南至华阴潼关，渭水从西来注"之句注略云：

> 河水又东北，玉涧水注之，水南出玉溪，北流径皇天原西，《周固记》：开山东首上平博，方可里余，三面壁立，高千许仞。汉世祭天于其上，名之为"皇天原"。

> 《述征记》曰：全节，地名也。其西名桃原，古之桃林，周武王克殷休牛之地矣。

同书一五《洛水篇》"东北过卢氏县南"句注云：

> 洛水又东径檀山南，其山四绝孤峙，山上有坞聚，俗谓之"檀山坞"。义熙中，刘公西入长安，舟师所届，次于洛阳。命参军戴延之与府舍人虞道元即舟溯流，穷览洛川，欲知水军可至之处。延之届此而返，竟不达其源也。

八　司马氏渡江建国及侨民住地　附淝水之战

《晋书》六八《贺循传》略云：

> 贺循，会稽山阴人也。曾祖齐，仕吴为名将。祖景，灭贼校
> 尉。父邵，中书令。著作郎陆机上疏荐循曰："伏见武康令贺
> 循、蒸阳令郭讷皆出自新邦，朝无知己。今扬州无郎，而荆州
> 江南乃无一人为京城职者，诚非圣朝待四方之本心。至于才望
> 资品，循可尚书郎，讷可太子洗马、舍人。"

同书五二《华谭传》略云：

> 华谭，广陵人也。祖融，吴左将军、录尚书事。父谞，吴黄门
> 郎。太康中，刺史嵇绍举谭秀才。谭至洛阳，武帝策曰："吴
> 蜀恃险，今既荡平。蜀人服化，无携贰之心；而吴人越睢，屡
> 作妖寇。岂蜀人敦朴，易可化诱；吴人轻锐，难安易动乎？今
> 将欲绥静新附，何以为先？"对曰："蜀染化日久，风教遂成；
> 吴始初附，未改其化，非为蜀人敦悫而吴人易动也。然殊俗远
> 境，风土不同。吴阻长江，旧俗轻悍。所安之计，当先筹其人
> 士，使云翔阊阖，进其贤才，待以异礼；明选牧伯，致以威
> 风；轻其赋敛，将顺咸悦，可以永保无穷，长为人臣者也。"

同书一〇〇《陈敏传》略云：

> 陈敏，庐江人也。少有干能，以郡廉吏补尚书仓部令史。惠帝
> 幸长安，四方交争，敏遂有割据江东之志。会吴王常侍甘卓自
> 洛至，教卓假称皇太弟命，拜敏为扬州刺史，并假江东首望顾
> 荣等四十余人为将军、郡守，荣并伪从之。东海王军谘祭酒华
> 谭闻敏自相署置，而顾荣等并江东首望，悉受敏官爵，乃遗荣
> 等书曰："陈敏仓部令史，七第顽冗，六品下才，欲蹑桓王之

高踪，蹈大皇之绝轨，远度诸贤，犹当未许也。诸君垂头，不能建翟义之谋；而顾生俯眉，已受羁绊之辱。何颜见中州之士邪！"周玘、顾荣之徒常惧祸败，又得谭书，皆有惭色。玘、荣又说甘卓，卓遂背敏。敏单骑东奔至江乘，为义兵所斩。

同书五二《华谭传》略云：

顾荣先受敏官，而潜谋图之。谭不悟荣旨，露檄远近，极言其非，由此为荣所怨。

《世说新语·言语类》云：

元帝始过江，谓顾骠骑曰："寄人国土，心常怀惭。"荣跪对曰："臣闻王者以天下为家，是以耿、亳无定处，九鼎迁洛邑，愿陛下勿以迁都为念。"

《晋书》六五《王导传》略云：

〔琅邪王睿〕徙镇建康，吴人不附，居月余，士庶莫有至者，导患之。会〔王〕敦来朝。导谓之曰："琅邪王仁德虽厚，而名论犹轻。兄威风已振，宜有以匡济者。"会三月上巳，帝亲观禊，乘肩舆，具威仪，敦、导及诸名胜皆骑从。吴人纪瞻、顾荣，皆江南之望，窃觇之，见其如此，咸惊惧，乃相率拜于道左。导因进计曰："古之王者莫不宾礼故老，存问风俗，虚己倾心，以招俊乂。况天下丧乱，九州分裂，大业草创，急于得人者乎！顾荣、贺循，此土之望，未若引之，以结人心。二子既至，则无不来矣。"帝乃使导躬造循、荣，二人皆应命而至，由是吴会风靡，百姓归心焉。自此之后，渐相崇奉，君臣之礼始定。

王鸣盛《十七史商榷》五〇"《王导传》多溢美"条略云：

> 《王导传》一篇凡六千余字，殊多溢美。要之，看似煌煌一代名臣，其实乃并无一事，徒有门阀显荣、子孙官秩而已。所谓翼戴中兴，称"江左夷吾"者，吾不知其何在也。以惧妇为蔡谟所嘲，乃斥之云："吾少游洛中，何知有蔡克儿？"（参《世说新语·轻诋类》"王丞相轻蔡公"条刘《注》引《妒记》。）导之所以骄人者，不过以门阀耳。

《世说新语·方正类》云：

> 王丞相初在江左，欲结援吴人，请婚陆太尉。对曰："培塿无松柏，薰莸不同器。玩虽不才，义不为乱伦之始。"

同书《排调类》云：

> 刘真长始见王丞相，时盛暑之月，丞相以腹熨弹棋局，曰："何乃淘！"（刘《注》云："吴人以冷为淘。"）刘既出，人问："见王公云何？"刘曰："未见他异，唯闻作吴语耳。"（刘《注》引《语林》曰："真长云：'丞相何奇？止能作吴语及细唾也。'"）

同书《政事类》云：

> 王丞相拜扬州，宾客数百人，并加沾接，人人有说色。唯有临海一客姓任（刘《注》引《语林》曰："任名颙，时官在都，预王公坐。"）及数胡人为未洽，公因便还到过任边云："君出，临海便无复人。"任大喜说。因过胡人前，弹指云："兰阇，兰阇！"群胡同笑，四坐并欢。

同书同类云：

丞相（王导）末年，略不复省事，正封箓诺之。自叹曰："人言我愦愦，后人当思此愦愦。"（刘《注》引徐广《历纪》曰："导阿衡三世，经纶夷险，政务宽恕，事从简易，故垂遗爱之誉也。"）

同书同类云：

丞相尝夏月至石头看庾公。庾公正料事，丞相云："暑，可小简之。"庾公曰："公之遗事，天下亦未以为允。"（刘《注》引《殷羡言行》曰：王公薨后，庾冰代相，网密刑峻。羡时行，遇收捕者于途，慨然叹曰："丙吉问牛喘，似不尔。"尝从容谓冰曰："卿辈自是网目不失，皆是小道小善耳。至如王公，故能行无理事。"谢安石每叹咏此唱。庾赤玉曾问羡："王公治何似，讵是所长？"羡曰："其余令绩不复称论。然三捉三治，三休三败。"）

同书《规箴类》云：

王丞相为扬州遣八部从事之职。顾和时为下传还，同时俱见。诸从事各奏二千石官长得失，至和独无言。王问顾曰："卿何所闻？"答曰："明公作辅，宁使网漏吞舟，何缘采听风闻，以为察察之政？"丞相咨嗟称佳，诸从事自视缺然也。（参《晋书》八三《顾和传》。）

《晋书》五八《周处传》附《周玘传》云：

玘宗族强盛，人情所归，帝疑惮之。于时中州人士佐佑王业，而玘自以为不得调，内怀怨望，复为刁协轻之，耻恚愈甚。时镇东将军祭酒东莱王恢亦为周颛所侮，乃与玘阴谋诛诸执政，推玘及戴若思与诸南士共奉帝，以经纬世事。先是，流人帅夏铁等寓于淮泗，恢阴书与铁，令起兵，己当与玘以三吴应之。建兴初，铁已聚众数百人，临淮太守蔡豹斩铁以闻。恢闻铁死，惧罪，奔于玘，玘杀之，埋于豕牢。帝闻而秘之，召玘为镇东司马。未到，复改授建武将军、南郡太守。玘既南行，至芜湖，又下令曰："玘奕世忠烈，义诚显著，孤所钦喜。今以为军谘祭酒，将军如故，进爵为公，禄秩、僚属一同开国之例。"玘忿于回易，又知其谋泄，遂忧愤发背而卒。将卒，谓子勰曰："杀我者诸伧子，能复之，乃吾子也。"吴人谓中州人曰"伧"，故云耳。

同书同卷《周勰传》云：

勰常缄父言。时中国亡官失守之士避乱来者，多居显位，驾御吴人，吴人颇怨。勰因之欲起兵，潜结吴兴郡功曹徐馥。馥家有部曲，勰使馥矫称叔父札命以合众，豪侠乐乱者翕然附之，以讨王导、刁协为名。孙皓族人弼亦起兵于广德以应之。馥杀吴兴太守袁琇，有众数千，将奉札为主。时札以疾归家，闻而大惊，乃告乱于义兴太守孔侃。勰知札不同，不敢发兵。馥党惧，攻馥，杀之。孙弼众亦溃，宣城太守陶猷灭之。元帝以周氏奕世豪望，吴人所宗，故不穷治，抚之如旧。

同书同卷《周札传》略云：

札一门五侯，并居列位，吴士贵盛，莫与为比，王敦深忌之。后〔周〕莚丧母，送者千数，敦益惮焉。及敦疾，钱凤以周氏宗强，与沈充权势相伴，欲自托于充，谋灭周氏，使充得专威扬土，乃说敦曰："夫有国者患于强逼，自古衅难恒必由之。今江东之豪，莫强周、沈，公万世之后，二族必不静矣。周强而多俊才，宜先为之所，后嗣可安，国家可保耳。"敦纳之。时有道士李脱者，妖术惑众，弟子李弘，养徒潜山，云应谶当王。故敦使庐江太守李恒告札及其诸兄子与脱谋图不轨。时莚为敦谘议参军，即营中杀莚及脱、弘，又遣参军贺鸾就沈充尽掩杀札兄弟子，既而遣军会稽袭札。札先不知，卒闻兵至，率麾下数百人出距之。兵散见杀。及敦死，札、莚故吏并诣阙讼周氏之冤，宜加赠谥。事下八坐，尚书卞壸议以"札石头之役开门延寇，遂使贼敦恣乱，札之责也。追赠意所未安"。司徒王导议以"宜与周顗、戴若思等同例"。朝廷竟从导议，追赠札卫尉。

《元和郡县图志》二五"江南道常州义兴县"条云：

晋惠帝时妖贼石冰寇乱扬土，县人周玘创义讨冰，割吴兴之阳羡并长城县之北乡为义兴郡，以表玘功。

同书同卷《江南道一》"润州丹阳县"条云：

新丰湖，在县东北三十里。晋元帝大兴四年，晋陵内使张闿所立。旧晋陵地广人稀，且少陂渠，田多恶秽，闿创湖，成溉灌之利。初以劳役免官，后追纪其功，超为大司农。

《宋书》三五《州郡志一》"南徐州刺史"条略云：

晋永嘉大乱，幽、冀、青、并、兖州及徐州之淮北流民相率过淮，亦有过江在晋陵郡界者。晋成帝咸和四年，司空郗鉴又徙流民之在淮南者于晋陵诸县，其徙过江南及留在江北者，并立侨郡县以司牧之。故南徐州备有徐、兖、幽、冀、青、并、扬七州郡邑。户七万二千四百七十二，口四十二万六百四十。晋陵太守，领县六。户一万五千三百八十二，口八万一百一十三。义兴太守领县五。户一万三千四百九十六，口八万九千五百二十五。

《晋书》八四《刘牢之传》略云：

刘牢之，彭城人也。曾祖羲，以善射事武帝，历北地、雁门太守。父建，有武干，为征虏将军，世以壮勇称。牢之面紫赤色，须目惊人，而沉毅多计画。太元初，谢玄北镇广陵，时苻坚方盛，玄多募劲勇，牢之与东海何谦、琅邪诸葛侃、乐安高衡、东平刘轨、西河田洛及晋陵孙无终等以骁猛应选。玄以牢之为参军，领精锐为前锋，百战百胜，号为"北府兵"，敌人畏之。

《宋书》一《武帝纪》略云：

高祖武皇帝讳裕，小名寄奴，彭城县绥〔舆〕里人。〔曾祖〕混始过江，居晋陵郡丹徒县之京口里。〔帝〕乃与〔东海何〕无忌同船共还，建兴复之计。于是与弟道规、沛郡刘毅、平昌孟昶、任城魏咏之、高平檀凭之、琅邪诸葛长民、太原王元德、陇西辛扈兴、东莞童厚之，并同义谋。

《晋书》一一四《苻坚载记下》略云：

坚引群臣会议，曰："吾统承大业垂二十载，四方略定，惟东南一隅未宾王化。今欲起天下兵以讨之。略计兵杖精卒可有九十七万，吾将躬先启行，薄伐南裔，于诸卿意何如？"群臣各有异同，庭议者久之。群臣出后，独留符融议之。融曰："诸言不可者，策之上也，愿陛下纳之。"坚作色曰："今有众百万，资仗如山，何不克之有乎！"融泣曰："吴之不可伐昭然，虚劳大举，必无功而反。臣之所忧，非此而已。陛下宠育鲜卑、羌、羯，布诸畿甸，旧人族类斥徙遐方。今倾国而去，如有风尘之变者，其如宗庙何！监国以弱卒数万留守京师，鲜卑、羌、羯，攒聚如林，此皆国之贼也，我之仇也。臣恐非但徒返而已，亦未必万全。臣智识愚浅，诚不足采；王景略一时奇士，陛下每拟之孔明，其临终之言不可忘也。"坚不纳。

同书一一三《符坚载记上》（参《资治通鉴》一〇四"晋孝武帝太元六年七月"条）云：

坚以关东地广人殷，思所以镇静之，引其群臣于东堂议曰："凡我族类，支胤弥繁，今欲分三原、九嵕、武都、汧、雍十五万户于诸方要镇，不忘旧德，为磐石之宗，于诸君之意如何？"皆曰："此有周所以祚隆八百，社稷之利也。"于是分四帅子弟三千户，以配符丕镇邺，如世封诸侯，为新券主。坚送丕于灞上，流涕而别。诸戎子弟离其父兄者，皆悲号哀恸，酸感行人，识者以为丧乱流离之象。于是分幽州置平州，以石越为平州刺史，领护鲜卑中郎将，镇龙城；大鸿胪韩胤领护赤沙中郎将，移乌丸府于代郡之平城；中书令梁谠为安远将军、幽州刺史，镇蓟城；毛兴为镇西将军、河州刺史，镇枹罕；王腾为鹰扬将军、并州刺史，领护匈奴中郎将，镇晋阳；二州各配支户三千；符晖为镇东大将军、豫州牧，镇洛阳；符叡为安东将军、雍州刺史，镇蒲坂。

同书一一四《苻坚载记下》略云：

坚下书悉发诸州公私马，人十丁遣一兵。门在灼然者，为崇文义从，良家子年二十已下，武艺骁勇，富室材雄者，皆拜羽林郎。良家子至者三万余骑。其秦州主簿金城赵盛之为建威将军、少年都统。遣征南苻融、骠骑张蚝、抚军苻方、卫军梁成、平南慕容暐、冠军慕容垂率步骑二十五万为前锋。坚发长安，戎卒六十余万，骑二十七万，前后千里，旗鼓相望。坚至项城，凉州之兵始达咸阳，蜀汉之军顺流而下，幽冀之众至于彭城，东西万里，水陆齐进。运漕万艘，自河入石门，达于汝颍。〔苻〕融等攻陷寿春，梁成与其扬州刺史王显、弋阳太守王咏等率众五万，屯于洛涧，栅淮以遏东军。成频败王师。晋遣都督谢石、徐州刺史谢玄、豫州刺史桓伊、辅国谢琰等水陆七万，相继距融，去洛涧二十五里，惮成不进。龙骧将军胡彬先保硖石，为融所逼，粮尽，诈扬沙以示融军，潜遣使告石等曰："今贼盛粮尽，恐不见大军。"融军人获而送之。融乃驰使白坚曰："贼少易俘，但惧其越逸，宜速进众军，掎擒贼帅。"坚大悦，恐石等遁也，舍大军于项城，以轻骑八千兼道赴之。令军人曰："敢言吾至寿春者拔舌。"故石等弗知。晋龙骧将军刘牢之率劲卒五千，夜袭梁成垒，克之，斩成及王显、王咏等十将，士卒死者万五千。谢石等以既败梁成，水陆继进。坚与苻融登城而望王师，见部阵齐整，将士精锐，又北望八公山上草木，皆类人形，顾谓融曰："此亦勍敌也，何谓少乎？"坚遣其尚书朱序说石等以众盛，欲胁而降之。序诡谓石曰："若秦百万之众皆至，则莫可敌也。及其众军未集，宜在速战。若挫其前锋，可以得志。"石闻坚在寿春也，惧，谋不战以疲之。谢琰劝从序言，遣使请战，许之。时张蚝败谢石于肥南，谢玄、谢琰勒卒数万，阵以待之。蚝乃退，列阵逼肥水。王师不得渡，遣使谓融曰："君悬军深入，置阵逼水，此持久之计，岂欲战者乎？若小退师，令将士周旋，仆与君公缓辔而观之，不亦美乎！"融于是麾军却阵，欲因其济水，覆而取之。军遂奔退，制之不可止。融驰骑略阵，马倒被杀，军遂大败。王师乘胜追击，至于青冈，死者相枕。坚为流矢所中，单骑遁还于淮北，闻风声鹤唳，皆谓晋师之至。其仆射张天锡、尚书朱序及徐元喜等皆归顺。初，谚言"坚不出项"，群臣劝坚停项，为六军声镇，坚不从，故败。诸军悉溃，惟慕容垂一军独全，坚以千余骑赴之。垂子宝劝垂杀坚，垂不从，乃以兵属坚。（参《通鉴》一〇五《晋纪》"孝武帝太元八年〔三八三年〕十月"条。）

《晋书》八〇《王羲之传》略云：

〔王〕述后检察会稽郡，辩其刑政，主者疲于简对。羲之深耻之，遂称病去郡，于父母墓前自誓。羲之既去官，与东土人士尽山水之游，与吏部郎谢万书曰：顷东游还，修植桑果，并行田视地利，颐养闲暇。

《宋书》六七《谢灵运传》略云：

灵运因父祖之资，生业甚厚。奴僮既众，义故门生数百。凿山浚湖，功役无已。寻山陟岭，必造幽峻，岩障千里，莫不备尽。登蹑常着木履，上山则去前齿，下山去其后齿。尝自始宁南山伐木开径，直至临海，从者数百人。临海太守王琇惊骇，谓为山贼，徐知是灵运乃安。在会稽亦多徒众，惊动县邑。

同书三七《州郡志三》"雍州刺史"条略云：

晋江左立。胡亡氐乱，雍、秦流民多南出樊、沔，晋孝武始于襄阳侨立雍州，并立侨郡县。宋文帝元嘉二十六年，割荆州之襄阳、南阳、新野、顺阳、随五郡为雍州，而侨郡县犹寄寓在诸郡界。孝武大明中，又分实土郡县以为侨郡县境。

《南齐书》一五《州郡志》"雍州"条略云：

雍州。

新野郡。

《宋书》八三《宗越传》云：

宗越，南阳叶人也。本河南人，晋乱，徙南阳宛县，又土断属叶。本为南阳次门，安北将军赵伦之镇襄阳，襄阳多杂姓，伦之使长史范觊之条次氏族，辨其高卑，觊之点越为役门。出身补郡吏。

《梁书》一〇《萧颖达传》略云：

兄颖胄，齐建武末行荆州事，颖达亦为西中郎外兵参军，俱在西府。东昏遣辅国将军刘山阳为巴西太守，道过荆州，密敕颖胄袭雍州。时高祖已为备矣。仍遣颖胄亲人王天虎以书疑之。山阳至，果不敢入城。颖胄计无所出，夜遣钱塘人朱景思呼西中郎城局参军席阐文、谘议参军柳忱，闭斋定议。阐文曰：

"萧雍州蓄养士马，非复一日，江陵素畏襄阳人，人众又不敌，取之必不可制。"

同书九《曹景宗传》略云：

> 曹景宗，新野人也。父欣之，为宋将，位至征虏将军、徐州刺史。景宗幼善骑射。

同书一〇《蔡道恭传》云：

> 蔡道恭，南阳冠军人也。父那，宋益州刺史。〔道恭〕累有战功。

同书同卷《杨公则传》（《南史》五五《杨公则传》同）略云：

> 杨公则，天水西县人。父仲怀，宋泰始初为豫州刺史殷琰将，战死于横塘。公则殓毕，徒步负丧归乡里。（寅恪案：《宋书》三七《州郡志》"雍州刺史"条下有南天水太守及西县令。公则之乡里当即指此。）

同书一二《席阐文传》（《南史》五五《席阐文传》同）略云：

> 席阐文，安定临泾人也。齐初，为雍州刺史萧赤斧中兵参军，由是与其子颖胄善。（寅恪案：《宋书》三七"秦州刺史"条有安定太守。又云，晋孝武复立，寄治襄阳，阐文既为雍州刺史府参军，疑其家亦因晋孝武时胡亡氏乱南迁襄阳者也。）

同书一七《马仙琕传》（《南史》二六《袁湛传》附《马仙琕传》同）略云：

> 马仙琕，扶风郿人也。父伯鸾，宋冠军司马。仙琕少以果敢闻。（寅恪案：《宋书》三七《州郡志》"雍州刺史"条下有扶风太守郿县令。）

同书一八《康绚传》（《南史》五五《康绚传》同）略云：

> 康绚，华山蓝田人也。其先出自康居。初，汉置都护，尽臣西
> 域，康居亦遣侍子待诏于河西，因留为黔首，其后即以康为
> 姓。晋时陇右乱，康氏迁于蓝田。绚曾祖因为苻坚太子詹事，
> 生穆，穆为姚苌河南尹。宋永初中，穆举乡族三千余家，入襄
> 阳之岘南，宋为置华山郡蓝田县，寄居于襄阳，以穆为秦、梁
> 二州刺史，未拜，卒。绚世父元隆，父元抚，并为流人所推，
> 相继为华山太守。绚少倜傥有志气，齐文帝为雍州刺史，所辟
> 皆取名家，绚特以才力召为西曹书佐。永明三年，除奉朝请。
> 文帝在东宫，以旧恩引为直后，以母忧去职。服阕，除振威将
> 军、华山太守。推诚抚循，荒余悦服。迁前军将军，复为华山
> 太守。永元元年，义兵起，绚举郡以应。

《北周书》四一《庾信传》，《哀江南赋》云：

> 我之掌庾承周，以世功而为族；经邦佐汉，用论道而当官。禀
> 嵩、华之玉石，润河、洛之波澜。居负洛而重世，邑临河而晏
> 安。逮永嘉之艰虞，始中原而乏主。民枕倚于墙壁，路交横于
> 豺虎。值五马之南奔，逢三星之东聚。彼凌江而建国，此播迁
> 于吾祖。分南阳而赐田，裂东岳而胙土。诛茅宋玉之宅，穿径
> 临江之府。

《隋书》七八《艺术传·庾季才传》略云：

> 庾季才，新野人也。八世祖滔，随晋元帝过江，官至散骑常
> 侍，封遂昌侯，因家于南郡江陵县。

《梁书》一九《宗夬传》略云：

宗夬，南阳涅阳人也。世居江陵。祖炳，宋时征太子庶子不
就，有高名。父繁，西中郎谘议参军。夬少勤学，有局干，弱
冠，举郢州秀才，齐司徒竟陵王集学士于西邸，并见图画，夬
亦预焉。永明中，与魏和亲，敕夬与尚书殿中郎任昉同接魏
使，皆时选也。

《世说新语·任诞类》略云：

桓车骑在荆州，张玄为侍中，使至江陵，路经阳岐村，（刘
《注》云：村临江，去荆州二百里。）俄见一人持半小笼生鱼，
径来造船云："有鱼，欲寄作脍。"张乃维舟而纳之。问其姓
字，称是刘遗民。（刘《注》引《中兴书》曰：刘驎之，一字
遗民。）

同书《栖逸类》（参《晋书》九四《隐逸传·刘驎之传》）略云：

南阳刘驎之，高率善史传，隐于阳岐。荆州刺史桓冲征为长
史。（刘《注》引邓粲《晋纪》曰：驎之字子骥，南阳安
众人。）

吴士鉴《〈晋书·刘驎之传〉斠注》引洪亮吉《东晋疆域志》曰：
石首有阳岐。

《南齐书》五四《刘虬传》（参《南史》五〇《刘虬传》）略云：

刘虬，南阳涅阳人也。旧族，徙居江陵。建元初，豫章王为荆
州，教辟虬为别驾，与同郡宗测、新野庾易并遗书礼请。永明
三年，刺史庐陵王子卿表虬及同郡宗测、宗尚之、庾易、刘昭
五人，请加蒲车束帛之命。诏征为通直郎，不就。

九　胡族之汉化及胡汉分治

《晋书》一〇一《刘元海（渊）载记》略云：

> 刘氏虽分居五部，然皆家居晋阳汾涧之滨。〔元海〕幼好学，师事上党崔游，习《毛诗》《京氏易》《马氏尚书》，尤好《春秋左氏传》《孙吴兵法》，略皆诵之，《史》、《汉》、诸子，无不综览，咸熙中为侍子，在洛阳。

同书同卷附子和传略云：

> 和好学夙成，习《毛诗》《左氏春秋》《郑氏易》。

同书同卷《刘元海载记》附《刘宣传》略云：

> 刘宣好学修洁。师事乐安孙炎，沉精积思，不舍昼夜，好《毛诗》《左氏传》。炎每叹之曰："宣若遇汉武，当逾于金日磾也。"学成而返，不出门闾盖数年。每读汉书，至萧何、邓禹传，未尝不反覆咏之，曰："大丈夫若遭二祖，终不令两公独擅美于前矣。"〔晋〕武帝以宣为右部都尉。

同书一〇二《刘聪载记》略云：

> 刘聪，元海第四子也。幼而聪悟好学，博士朱纪大奇之。年十四，究通经史，兼综百家之言、《孙吴兵法》，靡不诵之。工草隶，善属文，著述怀诗百余篇、赋颂五十余篇。

同书一〇一《刘元海载记》略云：

> 〔元海〕下令曰："曹操父子凶逆相寻，故孝愍委弃万国，昭烈播越岷蜀，冀否终有泰，旋轸旧京。何图天未悔祸，后帝窘辱，自社稷沦丧，宗庙之不血食四十年于兹矣。孤今猥为群公所推，绍修三祖之业。以大耻未雪，社稷无主，勉从群议。"乃赦其境内，年号元熙，追尊刘禅为孝怀皇帝，定汉高祖以下

三祖五宗神主而祭之。

《资治通鉴》八五"孝惠帝永兴元年十月"条胡《注》云：

> 渊以汉高祖、世祖、昭烈为三祖，太宗、世宗、中宗、显宗、肃宗为五宗。

《晋书》一〇五《石勒载记下》云：

> 勒雅好文学，虽在军旅，常令儒生读史书而听之，每以其意论古帝王善恶，朝贤儒士听者莫不归美焉。尝使人读《汉书》，闻郦食其劝立六国后，大惊曰："此法当失，何得遂成天下？"至留侯谏，乃曰："赖有此耳。"

同书同卷附《石弘传》略云：

> 弘字大雅，勒之第二子也。受经于杜嘏，诵律于续咸。勒曰："今世非承平，不可专以文业教也。"于是使刘征、任播授以兵书，王阳教之击刺。

同书一〇九《慕容皝载记》略云：

> 慕容皝，廆第三子也。尚经学，善天文。

同书一一〇《慕容俊载记》略云：

> 慕容俊，皝之第二子也。博观图书，有文武干略。

同书一二四《慕容宝载记》略云：

> 慕容宝，垂之第四子也。及为太子，砥砺自修，敦崇儒学，工谈论，善属文。

同书一二七《慕容德载记》略云：

> 慕容德，皝之少子也。博观群书，性清慎，多才艺。

同书一一三《苻坚载记上》略云：

苻坚，雄之子也。八岁，请师就家学。〔祖〕洪曰："汝戎狄异类，世知饮酒，今乃求学邪？"欣而许之。性至孝，博学多才艺，有经济大志，要结英豪，以图纬世之宜。

同书一一五《苻登载记》略云：

登，坚之族孙也。登长而折节谨厚，颇览书传。

同书一一六《姚襄载记》略云：

襄少有高名，雄武冠世，好学博通，雅善谈论。

同书一一七《姚兴载记上》略云：

姚兴，苌之长子也。与其中舍人梁喜、洗马范勖等讲论经籍，不以兵难废业。

同书一一九《姚泓载记》略云：

姚泓，兴之长子也。博学善谈论，尤好诗咏。

同书一二九《沮渠蒙逊载记》略云：

沮渠蒙逊博涉群史，颇晓天文。

同书四四《卢钦传》附谌传云：

值中原丧乱，〔谌〕与清河崔悦、颍川荀绰、河东裴宪、北地傅畅并沦陷非所，虽俱显于石氏，恒以为辱。谌每谓诸子曰："吾身没之后，但称晋司空从事中郎尔。"

同书一〇八《慕容廆载记》附《高瞻传》略云：

高瞻，渤海蓨人也。随〔崔〕毖如辽东。毖奔败，瞻随众降于廆。廆署为将军，瞻称疾不起。廆敬其姿器，数临候之，抚其心曰："君之疾在此，不在余也。君中州大族，冠冕之余，奈何以华夷之异，有怀介然？且大禹出于西羌，文王生于东夷，但问志略何如耳，岂以殊俗不可降心乎?"瞻仍辞疾笃，虓深不平之。瞻遂以忧死。

《北史》二一《崔宏传》略云:

始宏因苻氏乱，欲避地江南，为张愿所获，本图不遂。乃作诗以自伤，而不行于时，盖惧罪也。

〔子〕浩诛，中书侍郎高允受敕收浩家书，始见此诗，允知其意。允孙绰录于允集。

《晋书》一〇二《刘聪载记》略云:

置左右司隶，各领户二十余万，万户置一内史，凡内史四十三。单于左右辅，各主六夷十万落，万落置一都尉。

同书一〇三《刘曜载记》云:

置单于台于渭城，拜大单于，置左右贤王已下，皆以胡、羯、鲜卑、氐、羌豪杰为之。

同书九七《匈奴传》略云:

随所居郡县，使宰牧之，与编户大同，而不输贡赋。

同书一〇四《石勒载记》略云:

勒增置宣文、宣教、崇儒、崇训十余小学于襄国四门，简将佐豪右子弟百余人以教之，且备击柝之卫。

同书一〇七《石季龙载记下》略云:

〔冉闵〕宣令内外，六夷敢称兵杖者，斩之。胡人或斩关，或逾城而出者，不可胜数。令城内曰:"与官同心者住，不同心者各任所之。"敕城门不复相禁。于是赵人百里内悉入城，胡羯去者填门。

十 东晋时代北方徙民问题及北强南弱之形势

《晋书》七《成帝纪》云：

〔咸康五年〕九月，石季龙将夔安、李农陷沔南，张貉陷邾城，因寇江夏、义阳，征虏将军毛宝、西阳太守樊俊、义阳太守郑进并死之，夔安等进围石城，竟陵太守李阳距战，破之，斩首五千余级，安乃退，遂略汉东，七千余家迁于幽冀。

同书一一二《苻洪载记》云：

〔石〕季龙灭石生，洪说季龙，宜徙关中豪杰及羌戎，内实京师。季龙从之，以洪为龙骧将军、流人都督，处于枋头。

又云：

洪将死，谓〔子〕健曰："所以未入关者，言中州可指时而定，今见困竖子，中原非汝兄弟所能办，关中形胜，吾亡后便可鼓行而西。"言终而死。

同书同卷《苻健载记》略云：

尽众西行，起浮桥于盟津以济。遣其弟雄，率步骑五千入潼关，兄子菁自轵关入河东既济，焚桥，自统大众继雄而进。三辅略定，健引兵至长安，入而都之。

同书一一三《苻坚载记上》云：

徙关东豪杰及诸杂夷十万户（《通鉴》一○三《晋纪》"简文帝纪咸安元年"作"十五万户"）于关中，处乌丸杂类于冯翊、北地，丁零翟斌于新安，徙陈留、东阿万户以实青州。

同书一一六《姚弋仲载记》略云：

石季龙克上邽，弋仲说之曰："宜徙陇上豪强，虚其心腹，以实畿甸。"〔后〕季龙执权，思弋仲之言，遂徙秦雍豪杰于关东，弋仲率部众数万迁于清河。

同书同卷《姚襄载记》略云：

> 襄将佐皆北人，咸劝襄北还。襄方轨北引，乃据许昌，将如河东以图关右，自许遂攻洛阳，逾月不克。桓温自江陵伐襄，战于伊水，为温所败。襄寻徙北屈，将图关中，进屯杏城，遣其从兄辅国姚兰略地鄜城，使其兄益及将军王钦卢招集北地戎夏，归附者五万余户。襄率众西引，战于三原。襄败，为〔苻〕坚所杀。〔及襄死，苌率诸弟降于苻生。〕

同书七《成帝纪》略云：

> 〔咸和五年〕石勒将刘征寇南沙，都尉许儒遇害，进入海虞。六年春正月癸巳刘征复寇娄县，遂掠武进。

同书一〇五《石勒载记下》云：

> 晋将军赵胤攻克马头，石堪遣将军韩雍救之，至则无及，遂寇南沙、海虞，俘获五千余人。

同书一〇六《石季龙载记上》云：

> 季龙自率众南寇历阳，临江而旋，京师大震。

同书一一三《苻坚载记上》略云：

> 坚入邺宫，阅其名籍，凡郡百五十七，县一千五百七十九，户二百四十五万八千九百六十九，口九百九十八万七千九百三十五。

《通典》七《食货典》"历代盛衰户口"条略云：

> 三国鼎立，战争不息。及〔魏〕平蜀，得户二十八万，口九十四万，带甲将士十万二千，吏四万，通计户九十四万三千四百

二十三，口五百三十七万二千八百八十一，除平蜀所得，当时魏氏唯有户六十六万三千四百二十三，口有四百四十三万二千八百八十一。晋武帝太康元年平吴，收其图籍，户五十三万，吏三万二千，兵二十三万，男女口二百三十万。后宫五千余人。九州攸同，大抵编户二百四十五万九千八百四十，口一千六百一十六万三千八百六十三，此晋之极盛也。〔宋〕孝武大明八年，户九十万六千八百七十，口四百六十八万五千五百一十。〔陈〕后主灭亡之时，隋家所收户五十万，口二百万。后魏户三百三十七万五千三百六十八，北齐至崇（隆）化三年，为周师所灭。有户三百三万二千五百二十八，口二千万六千八百八十。〔后周〕大象中，有户三百五十九万，口九百万九千六百四。

十一　江东统治阶级之转移

《晋书》一〇〇《孙恩传》略云：

广州刺史王怀之以〔恩叔父〕泰行郁林太守，南越亦归之。泰见天下兵起，以为晋祚将终，乃扇动百姓，私集徒众，三吴士庶多从之。及〔会稽王世子〕元显纵暴，吴会百姓不安，恩因其骚动，自海攻上虞，杀县令，因袭会稽，害内史王凝之，有众数万。于是会稽谢铖、吴郡陆瓌、吴兴丘尪、义兴许允之、临海周胄、永嘉张永，及东阳、新安等凡八郡，一时俱起，杀长吏以应之，旬日之中，众数十万。于是恩据会稽，号其党曰"长生人"，畿内诸县，处处蜂起，诸贼皆烧仓廪，焚邑屋，刊木堙井，虏掠财货，相率聚于会稽。初，恩闻八郡响应，告其属曰："天下无复事矣，当与诸君朝服而至建康。"既闻〔刘〕牢之临江，复曰："我割浙江，不失作勾践也。"寻知牢之已济江，乃曰："孤不羞走矣。"乃虏男女二十余万口，一时逃入海。

同书同卷《卢循传》略云：

循娶孙恩妹，及恩作乱与循通谋，恩亡，余众推循为主。元兴二年正月〔循〕寇东阳，八月攻永嘉。刘裕讨循至晋安，循窘急，泛海到番禺，寇广州。逐刺史吴隐之，自摄州事，号平南将军，遣使献贡。时朝廷新诛桓氏，中外多虞，乃权假循征虏将军、广州刺史、平越中郎将，〔循出岭攻建业兵败，〕还保广州。〔刘〕裕先遣孙处从海道据番禺城，循攻之不下，循乃袭合蒲，克之。至龙编，刺史杜慧度谲而败之，循势屈，知不免，因自投于水，慧度取其尸斩之。

同书六六《陶侃传》略云：

陶侃本鄱阳人也。吴平，徙家庐江之寻阳。父丹，吴扬武将军。侃早孤贫，为县吏。至洛阳，伏波将军孙秀以亡国支庶，府望不显，中华人士耻为椽属，以侃寒宦，召为舍人。与〔杨晫〕同乘，见中书郎顾荣，荣见奇之，吏部郎温雅谓晫曰："奈何与小人共载。"〔后王敦欲杀侃，〕参军梅陶、长史陈颁言于敦曰："周访与侃亲姻，如左右手，安有断人左手，而右手不应者乎！"敦意遂解。

同书五八《周访传》略云：

周访本汝南安城人也。汉末避地江南，至访四世。吴平，因家庐江寻阳焉。时陶侃为散吏，访蒋为主簿，相与结友，以女妻侃子瞻。访以功迁南中郎将、督梁州诸军事、梁州刺史。闻〔王〕敦有不臣之心，访恒切齿。敦虽怀逆谋，故终访之世，未敢为非。

《南史》三七《沈庆之传》附文季传云：

〔齐〕武帝在东宫，于玄圃宴朝臣，文季数举酒劝〔褚〕彦回。彦回甚不平，启武帝曰："沈文季谓彦回经为其郡，依然犹有故情。"文季曰："惟桑与梓，必恭敬止。岂如明府亡国失土，不识枌榆。"遂言及魏军动事。彦回曰："陈显达、沈文季当今将略，足委以边事。"文季讳称将门，因是发怒，启武帝曰："褚彦回遂品藻人流，臣未知其身死之日，何面目见宋明帝。"武帝笑曰："沈率醉也。"中丞刘休举其事，见原。

同书六三《羊侃传》略云：

羊侃，泰山梁父人也。魏帝常谓曰："郎官谓卿为虎，岂羊质虎皮乎？试作虎状。"侃因伏，以手抶殿没指。魏帝壮之，赐以珠剑。侃以大通三年至建邺，车驾幸乐游苑，侃预宴。时少府奏新造两刃稍成，长二丈四尺，围一尺三寸。帝因赐侃河南国紫骝，令试之。侃执稍上马，左右击刺，特尽其妙。观者登树。帝曰："此树必为侍中折矣。"俄而果折，因号此稍为"折树稍"。北人降者，唯侃是衣冠余绪，帝宠之逾于他者。谓曰："朕少时捉稍，形势似卿，今失其旧体，殊觉不奇。"上又制武宴诗三十韵示侃，侃即席上应诏。〔侯〕景既卒至，百姓竞入，公私混乱，无复次序。侃乃区分防拟，皆以宗室间之。军人争入武库，自取器甲，所司不能禁，侃命斩数人方得止。是时梁兴四十七年，境内无事，公卿在位，乃间里士大夫莫见兵甲。贼至卒迫，公私骇震。时宿将已尽，后进少年，并出在外，城中唯有侃及柳津、韦黯。津年老且疾，黯懦而无谋，军旅指抈一决于侃（参《颜氏家训·涉务篇》）。寻以疾卒于城内。侃少雄勇，膂力绝人，所用弓至二十石，马上用六石弓。尝于兖州尧庙蹋壁，直上至五寻，横行得七迹。泗桥有数石人，长八尺，大十围。侃执以相击，悉皆破碎。

同书五九《任昉传》略云：

梁武帝克建邺，霸府初开，以为骠骑记室参军。始梁武与昉遇竟陵王西邸，从容谓曰："我登三府，当以卿为记室。"昉亦戏帝曰："我若登三事，当以卿为骑兵。"以帝善骑也。至是引昉符昔言焉。

同书六三《王神念传》略云：

王神念，太原祁人也。仕魏位颍川太守，与子僧辩据郡归梁。

同书同卷《王神念传》附子僧辩传略云：

> 及侯景反，元帝命僧辩总督舟师一万赴援。元帝以僧辩为征东
> 将军，命即率巴陵诸军，沿流讨景。景自出战于石头城北，僧
> 辩等大破之。景走朱方，僧辩命众将入据台城。

同书同卷《羊鸦仁传》略云：

> 羊鸦仁，泰山钜平人也。少饶勇，仕郡为主簿。普通中，率兄
> 弟自魏归梁，及侯景反，鸦仁率所部入援。

《梁书》五五《武陵王纪传》略云：

> 世祖命护军将军陆法和于硖口夹岸筑二垒，镇江以断之。时陆
> 纳未平，蜀军（武陵王纪）复逼，物情恇扰，世祖忧焉。乃拔
> 〔侯景将〕任约于狱，撤禁兵以配之，复于狱拔〔侯景将〕谢
> 答仁为步兵校尉，配众一旅，上赴法和。

《魏书》九八《岛夷萧衍传》略云：

> 衍每募人出战，素无号令，初或暂胜，后必奔背。景宣言曰
> "城中非无菜（卒），但无酱（将）耳"，以戏侮之。

《陈书》八《侯安都传》略云：

> 侯安都，始兴曲江人也。世为郡著姓。善骑射，为邑里雄豪。
> 侯景之乱，招集兵甲至三千人。

同书九《侯瑱传》略云：

> 侯瑱，巴西充国人也。

同书九《欧阳颁传》略云：

> 欧阳颁，长沙临湘人也。侯景构逆，〔衡州刺史韦〕粲自解还

都征景，以颙监衡州。

同书一〇《程灵洗传》略云：

> 程灵洗，新安海宁人也。少以勇力闻，步行日二百余里，便骑善游。梁末，海宁、黟、歙等县及鄱阳、宣城郡界多盗贼，近县苦之。灵洗素为乡里所畏伏，前后守长恒使招募少年，逐捕劫盗。侯景之乱，灵洗聚徒据黟、歙以拒景。景军据有新安，新安太守湘西乡侯萧隐奔依灵洗，灵洗奉以主盟。

同书一一《黄法𣰶传》略云：

> 黄法𣰶，巴山新建人也。少劲捷有胆力，步行日三百里，距跃三丈。出入郡中，为乡闾所惮。侯景之乱，于乡里合徒众。太守贺诩下江州，法𣰶监知郡事。

同书一三《徐世谱传》略云：

> 徐世谱，巴东鱼复人也。世居荆州，为主帅，征伐蛮、蜒。至世谱，尤敢勇有膂力，善水战。梁元帝之为荆州刺史，世谱将领乡人事焉。侯景之乱，因预征讨，累迁至员外散骑常侍。

同书同卷《周敷传》略云：

> 周敷，临川人也。为郡豪族。胆力劲果，超出时辈。性豪侠，轻财重士，乡党少年任气者咸归之。侯景之乱，乡人周续合徒众以讨贼为名，梁内史始兴藩王萧毅以郡让续。侯景平，梁元帝授敷宁州刺史。

同书三五《熊昙朗传》略云：

> 熊昙朗，豫章南昌人也。世为郡著姓。昙朗跅弛不羁，有膂力，容貌甚伟。侯景之乱，稍聚少年，据丰城县为栅，桀黠劫

盗多附之，梁元帝以为巴山太守。

同书同卷《周迪传》略云：

周迪，临川南城人也。少居山谷，有膂力，能挽强弩，以弋猎为事。侯景之乱，迪宗人周续起临川，梁始兴王萧毅以郡让续，迪召募乡人从之，每战必勇冠众军。续所部渠帅皆郡中豪族，稍骄横，续颇禁之，渠帅等并怨望。乃相率杀续，推迪为主，迪乃据有临川之地，筑城于工塘。梁元帝授迪高州刺史。

同书同卷《留异传》略云：

留异，东阳长山人也。世为郡著姓，〔异〕为乡里雄豪，多聚恶少，陵侮贫贱，守宰皆患之。侯景之乱，召募士卒，太守沈巡援台，让郡于异。

同书同卷《陈宝应传》云：

陈宝应，晋安候官人也。世为闽中四姓。父羽，有材干，为郡雄豪。宝应性反覆，多变诈。梁代晋安数反，累杀郡将，羽初并扇惑合成其事，后复为官军乡导破之，由是一郡兵权皆自己出。侯景之乱，晋安太守、宾化侯萧云以郡让羽，羽年老，但治郡事，令宝应典兵。

十二 『六镇』问题 附北朝之兵

《元和郡县图志》一四"云州"条云：

> 后魏道武帝又于此建都，东至上谷军都关，西至河，南至中山隘门塞，北至五原，地方千里，以为甸服。

《魏书》五八《杨播传》附弟椿传云：

> 除定州刺史，自太祖平中山，多置军府，以相威摄。凡有八军，军各配兵五千，食禄主帅军各四十六人。自中原稍定，八军之兵，渐割南戍，一军兵才千余，然主帅如故，费禄不少。椿表罢四军，减其帅百八十四人。州有宗子稻田，屯兵八百户，年常发夫三千，草三百车，修补畦堰。椿以屯兵惟输此田课，更无徭役，及至闲月，即应修治，不容复劳百姓。椿亦表罢，朝廷从之。

同书九《肃宗纪》"正光五年"云：

> 〔正光五年八月〕丙申，诏曰："赏贵宿劳，明主恒德；恩沾旧绩，哲后常范。太祖道武皇帝应期拨乱，大造区夏。世祖太武皇帝纂戎丕绪，光阐王业，躬率六师，扫清逋秽；诸州镇城人，本充牙爪，服勤征旅，契阔行间，备尝劳剧。逮显祖献文皇帝自北被南，淮海思乂，便差割强族，分卫方镇。高祖孝文皇帝，远遵盘庚，将迁嵩洛，规遏北疆，荡辟南境，选良家酋附，增戍朔垂，戎捍所寄，实惟斯等。先帝（世宗宣武皇帝）以其诚效既亮，方加酬锡，会宛邺驰烽，胸泗告警，军旗频动，兵连积岁，兹恩仍寝，用迄于今，怨叛之兴，颇由于此。朕叨承乾历，抚驭宇宙，调风布政，思广惠液，宜追述前恩，敷兹后施。诸州镇军贯，元非犯配者，悉免为民；镇改为州，

依旧立称。此等世习干戈，率多劲勇。今既甄拔，应思报效。可三五简发，讨彼沙陇。当使人齐其力，奋击先驱，妖党狂丑，必可荡涤。冲锋斩级，自依恒赏。"

同书五〇《尉元传》云：

〔太和十六年〕元表曰："今计彼（徐州）戍兵，多是胡人，臣前镇徐州之日，胡人子都将呼延笼达因于负罪，便尔叛乱，鸠引胡类，一时扇动。赖威灵遐被，罪人斯戮。又团城子都将胡人王敕懃负衅南叛，每惧奸图，狡诱同党。愚诚所见，宜以彭城胡军换取南豫州徙民之兵，转戍彭城，又以中州鲜卑增实兵数。于事为宜。"

同书七下《高祖纪下》略云：

〔太和十八年〕七月，车驾北巡。戊戌，谒金陵。辛丑，幸朔州。〔八月〕甲辰行幸阴山，观云川。癸丑，幸怀朔镇。己未，幸武川镇。

同书同卷：

〔太和十九年八月〕乙巳，诏选天下武勇之士十五万人为羽林、虎贲，以充宿卫。

同书一八《广阳王深（渊）传》云：

沃野镇人破六韩拔陵反叛，诏深为北道大都督，受尚书令李崇节度。深上书曰："昔皇始以移防为重，盛简亲贤，拥麾作镇，配以高门子弟，以死防遏，不但不废仕宦，至乃偏得复除。当时人物忻慕为之。及太和在历，仆射李冲当官任事，凉州土人悉免厮役、丰沛旧门，仍防边戍。自非得罪当世，莫肯与之为伍。征镇驱使，但为虞候白直，一生推迁，不过军主。然其往世房分留居京者，得上品通官，在镇者便为清途所隔。或投彼有北，以御魑魅，多复逃胡乡。乃峻边兵之格，镇人浮游在外，皆听流兵捉之。于是少年不得从师，长者不得游宦，独为匪人，言者流涕。自定鼎伊洛，边任益轻，唯底滞凡才，出为镇将，转相模习，专事聚敛。或有诸方奸吏，犯罪配边，为之指踪，过弄官府，政以贿立，莫能自改。咸言奸吏为此，无不切齿憎怒。"

同书六六《李崇传》略云：

诏曰："崇乃上表求改镇为州，罢削旧贯，朕于时以旧典难革，不许其请。"

《北齐书》二三《魏兰根传》略云：

正光末，尚书令李崇为本郡都督，以兰根为长史。因说崇曰："缘边诸镇，控摄长远。昔时初置，地广人稀，或征发中原强宗子弟，或国之肺腑，寄以爪牙。中年以来，有司乖实，号曰府户，役同厮养，官婚班齿，致失清流。而本宗旧类，各各荣显，顾瞻彼此，理当愤怨。更张琴瑟，今也其时，静境宁边，事之大者。宜改镇立州，分置郡县，凡是府户，悉免为民，入仕次叙，一准其旧，文武兼用，威恩并施。此计若行，国家庶无北顾之虑矣。"

《魏书》六四《张彝传》略云：

〔征西将军彝〕第二子仲瑀上封事，求铨别选格，排抑武人，不使预在清品。由是众口喧喧，谤讟盈路，立榜大巷，克期会集，屠害其家。神龟二年二月，羽林虎贲几将千人，相率至尚书省诟骂，求其长子尚书郎始均，不获。以瓦石击打公门。上下畏惧，莫敢讨抑。遂便持火，掳掠道中薪蒿，以仗石为兵器，直造其第，曳彝堂下，捶辱极意，唱呼啾啾，焚其屋宇。始均、仲瑀当时逾北垣而走。始均回救其父，拜伏群小，以请父命。羽林等就加殴击，生投之于烟火之中。及得尸骸，不复可识，唯以髻中小钗为验。仲瑀伤重走免。彝仅有余命，沙门寺与其比邻，舆致于寺。远近闻见，莫不慨骇。彝遂卒，官为收掩羽林凶强者八人斩之。

《北史》一六《太武五王传·广阳王深（渊）传》（参《魏书》五八《杨播传》附《杨津传》）云：

先是，别将李叔仁以〔破六韩〕拔陵来逼，请求迎援，深赴之，前后降附二十万人。深与行台元纂表求恒州北别立郡县，安置降户，随宜振赡，息其乱心。不从。诏遣黄门侍郎杨昱分散之于冀、定、瀛三州就食。深谓纂曰："此辈复为'乞活'矣。祸乱当由此作。"既而鲜于修礼叛于定州，杜洛周反于幽州，其余降户，犹在恒州，遂欲推深为主。深乃上书还京师。令左卫将军杨津代深为都督。

《魏书》四下《世祖纪下》云：

〔太平真君五年〕六月，北部民杀立义将军、衡阳公莫孤，率五千余落北走。追击于汉南，杀其渠帅，余徙冀、相、定三州为营户。

同书七上《高祖纪上》云：

〔延兴元年〕冬十月丁亥，沃野、统万二镇敕勒叛。诏太尉、陇西王源贺进击，至枹罕，灭之，斩首三万余级，徙其遗进于冀、定、相三州为营户。

延兴二年三月，连川敕勒谋叛，徙配青、徐、齐、兖四州为营户。

同书七下《高祖纪下》云：

〔太和二十一年〕六月壬戌，诏冀、定、瀛、相、济五州发卒二十万，将以南讨。

同书八三上《外戚传·贺讷传》略云：

贺讷，代人，其先世为君长，讷从太祖平中原。其后离散诸部，分土定居，不听迁徙，其君长大人皆同编户。讷以元舅，甚见尊重，然无统领。以寿终于家。

同书一〇三《高车传》（《北史》九八《高车传》同）略云：

高车初号为狄历，北方以为敕勒，诸夏以为高车、丁零。其语略与匈奴同而时有小异。或云其先匈奴之甥也。太祖时分散诸部，惟高车以类粗犷，不任使役，故得别为部落。〔有〕俟分氏。

同书一一三《官氏志》略云：

从第四品上　高车羽林郎将

从第四品下　高车虎贲将军

又云：

又制诸州各置都尉，以领兵。

同书七四《尔朱荣传》云：

北秀容人也。其先居于尔朱川，因为氏焉。常领部落，世为酋帅。高祖羽健，登国初为领民酋长，率契胡武士千七百人，从驾平晋阳，定中山。论功拜散骑常侍。以居秀容川，诏割方三百里封之，长为世业。太祖初以南秀容川原沃衍，欲令居之，羽健曰："臣家世奉国，给侍左右。北秀容既在划内，差近京师，岂以沃瘠更迁远地。"

《北史》五六《魏收传》云：

尔朱荣于魏为贼，收以高氏出自尔朱，且纳荣子金，故减其恶而增其善，论云："若修德义之风，则韦、彭、伊、霍，夫何足数。"

《魏书》七四《尔朱荣传》略云：

加使持节、安北将军、都督恒朔讨虏诸军，荣率众至肆州，刺史尉庆宾畏恶之，闭城不纳。荣怒，攻拔之，乃署其从叔羽生为刺史，执庆宾于秀容。自是荣兵威渐盛，朝廷亦不能罪责也。

又云：

〔武泰元年四月〕十三日荣惑武卫将军费穆之说，乃引迎驾百官于行宫西北，云欲祭天。朝士既集，列骑围绕，责天下丧乱，明帝卒崩之由，云皆缘此等贪虐，不相匡弼所致。因纵兵乱害，王公卿士皆敛手就戮，死者千三百余人，皇弟、皇兄并亦见害，灵太后、少主其日暴崩。十四日，舆驾入宫。于时或云荣欲迁都晋阳，或云欲肆兵大掠，迭相惊恐，人情骇震，京邑士子不一存，率皆逃窜。葛荣为贼既久，横行河北，时众寡非敌，议者谓无制贼之理。葛荣自邺以北列陈数十里，箕张而进。〔尔朱〕荣大破之，于陈擒葛荣，余众悉降。〔尔朱〕荣以贼徒既众，若即分割，恐其疑惧，或更结聚，乃普告勒，各从所乐，亲属相随，任所居止。于是群情喜悦，登即四散，数十万众一朝散尽。待出百里之外，乃始分道押领，随便安置，咸得其宜。擢其渠帅，量力授用，新附者咸安。时人服其处分机速，乃槛车送葛荣赴阙。

史臣曰：向使荣无奸忍之失，修德义之风，则彭、韦、伊、霍，夫何足数。

《隋书》二四《食货志》云：

寻而六镇扰乱，相率内徙，寓食于齐（寅恪案：此齐《魏书》一〇六上《地形志》武州领之齐郡。）晋之郊。齐神武因之，以成大业。

《北齐书·神武纪上》云：

葛荣众流入并、肆者二十余万。为契胡陵暴，皆不聊生，大小二十六反，诛夷者半，犹草窃不止。〔尔朱〕兆患之，问计于神武。神武曰："六镇反残，不可尽杀，宜选王素腹心者，私使统焉。若有犯者，直罪其帅，则所罪者寡。"兆曰："善，谁可行也？"贺拔允时在坐，请神武。神武拳殴之，折其齿，曰："生平天柱时，奴辈伏处分如鹰犬，今日天下安置在王，而阿鞠泥敢诬下罔上，请杀之。"兆以神武为诚，遂以委焉。

《魏书》一〇六上《地形志上》略云：

恒州　朔州　云州　蔚州　显州　廓州　武州　齐郡

西夏州　　宁州　　灵州　　前自恒州已下十州，永安已后，禁
旅所出，户口之数，并不得知。

钱大昕《廿二史考异》二九云：

《魏书·地形志上》：

武州，武定元年置。治雁门川，武定三年，始立州城。按《隋
志》："雁门郡繁畤县，后魏置，并置繁畤郡。有东魏武州及吐
京、齐、新安三郡，寄在城中。"此志之雁门川即繁畤郡，且
寄治郡城，非别立州城也。

同书同卷：

《魏书〔一○六上〕地形志》：

蔚州，永安中改怀荒、御夷二镇置，按，六镇为州，魏收史言
之不详，惟怀朔改为朔州，怀荒、御夷改为蔚州，薄骨律镇改
为灵州，见于本志。

《北齐书》一七《斛律金传》云：

朔州敕勒部人也。高祖倍侯利，以壮勇有名塞表，道武时率户
内附，赐爵孟都公。祖幡地斤，殿中尚书。父大那瓌，光禄大
夫、第一领民酋长。

钱大昕《廿二史考异》三一《〈北齐书·斛律金传〉考异》云：

留金守信都，领恒、云、燕、朔、显六州大都督，此六州即神
武所领六镇兵，《赵郡王琛传》所云"六州大都督""六州九
酋长大都督"，《孙腾传》"六州流民大都督"皆此六州也，但
六州之名，尚少其一，史有脱文，盖脱蔚州也。

《北齐书》二四《孙搴传》略云：

又大括燕、恒、云、朔、显、蔚、二夏州、高平、平凉之民以
为军士，所获甚众，搴之计也。

《魏书》八〇《叱列延庆传》略云：

代西部人也，世为酋帅。

同书四上《世祖纪》略云：

〔神麚二年〕夏，车驾北伐，蠕蠕西走，秋，帝以东部高车屯
已尼陂，诏左仆射安原率骑万余讨之。

《通鉴》一五二"梁武帝大通二年"条云：

〔尔朱〕荣先遣并州人郭罗刹、西部高车叱列杀鬼侍帝侧。

《北齐书》一五《厍狄干传》略云：

善无人也。曾祖越豆眷，魏道武时以功割善无之西腊污山地方
百里以处之。后率部落北迁，因家朔方。

《魏书》一四《高凉王孤传》附《上党王天穆传》云：

初，杜洛周、鲜于修礼为寇，瀛冀诸州人多避乱南向。幽州前
北平府主簿河间邢杲，拥率部曲，屯据鄚城，以拒洛周、葛
荣，垂将三载。及广阳王深（渊）等败后，杲南渡居青州北海
界。灵太后诏流人所在，皆置命属郡县，选豪右为守令，以抚
镇之。时青州刺史元世俊表置新安郡，以杲为太守，未报。会
台申汰简所授郡县，以杲从子子瑶资荫居前，乃授河间太守。
杲深耻恨，于是遂反。所在流人，先为土人凌忽，闻杲起逆，
率来从之，旬朔之间，众逾十万。劫掠村坞，毒害民人，齐人
号之为"蹹榆贼"。

《周书》一九《杨忠传》略云：

杨忠，弘农华阴人也，小名奴奴。高祖元寿，魏初，为武川镇司马，因家于神武树颓焉。父祯，以军功除建远将军。属魏末丧乱，避地中山，结义徒以讨鲜于修礼，遂死之。忠年十八，客游泰山，会梁兵攻郡，陷之，遂被执，至江左。在梁五年，从北海王颢入洛，颢败，尔朱度律召为帐下统军。及尔朱兆以轻骑自并州入洛阳，忠时预焉，从独孤信破梁下溠戍，平南阳，并有功，〔后〕忠出武川，过故宅，祭先人。

《隋书》七九《外戚传·高祖外家吕氏传》略云：

高祖外家吕氏，其族盖微，平齐之后，求访不知所在。至开皇初，济南郡上言，有男子吕永吉，自称有姑字苦桃，为杨祯妻。勘验知是舅子，始追赠外祖双周为齐郡公，外祖母姚氏为齐敬公夫人。诏并改葬，于齐州立庙，置守冢十家。

《宋书》七四《臧质传》略云：

〔拓跋〕焘与质书曰："吾今所遣斗兵，尽非我国人，城东北是丁零与胡，南是三秦氏、羌。设使丁零死者，正可减常山、赵郡贼；胡死，正减并州贼；氏、羌死，正减关中贼。卿若杀丁零、胡，无不利。"

同书七七《柳元景传》略云：

虏众大溃，面缚军门者二千余人，多河内人。元景诘之曰："汝等怨王泽不浃，请命无所，今并为虏尽力，便是本无善心。顺附者存拯，从恶者诛灭，欲知王师正如此尔。"皆曰："虐虏见驱，后出赤族，以骑蹙步，未战先死，此亲将军所见，非敢背中国也。"

《魏书》四三《毛脩之传》略云：

> 刘裕之擒姚泓，留子义真镇长安，以脩之为司马。及赫连屈丐破义真于青泥，脩之被俘，遂没统万。世祖平赫连昌，获脩之。神麚中，以脩之领吴兵讨蠕蠕大檀，以功拜吴兵将军，领步兵校尉。

《庾子山集》一三《周太子太保步陆逞神道碑》云：

> 吴人有降附者，悉领为别军，自是官帅拥铎，便为吴越之兵，君子习流，别有楼船之阵。

《魏书》二八《刘洁传》略云：

> 郡国之民，虽不征讨，服勤农桑，以供军国，实经世之大本，府库之所资。

《资治通鉴》一五七"梁武帝大同三年九月"条云：

> 〔高〕欢每号令军士，常令丞相属代郡张华原宣旨，其语鲜卑则曰："汉民是汝奴，夫为汝耕，妇为汝织，输汝粟帛，令汝温饱，汝何为陵之？"其语华人则曰："鲜卑是汝作客，得汝一斛粟、一匹绢，为汝击贼，令汝安宁，汝何为疾之？"时鲜卑共轻华人，唯惮高敖曹，欢号令将士，常鲜卑语，敖曹在列，则为之华言。（《隋书》三二《经籍志·经部·小学类》有《鲜卑号令》一卷，周武帝撰。）

《隋书》二四《食货志》云：

> 魏武西迁，连年战争，河、洛之间，又并空竭。天平元年，迁都于邺，出粟一百三十万石，以赈贫人。是时六坊之众，从武帝而西者，不能万人，余皆北徙，并给常廪，春秋二时赐帛，

以供衣服之费。〔齐〕文宣受禅，多所创革。六坊之内徙者，更加简练，每一人必当百人，任其临阵必死，然后取之，谓之百保鲜卑。又简华人之勇力绝伦者，谓之勇士，以备边要。

十三　北魏前期之汉化　附筑城问题

《魏书》四上《世祖纪上》略云：

〔神麚四年九月〕壬申，诏曰："访诸有司，咸称范阳卢玄、博陵崔绰、赵郡李灵、河间邢颖、勃海高允、广平游雅、太原张伟等，皆贤俊之胄，冠冕州邦，有羽仪之用。敕州郡以礼发遣。"遂征玄等及州郡所遣，至者数百人，皆差次叙用。

同书四八《高允传》略云：

高允字伯恭，渤海人也。〔神麚〕四年，与卢玄等俱被征。

同书二四《崔玄伯传》云：

崔玄伯，清河东武城人也。名犯高祖庙讳，魏司空林六世孙也。祖悦，仕石虎，官至司徒左长史、关内侯。父潜，仕慕容暐，为黄门侍郎，并有才学之称。

同书三五《崔浩传》云：

浩父疾笃，浩乃剪爪截发，夜在庭中仰祷斗极，为父请命，求以身代，叩头流血，岁余不息，家人罕有知者。及父终，居丧尽礼，时人称之。袭爵白马公。朝廷礼仪、优文策诏、军国书记，尽关于浩。浩能为杂说，不长属文，而留心于制度、科律及经术之言。作《家祭法》，次序五宗，蒸尝之礼，丰俭之节，义理可观。性不好《老》《庄》之书，每读不过数十行，辄弃之，曰："此矫诬之说，不近人情，必非老子所作。老聃习礼，仲尼所师，岂设败法文书，以乱先王之教。韦生所谓家人筐箧中物，不可扬于王庭也。"

同书同卷同传云：

神瑞二年，秋谷不登，太史令王亮、苏坦因华阴公主等言谶书国家当治邺，应大乐五十年，劝太宗迁都。浩与特进周澹言于太宗曰："今国家迁都于邺，可救今年之饥，非长久之策也。东州之人，常谓国家居广漠之地，民畜无算，号称'牛毛之众'。今留守旧都，分家南徙，恐不满诸州之地。参居郡县，处榛林之间，不便水土，疾疫死伤，情见事露，则百姓意沮。四方闻之，有轻侮之意，屈丐、蠕蠕必提挈而来，云中、平城则有危殆之虑，阻隔恒代千里之险，虽欲救援，赴之甚难，如此则声实俱损矣。今居北方，假令山东有变，轻骑南出，耀威桑梓之中，谁知多少？百姓见之，望尘震服。此是国家威制诸夏之长策也。至春草生，乳酪将出，兼有菜果，足接来秋，若得中熟，事则济矣。"太宗深然之，曰："唯此二人，与朕意同。"复使中贵人问浩、澹曰："今既糊口无以至来秋，来秋或复不熟，将如之何？"浩等对曰："可简穷下之户，诸州就谷，若来秋无年，愿更图也。但不可迁都。"太宗从之。

又云：

浩从太宗幸西河、太原，登憩高陵之上，下临河流，傍览川域，慨然有感，遂与同僚论五等郡县之是非，考秦始皇、汉武帝之违失。好古识治，时伏其言。天师寇谦之每与浩言，闻其论古治乱之迹，常自夜达旦，竦意敛容，无有懈倦。既而叹美之，曰："斯言也惠，皆可底行，亦当今之皋繇也。但世人贵远贱近，不能深察之耳。"因谓浩曰："吾行道隐居，不营世务，忽受神中之诀，当兼修儒教，辅助太平真君，继千载之绝统。而学不稽古，临事暗昧。卿为吾撰列王者治典，并论其大

要。"浩乃著书二十余篇，上推太初，下尽秦汉变弊之迹，大
旨先以复五等为本。

《魏书》四八《高允传》云：

初，崔浩荐冀、定、相、幽、并五州之士数十人，各起家郡
守。恭宗谓浩曰："先召之人，亦州郡选也，在职已久，劳勤
未答。今可先补前召外任郡县，以新召者代为郎吏。又守令宰
民，宜使便事者。"浩固争而遣之。允闻之，谓东官博士管恬
曰："崔公其不免乎！苟逞其非，而校胜于上，何以能济？"

同书四六《李䜣传》（参《北史》二七《李䜣传》）略云：

李䜣，范阳人也。初，李灵为高宗博士、谘议，诏崔浩选中书
学生器业优者为助教。浩举其弟子箱子与卢度世、李敷三人应
之。给事高谠子祐、尚书段霸儿侄等以为浩阿其亲戚，言于恭
宗。恭宗以浩为不平，闻之于世祖。世祖意在于䜣，曰："云
何不取幽州刺史李崇老翁儿也？"浩对曰："前亦言䜣合选，但
以其先行在外，故不取之。"世祖曰："可待䜣还，箱子等罢
之。"䜣为世祖所识如此，遂除中书助教博士。

同书三六《李敷传》云：

真君二年，选入中书教学，以忠谨给侍东官。又为中散，与李
䜣、卢遐、度世等并以聪敏内参机密，出入诏命。

同书三五《崔浩传》云：

真君十一年六月诛浩，清河崔氏无远近，范阳卢氏、太原郭
氏、河东柳氏，皆浩之姻亲，尽夷其族。初，郤标等立石铭，
刊《国记》，浩尽述国事，备而不典。而石铭显在衢路，往来

行者，咸以为言，事遂闻发。有司按验浩。其秘书郎吏已下尽死。

同书二七《穆崇传》附亮传云：

高祖曰："世祖时崔浩为冀州中正，长孙嵩为司州中正，可谓得人。"

同书四七《卢玄传》云：

〔崔〕浩大欲整齐人伦，分明姓族。玄劝之曰："夫创制立事，各有其时，乐为此者，讵几人也？宜其三思。"浩当时虽无异言，竟不纳。浩败颇亦由此。

同书三五《崔浩传》云：

浩母卢氏，谌孙也。浩著《食经》叙曰："余自少及长，耳目闻见，诸母诸姑所修妇功，无不蕴习酒食。朝夕养舅姑，四时祭祀，虽有功力，不任僮使，常手自亲焉。昔遭丧乱，饥馑仍臻，饘蔬糊口，不能具其物用，十余年间不复备设。先姑虑久废忘，后生无知见，而少不习业书，乃占授为九篇。文辞约举，婉而成章，聪辩强记，皆此类也。……"

同书三八《王慧龙传》云：

初，崔浩弟恬闻慧龙王氏子，以女妻之。浩既婚姻，及见慧龙，曰："信王家儿也。"王氏世齇鼻，江东谓之"齇王"。慧龙鼻大，浩曰："真贵种矣。"数向诸公称其美。司徒长孙嵩闻之，不悦，言于世祖，以其叹服南人，则有讪鄙国化之意。世祖怒，召浩责之，浩免冠陈谢得释。

《宋书》七七《柳元景传》曰：

元景从祖弟光世，先留乡里，索虏以为折冲将军、河北太守，封西陵男。光世姊夫伪司徒崔浩，虏之相也。元嘉二十七年，虏主拓跋焘南寇汝、颖，浩密有异图，光世要河北义士为浩应。浩谋泄被诛，河东大姓坐连谋夷灭者甚众。

《魏书》四七《卢度世传》云：

弱冠，与从兄遐俱以学行为时流所重。度世后以崔浩事，弃官逃于高阳郑罴家。世祖临江，刘义隆使其殿中将军黄延年朝贡。世祖问延年曰："范阳卢度世坐与崔浩亲通，逃命江表，应已至彼？"延年对曰："都下无闻，当必不至。"世祖诏东宫赦度世宗族逃亡及籍没者。度世乃出，赴京。

《通鉴》一二六"宋文帝元嘉二十八年二月魏主赦卢度世"条《考异》略云：

《宋〔书〕·柳元景传》与魏〔收所纪〕事不同，今从《魏书》。

《魏书》三五《崔浩传》云：

始浩与冀州刺史颐、荥阳太守模等年皆相次，浩为长，次模，次颐。三人别祖而模、颐为亲。浩恃其家世魏晋公卿，常侮模、颐。模谓人曰："桃简正可欺我，何合轻我家周儿也。"浩小名桃简，颐小名周儿。世祖颇闻之，故诛浩时，二家获免。

同书九五《铁弗刘虎传》略云：

铁弗刘虎，南单于之苗裔，左贤王去卑之孙，北部帅刘猛之从子，居于新兴虑虒之北。北人谓胡父鲜卑母为"铁弗"。

《晋书》一〇三《赫连勃勃载记》略云：

以叱干阿利领将作大匠，发岭北夷夏十万人，于朔方水北、黑水之南，营起都城。勃勃自言："朕方统一天下，君临万邦，可以统万为名。"阿利性尤工巧，然残忍刻暴，乃蒸土筑城，锥入一寸，即杀作者而并筑之。勃勃以为忠，故委以营缮之任。

《魏书》一一三《官氏志》云：

> 西方尉迟氏，后改为尉氏。
>
> 步鹿根氏，后改为步氏。
>
> 破多罗氏，后改为潘氏。
>
> 叱干氏，后改为薛氏。

同书二《太祖纪》略云：

> 〔皇始元年〕十有一月庚子朔，帝至真定。自常山以东，守宰或捐城奔窜，或稽颡军门，唯中山、邺、信都三城不下。别诏征东大将军东平公仪五万骑南攻邺，冠军将军王建、左军将军李栗等攻信都。戊午，进军中山，引骑围之。二年春正月，是时信都未下。壬戌，引骑围之。其夜，〔慕容〕宝冀州刺史宜都王慕容凤逾城奔走，归于中山。癸亥，宝辅国将军张骧、护军将军徐超率将吏已下举城降。十月，中山平。天兴元年春正月，克邺。

十四　北魏后期之汉化　附户籍问题

《魏书》七下《高祖纪》云：

〔太和十八年十有二月〕壬寅，革衣服之制。

〔太和十九年〕六月己亥，诏不得以北俗之语言于朝廷。若有违者，免所居官。丙辰，诏迁洛之民死葬河南，不得还北。于是代人南迁者，悉为河南洛阳人。

同书二〇《广川王谐传》云：

〔太和十九年〕诏曰："迁洛之人，自兹厥后，悉可归骸邙岭，皆不得就茔恒代。其有夫先葬在北，妇今葬在南，妇人从夫，宜还代葬；若欲移父就母，亦得任之。其有妻坟于恒代，夫死于洛，不得以尊就卑；欲移母就父，宜亦从之；若异葬亦从之。若不在葬限，身在代丧，葬之彼此，皆得任之。其户属恒燕，身官京洛，去留之宜，亦从所择。其属诸州者，各得任意。"

同书二一上《咸阳王禧传》云：

于时，王国舍人应取八族及清修之门，禧取任城王隶户为之，深为高祖所责。诏曰："此年为六弟聘室。长弟咸阳王禧可聘故颍川太守陇西李辅女，次弟河南王干可聘故中散代郡穆明乐女，次弟广陵王羽可聘骠骑谘议参军荥阳郑平城女，次弟颍川王雍可聘故中书博士范阳卢神宝女，次弟始平王勰可聘廷尉卿陇西李冲女，季弟北海王详可聘吏部郎中荥阳郑懿女。"高祖曰："今欲断诸北语，一从正音。年三十以上，习性已久，容或不可卒革；三十以下，见在朝廷之人，语音不听仍旧，若有故为，当降爵黜官。王公卿士，咸以然不？"禧对曰："实如圣旨。"高祖曰："朕尝与李冲论此，冲言：'四方之语，竟知谁是？帝者言之，即为正矣。何必改旧从新。'冲之此言，应合死罪。"冲免冠陈谢。

《世说新语下·贤媛类》"王汝南少无婚"条云：

王汝南少无婚，自求郝普女。司空以其痴，会无婚处，任其意，便许之。（刘《注》云：《魏氏志》曰：王昶字文舒，仕至司空。）既婚，果有令姿淑德。生东海，遂为王氏母仪。或问汝南何以知之？曰："尝见井上取水，举动容止不失常，未尝忤观。以此知之。"（刘《注》云：《汝南别传》曰：襄城郝仲将，门至孤陋，非其所偶也。君尝见其女，便求聘焉。果高朗英迈，母仪冠族。其通识余裕，皆此类。）

同书同类"王浑妻锺氏"条云：

王浑妻锺氏生女令淑，武子为妹求简美对而未得。有兵家子，有俊才，欲以妹妻之，乃白母，曰："诚是才者，其地可遗。"

同书同类"王司徒妇锺氏女"条云：

王司徒妇锺氏女，太傅曾孙，（刘《注》云：《王氏谱》曰：夫人，黄门侍郎锺琰女。）亦有俊才女德。（刘《注》云：《妇人集》曰：夫人有文才，其诗赋颂诔行于世。）锺、郝为娣姒，雅相亲重。锺不以贵陵郝，郝亦不以贱下锺。东海家内，则郝夫人之法。京陵家内，范锺夫人之礼。

《晋书》四二《王浑传》略云：

袭父（魏司空昶）爵京陵侯。

〔浑孙〕卓嗣浑爵。

同书七五《王湛传》略云：

> 王湛字处冲，司徒浑之弟也。出为汝南内史。元康五年卒，年四十七。子承嗣。
>
> 承字安期，永宁初为骠骑参军。避难南下，迁司空从事中郎。久之，迁东海太守。

《魏书》一一三《官氏志》云：

> 太和十九年，诏曰："代人诸胄，先无姓族，虽功贤之胤，混然未分。故官达者位极公卿，其功衰之亲，仍居猥任。比欲制定姓族，事多未就，且宜甄擢，随时渐铨。其穆、陆、贺、刘、楼、于、嵇、尉八姓，皆太祖已降，勋著当世，位尽王公，灼然可知者，且下司州、吏部，勿充猥官，一同四姓。"

同书六〇《韩麒麟传》附子显宗传云：

> 显宗又上言曰："进贤求才，百王之所先也。前代取士，必先正名，故有贤良、方正之称。今之州郡贡察，徒有秀、孝之名，而无秀、孝之实。而朝廷但检其门望，不复弹坐。如此，则可令别贡门望，以叙士人，何假冒秀、孝之名也。夫门望者，是其父祖之遗烈，亦何益于皇家。益于时者，贤才而已。苟有其才，虽屠钓奴虏之贱，圣皇不耻以为臣；苟非其才，虽三后之胤，自坠于皂隶矣。是以大才受大官，小才受小官，各得其所，以致雍熙。议者或云：今世等无奇才，不若取士于门。此亦失矣。岂可以世无周邵，便废宰相而不置哉。"
>
> 高祖曾诏诸官曰："自近代已来，高卑出身，恒有常分。朕意一以为可，复以为不可。宜相与量之。"李冲对曰："未审上古

以来，置官列位，为欲为膏粱儿地，为欲益治赞时？"高祖曰："俱欲为治。"冲曰："若欲为治，陛下今日何为专崇门品，不有拔才之诏？"高祖曰："苟有殊人之伎，不患不知。然君子之门，假使无当世之用者，要自德行纯笃，朕是以用之。"冲曰："傅岩、吕望，岂可以门见举？"高祖曰："如此济世者希，旷代有一两人耳。"冲谓诸卿士曰："适欲请诸贤救之。"秘书令李彪曰："师旅寡少，未足为援，意有所怀，不敢尽言于圣日。陛下若专以门地，不审鲁之三卿，孰若四科？"高祖曰："犹如向解。"显宗进曰："陛下光宅洛邑，百礼唯新，国之兴否，指此一选。臣既学识浮浅，不能援引古今，以证此议，且以国事论之。不审中、秘书监令之子，必为秘书郎，顷来为监、令者，子皆可为不？"高祖曰："卿何不论当世膏腴为监、令者？"显宗曰："陛下以物不可类，不应以贵承贵，以贱袭贱。"高祖曰："若有高明卓尔、才具隽出者，朕亦不拘此例。"

同书六三《宋弁传》略云：

宋弁，广平列人人也。以弁兼黄门〔郎〕，寻即正，兼司徒左长史。时大选内外群官，并定四海士族，弁专参铨量之任，事多称旨。然好言人之阴短，高门大族意所不便者，弁因毁之；至于旧族沦滞，人非可忌者，又申达之。弁又为本州大中正，姓族多所降抑，颇为时人所怨。弁性好矜伐，自许膏腴。高祖以郭祚晋魏名门，从容谓弁曰："卿固应推郭祚之门也。"弁笑曰："臣家未肯推祚。"高祖曰："卿自汉魏以来，既无高官，又无俊秀，何得不推？"弁曰："臣清素自立，要尔不推。"

同书四七《卢玄传论》略云：

> 卢玄绪业著闻，首应旌命，子孙继迹，为世盛门。其文武功烈，殆无足纪，而见重于时，声高冠带，盖德业儒素有过人者。

《北史》三六《薛辩传》附《薛聪传》云：

> 又除羽林监。帝曾与朝臣论海内姓地人物，戏谓聪曰："世人谓卿诸薛是蜀人，定是蜀人不？"聪对曰："臣远祖广德，世仕汉朝，时人呼为汉。臣九世祖永，随刘备入蜀，时人呼为蜀。臣今事陛下，是虏非蜀也。"帝抚掌笑曰："卿幸可自明非蜀，何乃遂复苦朕。"聪因投戟而出。帝曰："薛监醉耳。"其见知如此。（《资治通鉴》一四〇"齐明帝建武三年"薛聪作"薛宗起"。从元行冲《后魏国典》。）

《新唐书》一九九《儒学中·柳冲传》云：

> 开元初，诏冲与薛南金复加刊窜，〔《姓系录》〕乃定。后柳芳著论甚详。芳之言曰：山东之人质，故尚婚娅，其信可与也；江左之人文，故尚人物，其智可与也；关中之人雄，故尚冠冕，其达可与也；代北之人武，故尚贵戚，其泰可与也。

《魏书》七九《成淹传》云：

> 高祖幸徐州，敕淹与闾龙驹等主舟楫，将泛泗入河，溯流还洛。军次碻磝，淹以黄河浚急，虑有倾危，乃上疏陈谏。高祖敕淹曰："朕以恒代无运漕之路，故京邑民贫。今移都伊洛，欲通运四方，而黄河急浚，人皆难涉。我因有此行，必须乘流，所以开百姓之心。"

《晋书》一一一《慕容晞载记》略云：

> 仆射悦绾言于晞曰："太宰〔慕容评〕政尚宽和，百姓多有隐附。今诸君营户，三分共贯，风教陵弊，威纲不举。宜悉罢军封，以实天府之饶。"晞纳之。出户二十余万。

同书一二四《慕容宝载记》云：

> 校阅户口，罢诸军营，分属郡县。定士族旧籍，明其官仪，而法峻政严，上下离德，百姓思乱者十室而九焉。

《魏书》一一〇《食货志》略云：

> 〔太和〕九年，下诏均给天下民田。
>
> 魏初不立三长，故民多荫附。荫附者皆无官役，豪强征敛，倍于公赋。十年，给事中李冲上言："宜准古，五家立一邻长，五邻立一里长，五里立一党长。长取乡人强谨者。邻长复一夫，里长二，党长三。所复复征戍，余若民。三载亡愆则陟用，陟之一等。"

十五　北齐之鲜卑化及西胡化

（甲）鲜卑化

《魏书》三二《高湖传》附《高谧传》云：

> 显祖之御宁光官也，谧恒侍讲读，拜兰台御史。寻转治书，掌摄内外，弹纠非法，当官而行，无所畏避，甚见称赏。延兴二年九月卒，时年四十五。

《北齐书》一《神武纪上》略云：

> 湖生四子，第三子谧，仕魏位至侍御史，坐法徙居怀朔镇。谧生皇考树。及神武生而皇妣韩氏殂，养于同产姊婿镇狱队尉景家。神武既累世北边，故习其俗，遂同鲜卑。孝昌元年柔玄镇人杜洛周反于上谷，神武乃与同志从之。丑其行事，遂奔葛荣，又亡归尔朱荣于秀容。

同书九《神武娄后传》略云：

> 神武明皇后娄氏，讳昭君，赠司徒内干之女也。少明悟，强族多聘之，并不肯行。及见神武于城上执役，惊曰："此真吾夫也。"乃使婢通意，又数致私财，使以聘己，父母不得已而许焉。太后寝疾，用巫媪言，改姓石氏。

《魏书》一一三《官氏志》略云：

> 神元皇帝时，余部诸姓内入者。
>
> 疋娄氏，后改为娄氏。
>
> 出大汗氏，后改为韩氏。

《北齐书》二四《杜弼传》云：

> 显祖（高洋）尝问弼云："治国当用何人？"对曰："鲜卑车马

客，会须用中国人。"显祖以为此言讥我。

同书九《文宣李后传》略云：

> 文宣皇后李氏，讳祖娥，赵郡李希宗女也。容德甚美。初为太原公夫人。及帝将建中宫，高隆之、高德正言汉妇人不可为天下母，宜更择美配。杨愔固请依汉、魏故事，不改元妃。而德正犹固请废后而立段昭仪，欲以结勋贵之援。帝竟不从而立后焉。

同书三〇《高德政传》云：

> 高德政字士贞，渤海蓚人。父显，魏沧州刺史。

同书一八《高隆之传》略云：

> 高隆之本姓徐氏，云出自高平金乡。父干，为姑婿高氏所养，因从其姓。隆之后有参议之功，高祖命为从弟，仍云渤海蓚人。

（乙）西胡化

《北齐书》五〇《恩倖传》略云：

> 西域丑胡、龟兹杂伎，封王者接武，开府者比肩。非直独守弄臣，且复多干朝政。
>
> 和士开，清都临漳人也。其先西域商胡，本姓素和氏。天保初，世祖封长广王，辟士开府行参军。世祖性好握槊，士开善于此戏，由是遂有斯举。又能弹胡琵琶，因此亲狎。世祖践祚，累除侍中，加开府。武平元年，封淮阳王，除尚书令、录

尚书事。世祖时，恒令士开与太后握槊，又出入卧内无复期限，遂与太后为乱。

韩凤，与高阿那肱、穆提婆共处衡轴，号曰"三贵"。寿阳陷没，凤与穆提婆闻告败，握槊不辍，曰："他家物，从他去。"后帝使于黎阳临河筑城戍，曰："急时且守此作龟兹国子，更可怜人生如寄，唯当行乐，何因愁为?"君臣应和若此。〔齐主〕以波斯狗为仪同、郡君，分其干禄。又有何海及子洪珍皆为王，尤为亲要。洪珍侮弄权势，鬻狱卖官。又有史丑多之徒胡小儿等数十，咸能舞工歌，亦至仪同开府、封王。胡小儿等眼鼻深崄，一无可用，非理爱好，排突朝贵，尤为人士之所疾恶。

《资治通鉴》一五七《梁纪》"武帝大同三年九月"，"〔高〕敖曹与北豫州刺史郑严祖握槊"句下胡《注》云：

握槊，亦博塞之戏也。刘禹锡《观博》曰："初，主人执握槊之器，置于庑下，曰：'主进者要约之。'既揖让，即次。有博齿，齿异乎古之齿，其制用骨，觚棱四均，镂以朱墨，耦而合数，取应日月。视其转止，依以争道。是制也行之久矣，莫详所祖。以其用必投掷，以博投诏之。"又，尔朱世隆与元世俊握槊，忽闻局上谼然有声，一局子尽倒立，世隆甚恶之，既而及祸。李延寿曰：握槊，此盖胡戏，近入中国，云胡王有弟一人，遇罪，将杀之，从狱中为此戏上之，意言孤则易死也。

同书一七一《陈纪》"宣帝太建五年九月"条云：

齐穆提婆、韩长鸾闻寿阳陷，握槊不辍，曰："本是彼物，从其取去。"齐主闻之，颇以为忧。提婆等曰："假使国家尽失黄河以南，犹可作一龟兹国。更可怜人生如寄，唯当行乐，何用愁为。"左右嬖臣因共赞和之，帝即大喜，酣饮鼓舞，仍使于黎阳临河筑城戍。

《洛阳伽蓝记》三"城南永桥以南圜丘以北伊洛之间夹御道有四夷馆"条云：

西夷来附者，处崦嵫馆，赐宅慕义里。自葱岭以西，至于大秦，百国千城，莫不款附，商胡贩客，日奔塞下，所谓尽天地之区已。乐中国土风因而宅者，不可胜数。是以附化之民，万有余家。门巷修整，阊阖填列，青槐荫陌，绿柳垂庭，天下难得之货，咸悉在焉。

十六　梁之灭亡

《南史》七《梁本纪中·武帝纪》云：

> 勤于政务，孜孜无怠。每冬月四更竟，即敕把烛看事，执笔触寒，手为皴裂。然仁爱不断，亲亲及所爱愆犯，多有纵舍，故政刑弛紊。

《梁书》三八《贺琛传》略云：

> 是时，高祖任职者，皆缘饰奸谄，深害时政，琛遂启陈事条封奏。其一事曰：今北边稽服，戈甲解息，政是生聚教训之时，而天下户口减落，诚当今之急务。虽是处凋流，而关外（《通鉴》一五九"梁武帝大同十一年十二月"胡《注》曰：谓淮、汝、潼、泗新复州郡在边关之外者）弥甚，郡不堪州之控总，县不堪郡之裒削，更相呼扰，莫得治其政术，惟以应赴征敛为事。百姓不能堪命，各事流移，或依于大姓，或聚于屯封，盖不获已而窜亡，非乐之也。其二事曰：今天下宰守所以皆尚贪残，罕有廉白者，良由风俗侈靡，使之然也。淫奢之弊，其事多端，粗举二条，言其尤者。今之燕喜，相竞夸豪，积果如山岳，列肴同绮绣，露台之产，不周一燕之资，而宾主之间，裁取满腹，未及下堂，已同臭腐。又歌姬舞女，本有品制，今虽复庶贱微人，皆盛姬姜，务在贪污，争饰罗绮。故为吏牧民者，竞为剥削。其余淫侈，著之凡百，习以成俗，日见滋甚，欲使人守廉隅，吏尚清白，安可得邪！

《南史》六二《朱异传》云：

> 异博解多艺，围棋上品，而贪财冒贿，欺罔视听，以伺候人主意，不肯进贤黜恶。四方饷馈，曾无推拒，故远近莫不忿疾。

起宅东陂，穷乎美丽，晚日来下，酣饮其中。每迫曛黄，虑台门将阖，乃引其卤簿自宅至城，使捉城门停留管籥。既而声势所驱，薰灼内外，产与羊侃相埒。好饮食，极滋味声色之娱，子鹅䲡鳝不辍于口，虽朝谒，从车中必赍饴饵。而轻傲朝贤，不避贵戚。人或诲之，异曰："我寒士也，遭逢以至今日。诸贵皆恃枯骨见轻，我下之，则为蒇尤甚。我是以先之。"

同书五三《梁昭明太子统传》云：

> 帝既废嫡立庶，海内嚣沓，故各封诸子大郡以慰其心。岳阳王詧流涕受拜，累日不食。

同书同卷附统子欢传云：

> 欢既嫡孙，次应嗣位，而迟疑未决。帝既新有天下，恐不可以少主主大业，又以心衔故，意在晋安王，犹豫自四月上旬至五月二十一日方决。欢止封豫章王还任。

《周书》四八《萧詧传》云：

> 中大通三年，进封岳阳郡王，官东扬州刺史。初，昭明卒，梁武帝舍詧兄弟而立简文，内常愧之，宠亚诸子，以会稽人物殷阜，一都之会，故有此授，以慰其心。詧既以其昆弟不得为嗣，常怀不平。

《魏书》九八《岛夷萧衍传》略云：

> 〔慕容〕绍宗檄衍境内曰："大兴寺塔，广缮台堂，鞭挞疲民，尽其筋骨。废捐冢嫡，崇树愚子，朋党路开，彼我侧目。"
>
> 初，〔建业〕城中男女十余万人，及陷，存者才二三千人。江南之民及衍王侯妃主世胄子弟为景军人所掠，或自相卖鬻，漂

流入国者，盖以数十万口。加以饥馑死亡，江左遂为丘墟矣。

《隋书》二四《食货志》云：

晋自过江，凡货卖奴婢马牛田宅，有文券，率钱一万，输估四百入官，卖者三百，买者一百。无文券者，随物所堪，亦百分收四，名为"散估"。历宋齐梁陈，如此以为常。以此人竞商贩，不为田业。

又云：

梁初，唯京师及三吴、荆、郢、江、湘、梁、益用钱，其余州郡，则杂以谷帛交易。交、广之域，全以金银为货。武帝乃铸钱，肉好周郭，文曰"五铢"，重如其文。而又别铸，除其肉郭，谓之"女钱"，二品并行。百姓或私以古钱交易，有直百五铢、五铢、女钱、太平百钱、定平一百、五铢雉钱、五铢对文等号，轻重不一，天子频下诏书，非新铸二种之钱并不许用。而趣利之徒私用转甚。至普通中，乃议尽罢铜钱，更铸铁钱。人以铁贱易得，并皆私铸。及大同已后，所在铁钱遂如丘山，物价腾贵。交易者以车载钱，不复计数，而唯论贯。商旅奸诈，因之以求利。

十七　宇文氏之府兵及关陇集团　附乡兵

《周书》一《文帝纪上》略云：

> 太祖文皇帝姓宇文氏，讳泰，字黑獭，代武川人也。〔魏〕天兴初，徙豪杰于代都，〔宇文〕陵随例迁武川，陵生系，系生韬，韬生肱。正光末，沃野镇人破六汗拔陵作乱，远近多应之。其伪署王卫可孤徒党最盛，肱乃纠合乡里斩可孤。后避地中山，遂陷于鲜于修礼，修礼令肱还统其部众。后为定州军所破，殁于阵。太祖少随德皇帝（肱）在鲜于修礼军，及葛荣杀修礼，荣遂任以将帅。会尔朱荣擒葛荣，定河北，太祖随例迁晋阳。荣遣贺拔岳讨〔元〕颢，太祖与岳有旧，乃以别将从岳。万俟丑奴作乱关右，孝庄帝遣尔朱天光及〔贺拔〕岳等讨之，太祖遂从岳入关。

同书一一《晋荡公〔宇文〕护传》略云：

> 仍令人为〔护母〕阎作书报护曰："于后，吾共汝在受阳住。"

《隋书》六一《宇文述传》云：

> 代郡武川人也。本姓破野头，役属鲜卑俟豆归，后从其主为宇文氏。

《元和姓纂·上声·九麌韵》宇文下云：

> 出本辽东南单于之后，或云以远系炎帝。神农有尝草之功，俗呼草为"俟汾"，音转为"宇文"。

《北齐书》二四《杜弼传》云：

> 弼以文武在位，罕有廉洁，言之于高祖，高祖曰："弼来，我语尔。天下浊乱，习俗已久。今督将家属，多在关西，黑獭常相招诱，人情去留未定。江东复有一吴儿老翁萧衍者，专事衣

冠礼乐，中原士大夫望之，以为正朔所在。我若急作法网，不相饶借，恐督将尽投黑獭，士子悉奔萧衍，则人物流散，何以为国？尔宜少待，吾不忘之。"

《周书》二《文帝纪下》云：

〔大统三年〕冬十月壬辰，至沙苑，距齐神武军六十余里，遂进军至渭曲，背水东西为阵，大破之。齐神武夜遁，追至河上。前后虏其卒七万，留其甲士二万，还军渭南。〔大统〕四年八月，太祖至谷城，莫多娄贷文、可朱浑元来逆，临阵斩贷文，元单骑遁免，悉虏其众送弘农。及旦，太祖率轻骑追之，至于河上。大捷，斩高敖曹，虏其甲士一万五千。是日置阵既大，首尾悬远。独孤信、李远居右，赵贵、怡峰居左，战并不利。开府李虎、念贤等为后军，遇信等退，即与俱还。由是乃班师，洛阳亦失守。大军至弘农，守将皆已弃城西走。所虏降卒在弘农者，因相与闭门拒守。进攻拔之。大军之东伐也，关中留守兵少，而前后所虏东魏士卒，皆散在民间，乃谋为乱。及李虎等至长安，计无所出，乃与公卿辅魏太子出次渭北。关中大震恐，百姓相剽劫，于是沙苑所俘军人赵青雀、雍州民于伏德等遂反。魏帝留止阌乡，遣太祖讨之，关中于是乃定。

〔大统〕九年，太祖以邙山之战，诸将失律，上表请自贬。魏帝报曰："宜抑此谦光，恤予一人。"于是广募关陇豪右，以增军旅。

同书同卷同纪下"魏恭帝元年"云：

魏氏之初，统国三十六，大姓九十九，后多绝灭。至是，以诸将功高者为三十六国后，次功者为九十九姓后，所统军人（《通鉴》一六五"梁元帝承圣三年"作"所将士卒"）亦改从其姓。

《隋书》四一《高颎传》云：

自云渤海蓚人也。父宾，背齐归周，大司马独孤信引为僚佐，赐姓独孤氏。

同书五五《独孤楷传》云：

本姓李氏。父屯，从齐神武帝与周师战于沙苑，齐师败绩，因为柱国独孤信所擒，配为士伍，给使信家，渐得亲近，因赐姓独孤氏。

《周书》三《孝闵帝纪》（《北史》九《周本纪上》同）元年八月甲午诏云：

今二十四军宜举贤良堪治民者，军列九人。

《北史》六〇末略云：

使持节太尉柱国大将军都督尚书左仆射陇右行台少师陇西郡开国公李讳与周文帝为柱国。使持节大将军大都督淮安王元育，〔略〕是为十二大将军。每大将军督二开府，凡为二十四员，分团统领，是二十四军。每一团仪同二人，自相督率，不编户贯。都十二大将军。十五日上，则门栏陛戟，警昼巡夜。十五日下，则教旗习战。无他赋役。

《周书》五《武帝纪上》云：

〔建德三年〕十二月戊子，大会卫官及军人以上，赐钱帛各有差。辛卯，诏荆、襄、安、延、夏五州总管内，有能率其从军者，授官各有差。丙申，改诸军军士并为侍官。

《隋书》二四《食货志》云：

〔周武帝〕建德二年（应依《周书》五《武帝纪》作"三年"），改军士为侍官，募百姓充之，除其县籍。是后夏人半为兵矣。

〔隋〕高祖登庸，罢东京之役。及颁新令，制十八已上为丁。丁从课役。其丁男、中男永业露田，皆遵后齐之制。开皇三年正月，帝入新宫。初令军人以二十一成丁。减十二番每岁为二十日役。

同书三一《地理志》云：

南郡、夷陵、竟陵、沔阳、沅陵、清江、襄阳、舂陵、汉东、安陆、永安、义阳、九江、江夏诸郡，多杂蛮左，其与夏人杂居者，则与诸华不别。其僻处山谷者，则言语不通，嗜好居处全异。

同书二《高祖纪下》云：

〔开皇十年〕五月乙未，诏曰："魏末丧乱，宇县瓜分，役车岁动，未遑休息。兵士军人，权置坊府，（《通鉴》一七七"隋文帝开皇十年"胡《注》云：元魏之季，兵制有六坊，后齐因之，亦曰六府。）南征北伐，居处无定。家无完堵，地罕包桑，恒为流寓之人，竟无乡里之号。朕甚愍之。凡是军人，可悉属州县，垦田籍帐，一与民同。军府统领，宜依旧式。罢山东河南及北方缘边之地新置军府。"六月辛酉，制人年五十，免役收庸。

《周书》二三《苏绰传》附弟椿传云：

> 〔大统〕十四年，置当州乡帅，自非乡望允当众心，不得预焉。
>
> 〔太祖〕乃令驿追椿领乡兵。

同书三二《柳敏传》云：

> 加帅都督，领本乡兵。

同书三三《王悦传》略云：

> 太祖初定关陇，悦率募乡里从军。东魏将侯景攻围洛阳，太祖赴援。悦又率乡里千余人从军，又领所部兵从达奚武征梁汉。及梁州平，太祖即以悦行刺史事。魏废帝二年，征还本任。属改行台为中外府，尚书员废，以仪同领兵还乡里。

同书三五《裴侠传》云：

> 大统三年，领乡兵从战沙苑，先锋陷阵。

同书三七《郭彦传》云：

> 大统十二年，初选当州首望，统领乡兵，除帅都督。

同书三九《韦瑱传》云：

> 征拜鸿胪卿，以望族，兼领乡兵，加帅都督。

同书四三《魏玄传》云：

> 每率乡兵，抗拒东魏。

同书四四《泉企传》略云：

> 泉企，上洛丰阳人也。世雄商洛。萧宝夤反，遣其党郭子恢袭据潼关，企率乡兵三千人拒之。齐神武率众至潼关，企遣其子元礼督乡里五千人，北出大谷以御之。〔后〕元礼遂率乡人袭〔洛〕州城，斩〔东魏刺史杜〕窋。

同书同卷《任果传》云：

> 太祖以益州未下，复令果乘传归南安，率乡兵二千人，从〔尉迟〕迥征蜀。

同书二三《苏绰传》略云：

> 苏绰字令绰，武功人，魏侍中则之九世孙也。累世二千石。父协，武功郡守。绰少好学，博览群书，尤善算术。太祖与公卿往昆明池观渔，行至城西汉故仓地，顾问左右，莫有知者。或曰："苏绰博物多通，请问之。"太祖乃召绰，具以状对，太祖大悦。自有晋之季，文章竞为浮华，遂成风俗，太祖欲革其弊，因魏帝祭庙，群臣毕至，乃命绰为大诰，奏行之。自是之后，文笔皆依此体。
>
> 又为六条诏书，奏施行之。其四，擢贤良，曰：今之选举者，当不限资荫，唯在得人。苟得其人，自可起厮养而为卿相，伊尹、傅说是也，而况州郡之职乎？苟非其人，则丹朱、商均，虽帝王之胤，不能守百里之封，而况于公卿之胄乎？由此而言，观人之道可见矣。然善官人者，必先省其官。官省，则善人易充，善人易充，则事无不理；官烦，则必杂不善之人，杂不善之人，则政必有得失。

同书二四《卢辩传》云：

> 太祖欲行周官，命苏绰专掌其事。未几而绰卒，乃令辩成之。于是依《周礼》建六官，置公、卿、大夫、士，并撰次朝仪，车服器用，多依古礼，革汉、魏之法，事并施行。

十八　南北社会异同

《魏书》六八《甄琛传》略云：

> 琛表曰："今伪弊相承，仍崇关廛之税；大魏恢博，唯受谷帛之输。"

《隋书》二四《食货志》云：

> 晋自过江，凡货卖奴婢马牛田宅，有文券，率钱一万，输估四百入官，卖者三百，买者一百。无文券者，随物所堪，亦百分收四，名为"散估"。历宋齐梁陈，如此以为常。以此人竞商贩，不为田业。

《颜氏家训》一《后娶篇》云：

> 江左不讳庶孽，丧室之后，多以妾媵终家事，疥癣蚊虻，或未能免，限以大分，故稀斗阋之耻。河北鄙于侧出，不预人流，是以必须重娶，至于三四。母年有少于子者。后母之弟与前妇之兄，衣服饮食，爰及婚宦，至于嫡庶贵贱之隔，俗以为常。身没之后，辞讼盈公门，谤辱彰道路。悲夫。

《魏书》二四《崔玄伯传》附《崔道固传》云：

> 〔崔道固，清河东武城人。〕琰八世孙也。道固贱出，嫡母兄攸之、目连等轻侮之。时刘义隆子骏为徐、兖二州刺史，得辟他州民为从事。〔父〕辑乃资给道固，令其南仕。既至彭城，骏以为从事。会青州刺史新除，过彭城，骏谓之曰："崔道固人身如此，岂可为寒士至老乎？而世人以其偏庶，便相陵侮，可为叹息。"青州刺史至州，辟为主簿。

同书七一《裴叔业传》附《裴植传》略云：

> 植，〔河东闻喜人，〕叔业兄叔宝子也。植母，夏侯道迁之姊

也。植虽自州送禄奉母及赡诸弟，而各别资财，同居异爨，一门数灶，盖亦染江南之俗也。

《宋书》四六《王懿传》云：

字仲德，太原祁人。晋太元末，徙居彭城。北土重同姓，谓之骨肉。有远来相投者，莫不竭力营赡。若不至者，以为不义，不为乡里所容。仲德闻王愉在江南，是太原人，乃往依之，愉礼之甚薄，因至姑孰投桓玄。

《颜氏家训》二《风操篇》云：

凡宗亲世数，有从父，有从祖，有族祖。江南风俗，自兹已往，高秩者通呼为尊。同昭穆者，虽百世犹称兄弟。若对他人称之，皆云族人。河北士人，虽三二十世，犹呼为从伯从叔。梁武帝尝问一中土士人曰："卿北人，何故不知有族？"答云："骨肉易疏，不忍言族耳。"当时虽为敏对，于礼未通。

《南史》五五《夏侯详传》附子亶传云：

亶侍御座，〔梁武〕帝谓亶曰："夏侯溢于卿疏近？"亶答云："是臣从弟。"帝知溢于亶已疏，乃曰："卿伧人，如何不辨族从？"亶对曰："臣闻服属易疏，所以不忍言族。"时以为能。

同书七三《孝义上·封延伯传》云：

建元三年，大使巡行天下，义兴陈玄子四世同居，一百七口。武陵邵荣兴、文献叔并八世同居。东海徐生之、武陵范安祖、李圣伯、范道根，并五世同居。零陵谭弘宝、衡阳何弘、华阳阳黑头，疏从四世同居。诏俱表门闾，蠲租税。又蜀郡王续祖、华阳郝道福并累世同爨，建武三年，明帝诏表门，蠲调役。

《世说新语》下之上《容止篇》"庾长仁与诸弟入吴"条云：

> 庾长仁与诸弟入吴，欲住亭中宿。诸弟先上，见群小满屋，都无相避意。长仁曰："我试观之。"乃策杖将一小儿，始入门，诸客望其神姿，一时退匿。

《颜氏家训》四《涉务篇》"梁世士大夫"条云：

> 梁世士大夫皆尚褒衣博带，大冠高履。出则车舆，入则扶侍。郊郭之内，无乘马者。周弘正为宣城王所爱，给一果下马，常服御之，举朝以为放达。至乃尚书郎乘马则纠劾之。及侯景之乱，肤脆骨柔，不堪行步，体羸气弱，不耐寒暑，坐死仓猝者，往往而然。建康令王复，性既儒雅，未尝乘骑，见马嘶喷陆梁，莫不震慑。乃谓人曰："正是虎，何故名马乎？"其风俗至此。

十九　道教与佛教之关系

《魏书》一一四《释老志》略云：

世祖时，道士寇谦之，字辅真，南雍州刺史赞之弟。自云寇恂之十三世孙。早好仙道，有绝俗之心。少修张鲁之术，服食饵药，历年无效。幽诚上达，有仙人成公兴，不知何许人，至谦之从母家佣赁。谦之尝觐其姨，见兴形貌甚强，力作不倦，请回赁兴代己使役。乃将还，令其开舍南辣田。谦之树下坐算，兴垦发致勤，时来看算。谦之谓曰："汝但力作，何为看此？"二三日后复来看之，如此不已。后谦之算七曜，有所不了，惘然自失。兴谓谦之曰："先生何为不怿？"谦之曰："我学算累年，而近算《周髀》不合，以此自愧。且非汝所知，何劳问也。"兴曰："先生试随兴语布之。"俄然便决。谦之叹伏，不测兴之深浅，请师事之。兴固辞不肯，但求为谦之弟子。未几，谓谦之曰："先生有意学道，岂能与兴隐遁？"谦之欣然从之。兴乃令谦之洁斋三日，共入华山。令谦之居一石室，自出采药，还与谦之食药，不复饥。乃将谦之入嵩山。谦之守志嵩岳，精专不懈，以神瑞二年十月乙卯，忽遇大神，称"太上老君"。谓谦之曰："往辛亥年，嵩岳镇灵集仙宫主表天曹，称：'自天师张陵去世以来，地上旷诚，修善之人无所师授。嵩岳道士上谷寇谦之，立身直理，行合自然，才任轨范，首处师位。'吾故来观汝，授汝天师之位，赐汝《云中音诵新科之诫》二十卷。号曰'并进'。"言："吾此经诫，自天地开辟以来，不传于世，今运数应出。汝宣吾新科，清整道教，除去三张伪法、租米钱税及男女合气之术。大道清虚，岂有斯事？专以礼度为首，而加之以服食闭炼。"泰常八年十月戊戌，有牧土上师李谱文来临嵩岳，作诰曰："地上生民，末劫垂及，其中行教甚难。但令男女立坛宇，朝夕礼拜，若家有严君，功及上世。其中能修身炼药，学长生之术，即为真君种民。"药别授方，销炼金丹、云英、八石、玉浆之法，皆有决要。上师李君手笔有数篇，其余皆正真书曹赵道覆所书。古文鸟迹，篆隶杂体，辞义约辩，婉而成章。大自与世礼相准。始光初，奉其书而献之。世祖乃令谦之止于张曜之所，供其食物。时朝野闻之，若存若亡，未全信也。崔浩独异其言，因师事之，受其法术。于是上疏，赞明其事，曰："臣闻圣王受命，则有大应。而《河图》《洛书》，皆寄言于虫兽之文。未若今日人神接对，手笔灿然，辞旨深妙，自古无比。昔汉高虽复英圣，四皓犹或耻之，不为屈节。今清德隐仙，不召自至。斯诚陛下侔踪轩黄，应天之符也。岂可以世俗常谈，而忽上灵之命。臣窃惧之。"世祖欣然，乃使谒者奉玉帛牲牢祭嵩岳，迎致其余弟子在山中者。于是崇奉天师，显扬新法，宣布天下，道业大行。

同书四二《寇赞传》云：

> 寇赞字奉国，上谷人，因难徙冯翊万年。父脩之字延期，弟谦之。

《高僧传》（海山仙馆本，下同）一二《宋伪魏平城释玄高传》云：

> 释玄高姓魏，冯翊万年人也。母寇氏，本信外道。

> 时崔浩、寇天师并先得宠于〔拓跋〕焘，恐〔太子〕晃纂承之日，夺其威柄，乃谮云："太子前事，实有谋心。但结高公

道术，故令先帝降梦。如比物论，事迹稍形，若不诛除，以为巨害。"焘遂纳之。至伪太平〔真君〕五年九月十五日，就祸，卒于平城之东隅。

《芒洛冢墓遗文三编·后魏寇臻墓志铭》云：

寇臻，字仙胜，春秋甫履从心，寝疾，薨于路寝。上谷昌平人，汉相威侯之裔，侍中荣十世之胤，荣之子孙前魏因官遂寓冯翊，公皇魏秦州刺史冯翊哀公之孙，南雍州使君河南宣穆公之少子。

《元和姓纂》九"去声五十候"条云：

寇，上谷昌平。恂，后汉执金吾雍奴侯，曾孙荣，荣孙孟，魏冯翊太守，徙家冯翊。

《魏书》九一《殷绍传》略云：

殷绍，长乐人。好阴阳术数，达《九章》、七曜。世祖时为算生博士。太安四年夏，上《四序堪舆》，表曰："臣以姚氏之世，行学伊川，时遇游遁大儒成公兴，从求《九章》要术。兴字广明，自云胶东人也。山居隐迹，希在人间。兴时将臣南到阳翟九崖岩沙门释昙影间。兴即北还，臣独留住，依止影所，求请《九章》。影复将臣向长广东山见道人法穆。法穆时共影为臣开述《九章》数家杂要，披释章次，意况大旨。又演隐审五藏六府心髓血脉，商功大算端部，变化玄象，土圭、《周髀》。练精锐思，蕴习四年，从穆所闻，粗皆仿佛。穆等仁矜，特垂忧闵，复以先师和公所注黄帝《四序经》文三十六卷，合有三百二十四章，专说天地阴阳之本。以甲寅之年，日维鹑火，月吕林钟，景气郁盛，感物怀归，奉辞影等。自尔至今，四十五载。又史迁、郝振，中古大儒，亦各撰注，配会大小。序述阴阳，依如本经，犹有所阙。〔今〕依先撰录奏，谨以上闻。"其《四序堪舆》遂大行于世。

《高僧传》六《义解·晋长安释昙影传》云：

释昙影，或云北人，不知何许郡县。后入关中，姚兴大加礼接，及〔鸠摩罗〕什至长安，影往从之，助什译经，后山栖隐处，守节尘外。以晋义熙中卒，春秋七十矣。

同书五《义解·晋蒲坂释法和传》云：

释法和，荥阳人也。少与〔道〕安公同学，因石氏之乱，率徒入蜀，闻襄阳陷没，自蜀入关，住阳平寺。

同书四《义解·晋剡白山于法开传》云：

于法开，不知何许人。事兰公为弟子，祖述耆婆，妙通医法。或问："法师高明刚简，何以医术经怀。"答曰："明六度以除四魔之病，调九候以疗风寒之疾，不亦可乎。"

《世说新语》下《术解类》"郗愔信道甚精勤"条云：

郗愔信道甚精勤，常患腹内恶，诸医不可疗。闻于法开有名，往迎之。既来，便脉云："君侯所患，正是精进太过所致耳。"合一剂汤与之。一服，即大下，去数段许纸如拳大，剖看，乃先所服符也。(刘《注》云，《晋书》曰：法开善医术，尝行，暮投主人，妻产而儿积日不堕。法开曰：此易治耳。杀一肥羊，食十余脔而针之。须臾儿下，羊膏裹儿出，其精妙如此。)

《高僧传·晋敦煌于道邃传》云：

于道邃，敦煌人。年十六出家，事兰公为弟子。学业高明，内外该览，善方药，美书札。

同书一〇《神异门上·晋洛阳耆域传》云：

耆域者，天竺人也。晋惠之末，至于洛阳。时衡阳太守南阳滕永文在洛，寄住满水寺。得病，两脚挛屈，不能起行。域往看之，因取净水一杯，杨柳一枝，便以杨枝拂水，举手向永文而咒，如此者三。因以手搦永文膝令起，即起行步如故。洛阳兵乱，辞还天竺。既还西域，不知所终。

同书二《译经中·晋寿春石涧寺卑摩罗叉传》略云：

先在龟兹弘阐律藏，四方学者竞往师之，鸠摩罗什时亦预焉。又欲使毗尼胜品复洽东国，冒险东渡。以伪秦弘始八年达自关中，什以师礼敬待。及罗什弃世，又乃出游关左，逗于寿春，止石涧寺。律徒云聚，盛阐毗尼。顷之，南适江陵，于新（本书一三《慧猷传》"新"作"辛"）寺夏坐，开讲《十诵》。律藏大弘，又之力也。

同书一三《明律·宋江陵释慧猷传》略云：

少出家，止江陵辛（本书二《卑摩罗叉传》"辛"作"新"）寺，时有西国律师卑摩罗叉，来适江陵，大弘律藏，猷从之受业，沉思积时，乃大明《十诵》，讲说相续，陕西律师莫不宗之。

同书同卷《宋吴闲居寺释僧业传》略云：

游长安，从什公受业，见新出《十诵》，遂专功此部。值关中多难，避地京师。吴国张邵请还姑苏，为造闲居寺。业训诱无辍，三吴学士，辐凑肩联。业弟子慧先袭业风轨，亦数当讲说。

同书同卷《宋京师长乐寺释慧询传》略云：

> 经游长安，受学什公。尤善《十诵》《僧祇》。宋永初中，还止广陵，大开律席。元嘉中至京师，止道场寺。寺僧慧观亦精于《十诵》，乃令更振他寺，于是移止长乐寺。

同书同卷《宋京师庄严寺释僧璩传》略云：

> 出家为僧业弟子，尤明《十诵》。宋孝武敕出京师为僧正，少帝准从受五戒，豫章王子尚崇为法友，袁粲、张敷并一遇倾盖。

同书同卷《彭城郡释道俨传》略云：

> 善于毗尼，精研四部，融会众家。又以律部东传，梵汉异音，文颇左右，恐后人谘访无所，乃会其旨归，名曰《决正四部毗尼论》。后游于彭城，弘通律藏。时栖元寺又有释慧曜者，亦善《十诵》。

《高僧传》六《义解·晋庐山释慧远传》略云：

> （见前《三　清谈误国　附"格论"》第廿二条。）

《开元占经》一"天地名体天地浑宗"条略云：

> 梁武帝云，四大海之外，有金刚山，一名铁围山，金刚山北又有黑山，日月循山而转，周回四十面，一昼一夜，围绕环匝。

《隋书》一九《天文志上》云：

> 逮梁武帝于长春殿讲义，别拟天体，全同《周髀》之文，盖立新义，以排浑天之论而已。

《晋书》一一《天文志上》云：

古言天者有三家，一曰盖天，二曰宣夜，三曰浑天。汉灵帝时，蔡邕于朔方上书，言"宣夜之学，绝无师法。《周髀》术数俱存，考验天状，多所违失。惟浑天近得其情，今史官候台所用铜仪则其法也"。蔡邕所谓《周髀》者，即盖天之说也。

汉书二一下《律历志》云：

中营室十四度，惊蛰（今曰雨水，于夏为正月，商为二月，周为三月），终于奎四度。降娄，初奎五度，雨水（今曰惊蛰）。

《后汉书》一三《律历志下》云：

二十四气

冬至，小寒，立春，雨水，惊蛰。

论曰：《太初历》到章帝元和，旋复疏阔，征能术者课校诸历，定朔稽元，追汉四十五年庚辰之岁，追朔一日，乃与天合，以为《四分历》元。加六百五元一纪，上得庚申。

《北史》八九《艺术传·信都芳传》略云：

信都芳，河间人也。少明算术。安丰王延明聚浑天、欹器、地动、铜乌、漏刻、候风诸巧事，并令芳算之。〔芳〕又著《乐书》《遁甲经》《四术周髀宗》。其序曰："汉成帝时，学者问盖天，扬雄曰：'盖哉，未几也。'问浑天，曰：'落下闳为之，鲜于妄人度之，耿中丞象之。几乎，莫之息矣。'（见《法言·重黎篇》。）此言盖差而浑密也。盖器测影而造，用之日久，不同于祖，故云'未几也'。浑器量天而作，乾坤大象，隐见难变，故云'几乎'。是时，太史令尹咸穷研晷盖，易古周法，雄乃见之，以为难也。自昔周公定影王城，至汉朝，盖器一改焉。浑天覆观，以《灵宪》为文；盖天仰观，以《周髀》为法。覆仰虽殊，大归是一。古之人制者，所表天效玄象。芳以浑算精微，术机万首，故约本为之省要，凡述二篇，合六法，名《四术周髀宗》。"

《魏书》三五《崔浩传》云：

〔太平真君十一年〕浩又上《五寅元历》。

《道藏·太平部》"外"字一《太平经钞》甲部卷之一略云：

昔之天地与今天地，有始有终，同无异矣。初善后恶，中间兴衰，一成一败。阳九百六，六九乃周，周则大坏。天地混斋，人物糜溃，惟积善者免之，长为"种民"。君圣师明，教化不死，积练成圣，故号"种民"。"种民"，圣贤长生之类也。

后圣帝君撰"长生之方"，宝经符图，三古妙法，垂谟立典，施之种民。不能行者，非种民也。凡大小甲申之至也，除凶民，度善人。善人为种民，凶民为混斋。大道神人更遣真仙上士出经行化，委曲导之，劝上励下。从者为"种民"，不从者沉没，沉没成混斋。

《弘明集》八《辨惑论序》云：

闽薮留"种民"之秽。

同书同卷同论"合气释罪三逆"条注云：

至甲子，诏冥醮录，男女媟合，尊卑无别。吴陆修静复勤行此。

同书同卷同论"畏鬼带符妖汝之极一"条云：

至于使六甲神而跪拜圊厕。（如郭景纯亦云："仙流登圊度厄，竟不免灾。"）

同书同卷"解厨纂门不仁之极三"条注云：

又道姑、道南〔女?〕冠、女官、道父、道母、神君、种民，
此是合气之后赠物名也。

同书九周甄鸾《笑道士合气》三五云：

《真人内朝律》云："真人日礼男女，至朔望日，先斋三日，
入私房，诣师所，立功德，阴阳并进，日夜六时。"此诸猥杂，
不可闻说。

《魏书》二四《崔玄伯传》（参《北史》二一《崔宏传》）略云：

〔玄伯〕尤善草隶行押之书，为世摹楷。玄伯祖悦与范阳卢谌，
并以博艺著名。谌法锺繇，悦法卫瓘，而俱习索靖之草，皆尽
其妙。谌传子偃，偃传子邈；悦传子潜，潜传玄伯，世不替
业，故魏初重崔、卢之书。又玄伯之行押特尽精巧，而不见遗
迹。子浩。

同书同卷同传附简传（参《北史》二一《崔宏传》附简传）略云：

〔玄伯〕次子简，一名览，好学，少以善书知名。

同书三五《崔浩传》（参《北史》二一《崔玄伯传》附浩传）略云：

太祖以其工书，常置左右。浩既工书，人多托写《急就章》，
从少至老，初无惮劳，所书盖以百数。浩书体势及其先人，而
妙巧不如也。世宝其迹，多裁割缀连，以为模楷。

唐史讲义

编者按：《唐史讲义》又称《唐史课参考资料》，为陈寅恪一九五一年前后在广州岭南大学讲授唐史课时发给学生学习参考所用。此讲义乃陈寅恪根据其选录之"（隋）唐史材料"增删改写而成。

目

次

附年表

公元五一八年　（北朝）魏孝明帝神龟元年

公元五二八年　（北朝）魏孝明帝武泰元年

　　　　　　　　　　魏孝庄帝建义元年、永安元年

　　　　　　　（南朝）梁武帝大通二年

公元五七七年　（北朝）周武帝建德六年

公元五八一年　隋文帝开皇元年

公元五九〇年　隋文帝开皇十年

公元六一七年　隋炀帝大业十三年（十一月壬戌隋恭帝改元义宁）

　　　　　　　隋恭帝义宁元年

公元六一八年　隋恭帝义宁二年（五月甲子唐改元武德）

　　　　　　　唐高祖武德元年

公元六八五年　唐武后垂拱元年

公元七五六年　唐玄宗天宝十五载

　　　　　　　唐肃宗至德元载

公元九〇七年　梁太祖开平元年

一　关陇集团与隋唐皇室

《唐会要》七二"京城诸军"条略云：

> 武德三年七月十一日，高祖以天下未定，将举关中之众，以临四方，乃下诏。于是置十二卫将军，分关内诸府隶焉。每将军一人、副一人，取威名素重者为之，督以耕战之事。（军名傅奕所造。）万年道为参旗军，长安道为鼓旗军，富平道为元戈军，醴泉道为井钺军，同州道为羽林军，华州道为骑官军，宁州道为折威军，岐州道为平道军，邠州道为招摇军，西麟州道为游奕军，泾州道为天纪军，宜州道为天节军。至六年二月二十四日废。八年五月，以突厥为患，复置十二军。

《北史》九《周太祖纪》略云：

> 〔大统四年〕帝率轻骑追至河上，景等北据河桥，南属芒山为阵。是日，置阵既大，〔诸将〕战并不利，又未知魏帝及帝所在，皆弃其卒先归，洛阳亦失守。大军之东伐也，关中留兵少，及李虎等至长安，计无所出，乃辅魏太子出次渭北，关中大震。

《旧唐书》五八《柴绍传》略云：

> 柴绍，晋州临汾人也。祖烈，周骠骑大将军，封冠军县公。父慎，封巨鹿郡公。高祖微时，妻之以女，即平阳公主也。义兵将起，公主与绍并在长安，遣使密召之。绍即间行赴太原，公主乃归鄠县庄所，遂散家资，招引山中亡命，得数百人，起兵以应高祖。时有胡贼何潘仁，聚众于司竹园。公主遣家僮马三宝说以利害，潘仁攻鄠县，陷之。三宝又说群盗李仲文、向善志、丘师利等，各率众数千人来会。及义军渡河，公主引精兵

万余，与太宗军会于渭北，号曰"娘子军"。

《旧唐书》七八《于志宁传》略云：

> 雍州高陵人，周太师燕文公谨之曾孙也。大业末，弃官归乡里。高祖将入关，率群从于长春宫迎接。显庆元年，尝与右仆射张行成、中书令高季辅俱蒙赐地，志宁奏曰："臣居关右，代袭箕裘，周魏以来，基址不坠。行成等新营庄宅，尚少田园，于臣有余，乞申私让。"

《唐会要》卷一"帝号类"条略云：

> 献祖宣皇帝讳熙。葬建初陵。（在赵州昭庆县界，仪凤二年五月一日追封为建昌陵。开元二十八年七月十八日诏改为建初陵。）
>
> 懿祖光皇帝讳天赐。葬启运陵。（在赵州昭庆县界，仪凤二年三月一日追封为延光陵。开元二十八年七月十八日诏改为启运陵。）
>
> 太祖景皇帝讳虎。葬永康陵。（在京兆府三原县界。）
>
> 世祖元皇帝讳昞。葬兴宁陵。（在京兆府咸阳县界。）
>
> 太宗文武大圣大广孝皇帝讳世民。隋开皇十八年十二月戊午生于武功别馆。

《唐会要》三"皇后"条（开元十三年光业寺碑文及巴黎图书馆藏敦煌写本伯希和号第二五四〇《唐代祖宗忌日表》等均同）云：

> 宣皇帝（熙）皇后张氏。
>
> 光皇帝（天赐）皇后贾氏。
>
> 景皇帝（虎）皇后梁氏。

元皇帝（晛）皇后独孤氏。

《魏书》七下《高祖纪》（参阅《北史》三《魏本纪》、《资治通鉴》一四〇《齐纪》"建武二年六月"条）云：

> 太和十九年（公元四九五年）六月丙辰（十九日），诏迁洛之民，死葬河南，不得还北。于是代人南迁者，悉为河南洛阳人。

《北史》卷三三《李灵传》附显甫传略云：

> 豪侠知名，集诸李数千家于殷州西山，开李鱼川方五六十里居之，显甫为其宗主。以军功赐爵平棘子，位河南太守，赠安川刺史，谥曰安。

《元和郡县图志》卷一七云：

> 赵州。
>
> 昭庆县，本汉广阿县，属巨鹿郡。
>
> 皇十三代祖宣皇帝建初陵，高四丈，周回八十丈。
>
> 皇十二代祖光皇帝启运陵。高四丈，周回六十步。二陵共茔，周回一百五十六步。在县西南二十里。

黄彭年等修《畿辅通志》一七四《古迹略》所载碑文节录：

> （上略。）皇祖瀛州刺史宣简公谨追上尊号，谥宣皇帝，皇祖姚夫人张氏追上尊号，谥宣庄皇后。皇祖懿王谨追上尊号，谥光皇帝，皇祖姚妃贾氏谨追上尊号，谥光懿皇后。（中略。）词曰：维王桑梓，本际城池。（下略。）

《新唐书》七〇上《宗室世系表》略云：

> 〔李〕歆字士业，西凉后主。八子：勖、绍、重耳、弘之、崇

明、崇产、崇庸、崇祐。重耳字景顺，以国亡奔宋，为汝南太守。后魏克豫州，以地归之，拜恒农太守，复为宋将薛安都所陷，后魏安南将军豫州刺史。生献祖宣皇帝讳熙，字孟良，后魏金门镇将（《旧唐书》一《高祖纪》云："领豪杰镇武川，因家焉。"《新唐书》一《高祖纪》同）。生懿祖光皇帝，讳天赐，字德真。三子：长曰起头，长安侯。生达摩，后周羽林监太子洗马长安县伯。次曰太祖（虎），次曰乞豆。

《宋书》七七《柳元景传》略云：

〔元嘉〕二十七年八月，（随王）诞遣振威将军尹显祖出货谷，奋武将军鲁方平、建武将军薛安都、略阳太守庞法起入卢氏。闰（十）月法起、安都、方平诸军入卢氏。法起诸军进次方伯堆，去弘农城五里。诸军造攻具，进兵城下。伪弘农太守李初古拔婴城自固，法起、安都、方平诸军鼓噪以陵城。安都军副谭金、薛系孝率众先登，生擒李初古拔父子二人。殿中将军邓盛、幢主刘骖乱使人入荒田，招宜阳人刘宽虬，率合义徒二千余人，共攻金门坞，屠之。杀戎主李买得，古拔子也，为虏永昌王长史，勇冠戎类。永昌闻其死，若失左右手。

《隋书》三三《经籍志·史部·谱序篇序》云：

后魏迁洛，有八氏十姓，咸出帝族。又有三十六族，则诸国之从魏者；九十二姓，世为部落大人者，并为河南洛阳人。其中国士人则第其门阀，有四海大姓、郡姓、州姓、县姓。及周太祖入关，诸姓子孙有功者，并令为其宗长，仍撰谱录，纪其所承，又以关内诸州为其本望。

《周书》二《文帝纪下》"魏恭帝元年"条（《通鉴》一六五"梁元帝承圣三年春"同）云：

> 魏氏之初，统国三十六，大姓九十九，后多绝灭。至是，以诸将功高者为三十六国后，次功者为九十九姓后，所统军人亦改从其姓。

《周书》一九《杨忠传》略云：

> 杨忠，弘农华阴人也。高祖元寿，魏初为武川镇司马，因家于神武树颓焉。父祯，魏末丧乱，避地中山，结义徒以讨鲜于修礼，遂死之。忠年十八，客游泰山，会梁兵攻郡，陷之，遂被执至江左。在梁五年，从北海王颢入洛，〔后〕从独孤信，忠〔伐齐〕，出武川，过故宅，祭先人。

《隋书》七九《外戚传·高祖外家吕氏传》略云：

> 高祖外家吕氏，其族盖微，平齐之后，求访不知所在。至开皇初，济南郡上言，有男子吕永吉，自称有姑字苦桃，为杨讳妻，勘验知是舅子。始追赠外祖双周为青州刺史，封齐郡公。外祖母姚氏为齐敬公夫人，诏并改葬，于齐州立庙。

《魏书》一四《高凉王孤传》附《上党王天穆传》云：

> 初，杜洛周、鲜于修礼为寇，瀛、冀诸州人多避乱南向。幽州前北平府主簿河间邢杲，拥率部曲，屯据郑城，以拒洛周、葛荣，垂将三载。及广阳王深（渊）等败后，杲南渡居青州北海界。灵太后诏流人所在皆置命属郡县，选豪右为守令，以抚镇之。时青州刺史元世俊表置新安郡，以杲为太守，未报。会台申汰简所授郡县，以杲从子子瑶资荫居前，乃授河间太守。杲

深耻恨，于是遂反。所在流人先为土人凌忽，闻杲起逆，率来从之，旬朔之间，众逾十万。劫掠村坞，毒害民人，齐人号之为"韅榆贼"。

二　隋末群雄

《新唐书》七一下《宰相世系表》"窦氏"条：

　　（引文缺）

［录者注：陈寅恪《论隋末唐初所谓"山东豪杰"》文中云："窦建德自言出于汉代外戚之窦氏，实则鲜卑纥豆陵氏之所改（见《新唐书》七一下《宰相世系表》"窦氏"条），实是胡种也。"］

《新唐书》八五《窦建德传》云：

　　窦建德，贝州漳南人。世为农。自言汉景帝太后父安成侯充之苗裔。

《全唐文》七四四殷侔《窦建德碑》略云：

　　自建德亡，距今已久远，山东河北之人或尚谈其事，且为之祀，知其名不可灭，而及人者存也。圣唐大和三年，魏州书佐殷侔过其庙下，见父老群祭，骏奔有仪，"夏王"之称犹绍于昔。

《新唐书》八六《刘黑闼传》略云：

　　刘黑闼，贝州漳南人。与窦建德少相友。〔王世充〕以其武健，补马军总管。〔后窦〕建德用为将。建德有所经略，常委以斥候，阴入敌中，觇虚实，每乘隙奋奇兵，出不意，多所摧克，军中号为神勇。

《资治通鉴》一九〇"唐高祖武德五年十二月壬申〔刘黑闼〕众遂大溃"条《考异》引《太宗实录》云：

　　〔刘〕黑闼重反，高祖谓太宗曰："前破黑闼，欲令尽杀其党，使空山东，不用吾言，致有今日。"及隐太子征闼，平之，将遣唐俭往，使男子十五已上悉坑之，小弱及妇女总驱入关，以实京邑。

《旧唐书》六〇《庐江王瑗传》略云：

> 时隐太子建成将有异图，外结于瑗。及建成诛死，瑗乃举兵反。〔王〕利涉曰："山东之地，先从窦建德，酋豪首领，皆是伪官，今并黜之，退居匹庶，此人思乱，若旱苗之望雨。王宜发使复其旧职，各于所在遣募本兵，诸州倘有不从，即委随便诛戮。此计若行，河北之地可呼吸而定也。"

《新唐书》八四《李密传》云：

> 初，〔王〕世充乏食，密少帛，请交相易，难之。

《资治通鉴》一八三"隋炀帝大业十二年七月"云：

> 虞世基以盗贼充斥，请发兵屯洛口仓，帝曰："卿是书生，定犹恇怯。"戊辰，车驾至巩。敕有司移箕山、公路二府于仓内，仍令筑城，以备不虞。

《隋书》二四《食货志》云：

> 〔大业〕十二年，帝幸江都。是时，李密据洛口仓，聚众百万。越王侗与段达等守东都。东都城内粮尽，布帛山积，乃以绢为汲绠，然布以爨。

《旧唐书》五六《罗艺传》略云：

> 遇天下大乱，涿郡物殷阜，加有伐辽器仗，仓粟盈积。又临朔宫中多珍产，屯兵数万，而诸贼竞来侵掠。留守官虎贲郎将赵什住、贺兰谊、晋文衍等皆不能拒，唯艺独出战，前后破贼不可胜计，威势日重。什住等颇忌艺，艺阴知之，将图为乱。乃宣言于众曰："吾辈讨贼，甚有功效，城中仓库山积，制在留

守之官，而无心济贫，此岂存恤之意也。"以此言激怒其众，
众人皆怨。既而旋师，郡丞出城候艺，艺因执之，陈兵而入，
什住等惧，皆来听命。于是发库物以赐战士，开仓以赈穷乏，
境内咸悦。

《旧唐书》五七《裴寂传》云：

及义兵起，寂进宫女五百人，并上米九万斛、杂彩五万段、甲
四十万领，以供军用。

《大唐创业起居注》中云：

有华阴县令李孝常据永丰仓，遣子弟妹夫窦轨等送款，仍便应
接河西关上兵马。帝曰："吾未济者，正须此耳。今既事办可
以济乎？"

《新唐书》八七《萧铣传》略云：

萧铣，后梁宣帝曾孙也。铣遣将苏胡儿拔豫章，使杨道生取南
郡，张绣略定岭表。西至三峡，南〔至〕交趾，北距汉水，皆
附属，胜兵四十万。武德元年徙都江陵。〔武德〕四年诏〔江
夏王〕孝恭与李靖〔等〕，会兵图铣。〔铣以江陵降。〕后数
日，救兵至，且十余万。

《新唐书》八七《沈法兴传》略云：

沈法兴，湖州武康人。父恪，陈广州刺史。江都乱，法兴自以
世南土，属姓数千家，远近向服，遂定江表十余州。武德二年
称梁王，建元为延康，易隋官仪，颇用陈氏故事。〔后为李子
通所攻。败死。〕

《旧唐书》六八《秦叔宝传》略云：

秦叔宝名琼，齐州历城人。从镇长春宫，拜马军总管。

同书同卷《程知节传》略云：

程知节本名咬金，济州东阿人也。授秦王府左三统军。破宋金刚，擒窦建德，降王世充，并领左一马军总管。

同书同卷《段志玄传》云：

段志玄，齐州临淄人也。

《新唐书》九二《杜伏威传》略云：

杜伏威，齐州章丘人。隋大业九年，入长白山，依贼左君行，不得意，舍去，转剽淮南，攻安宜，屠之。与虎牙郎将公孙上哲战盐城，进破高邮，引兵渡淮，攻历阳，据之。江淮群盗争附。

同书八七《辅公祏传》云：

辅公祏，齐州临济人。隋季与乡人杜伏威为盗，转掠淮南。

同书同卷《李子通传》略云：

李子通，沂州丞人。隋大业末，长白山贼左才相自号"博山公"，子通依之。有徒万人，引众渡淮，为隋将来整所破，奔海陵。

同书同卷附林士弘、张善安传云：

林士弘，饶州鄱阳人。隋季与乡人操师乞起为盗。

张善安，兖州方与人。年十七亡命为盗。

同书八六《刘黑闼传》附《徐圆朗传》略云：

徐圆朗者，兖州人。隋末为盗，据本郡，以兵徇琅邪以西，北至东平，尽有之。附李密，密败，归窦建德。山东平，授兖州总管、鲁郡公。会〔刘〕黑闼兵起，圆朗应之，自号鲁王，黑闼以为大行台元帅。河间人刘复礼说圆朗曰："彭城有刘世彻，才略不常，将军欲自用，恐败，不如迎世彻立之。盛彦师以世彻若联叛，祸且不解，即谬说曰：公亡无日矣！独不见翟让用李密哉？"圆朗信之，世彻至，夺其兵，遣徇地，所至皆下，忌而杀之。会淮安王神通、李世勣合兵攻圆朗，总管任瓌遂围兖州。圆朗弃城夜亡，为野人所杀。

《隋书》八五《宇文化及传》略云：

夺江都人舟楫，从水路西归。至显福宫，宿公麦孟才、折冲郎将沈光等谋击化及，反为所害。行至徐州，水路不通，化及粮尽，渡永济渠，与密战于童山，遂入汲郡求军粮。其将陈智略率岭南骁果万余人，张童儿率江东骁果数千人，皆叛归李密。

同书同卷《司马德戡传》略云：

〔德戡〕仍统本兵，化及意甚忌之。后数日，化及署诸将，分配士卒，乃以德戡为礼部尚书，外示美迁，实夺其兵也。行至徐州，令德戡将后军，乃与赵行枢、李本、尹正卿、宇文导师等谋袭化及。未发，许弘仁、张恺知之，以告化及，命送幕下，缢而杀之。

《旧唐书》五四《王世充传》略云：

未几，李密破化及还，其劲兵良马多战死，士卒疲倦。世充欲乘其弊而击之。

《新唐书》九三《李勣传》略云：

李勣，曹州离狐人。本姓徐氏，客卫南。家富，多僮仆，积粟常数千钟。与其父盖皆喜施贷，所周给无亲疏之间。隋大业末，韦城翟让为盗，勣年十七，往从之。武德二年，〔李〕密归朝廷，其地东属海，南至江，西直汝，北抵魏郡，勣统之，未有所属。乃录郡县户口以启密，请自上之。诏授黎州总管，封莱国公。赐姓，附宗正属籍，徙封曹。封盖济阴王。从秦王伐东都，战有功。平〔窦〕建德，俘〔王〕世充，乃振旅还，秦王为上将，勣为下将，皆服金甲，乘戎辂，告捷于庙。

《大唐新语》八《聪敏类》云：

贾嘉隐，年七岁，以神童召见。时太尉长孙无忌、司空李勣于朝堂立语。李戏之曰："吾所倚者何树？"嘉隐对曰："松树。"李曰："此槐也，何忽言松？"嘉隐曰："以公配木则为松树。"无忌连问之曰："〔吾〕所倚者何树？"嘉隐曰："槐树。"无忌曰："汝不能复矫对耶？"嘉隐应声曰："何须矫对？但取其以鬼配木耳。"勣曰："此小儿作獠面，何得如此聪明？"嘉隐又应声曰："胡面尚为宰相，獠面何废聪明？"勣状貌胡也。

《旧唐书》五三《李密传》略云：

李密，本辽东襄平人。魏司徒弼曾孙。后周赐弼姓徒何氏。祖曜，周太保、魏国公；父宽，隋上柱国、蒲山公，皆知名当代。密说〔翟〕让曰："明公以英杰之才，而统骁雄之旅，宜当廓清天下，诛剪群凶，岂可求食草间，常为小盗而已？"让曰："仆起陇亩之间，望不至此。"柴孝和说密曰："秦地阻山带河，西楚背之而亡，汉高都之而霸。如愚意者，令〔裴〕仁基守回洛，翟让守洛口，明公亲简精锐，西袭长安，百姓孰不郊迎？必当有征无战。既克京邑，业固兵强，方更长驱崤函，扫荡东洛，传檄指挥，天下可定。但今英雄竞起，实恐他人我先，一朝失之，噬脐何及？"密曰："君之所图，仆亦思之久矣，诚乃上策。但昏主尚存，从兵犹众，我之所部，并是山东人，既见未下洛阳，何肯相随西入？诸将出于群盗，留之各竞雄雌。若然者，殆将败矣。"其府掾柳爽对曰："明公虽不陪从起义，而阻东都断隋归路，使唐公不战而据京师，此亦公之功也。"

三　唐初与突厥之关系

《旧唐书》六七《李靖传》（参《新唐书》二一五上《突厥传》、《贞观政要》二《任贤篇》、《大唐新语》七《容恕篇》）云：

> 太宗初闻靖破颉利，大悦，谓侍臣曰："朕闻'主忧臣辱，主辱臣死'。往者国家草创，太上皇（高祖）以百姓之故，称臣于突厥，朕未尝不痛心疾首，志灭匈奴，坐不安席，食不甘味。今者暂动偏师，无往不捷，单于款塞，耻其雪乎。"

《通典》一九七《边防典》"突厥"条上（参《新唐书》二一五上《突厥传》、《唐会要》九四"北突厥"条）略云：

> 有一儿，年且十岁，以其小不忍杀之，乃刖足断臂，弃于大泽中。有牝狼每衔肉至于儿处。其后遂与狼交，狼有孕焉。……后狼生十男……其后各为一姓，阿史那即其一也。……又云，先出于索国，在匈奴之北。……其一曰伊质泥帅都，狼所生也。
>
> 旗纛之上，施金狼头，侍卫之士，谓之附离，夏言狼也。盖本狼生，志不忘旧。（参《隋书》八四《突厥传》、《北史》九九《突厥传》等。）
>
> 及隋末乱离，中国人归之者甚众，又更强盛，势陵中夏，迎萧皇后，置于定襄。薛举、窦建德、王世充、刘武周、梁师都、李轨、高开道之徒，虽僭尊号，俱北面称臣。东自契丹，西尽吐谷浑、高昌诸国皆臣之，控弦百万。戎狄之盛，近代未之有也。大唐起义太原，刘文静聘其国，引以为援。

《大唐创业起居注》上云：

> 裴寂等乃因太子秦王等入启，请依伊尹放太甲、霍光废昌邑故

事，废皇帝而立代王，兴义兵以檄郡县，改旗帜以示突厥，师出有名，以辑夷夏。于是遣使以众议驰报突厥。始毕依旨，即遣其柱国康鞘利、级失、热寒、特勤、达官等，送马千匹来太原交市，仍许遣兵送帝往西京，多少惟命。康鞘利将至，军司以兵起甲子之日，又符谶尚白，请建武王所执白旗以示突厥。帝曰："诛纣之旗，牧野临时所仗，未入西郊，无容预执，宜兼以绛，杂半续之。"诸军槊幡皆放此。营壁城垒，幡旗四合，赤白相映若花园。开皇初，太原童谣云："法律存，道德在，白旗天子出东海。"常亦云"白衣天子"，故隋主恒服白衣，每向江都，拟于东海。又有《桃李子歌》曰："桃李子，莫浪语，黄鹄绕山飞，宛转花园里。"案：李为国姓，桃当作陶，若言陶唐也。配李而言，故云桃花园，宛转属旌幡。汾晋老幼讴歌在耳，忽睹灵验，不胜欢跃。

同书下略云：

裴寂等乃奏："神人太原慧化尼、蜀郡卫元嵩等歌谣诗谶曰：西北天火照龙山，童子赤光连北斗。童子木上悬白幡，胡兵纷纷满前后。"

《隋书》一《高祖纪》云：

〔开皇元年〕六月癸未，诏以初受天命，赤雀降祥，五德相生，赤为火色。其郊及社庙，依服冕之仪，而朝会之服，旗帜牺牲，尽令尚赤。

《资治通鉴》一八四《隋纪》"义宁元年六月杂用绛白以示突厥"句下胡《注》云：

隋色尚赤，今用绛而杂之以白，示若不纯于隋。

同书一八五《唐纪》"高祖武德元年"条略云：

　　五月甲子，唐王即位于太极殿，推五运为土德，色尚黄。

《隋书》五一《长孙晟传》云：

　　因遣太仆元晖出伊吾道，使诣玷厥，赐以狼头纛。

《旧唐书》五五《刘武周传》（参《新唐书》八六《刘武周传》）
略云：

　　突厥立武周为定杨可汗，遣以狼头纛。因僭称皇帝，建元为
　　天兴。

《资治通鉴》一八三《隋纪》七略云：

　　恭帝义宁元年（即炀帝大业十三年），突厥立〔刘〕武周为定
　　杨可汗，遣以狼头纛。武周即皇帝位，改元天兴。

《通鉴考异》云：

　　新旧唐书武周皆无国号，惟《创业起居注》云"国号定杨"。

《通鉴》此条胡《注》云：

　　言将使之定杨州也。

《大唐创业起居注》上云：

　　〔大业十三年〕二月己丑，马邑军人刘武周杀太守王仁恭，据
　　其郡而自称天子，国号定杨。武周窃知炀帝于楼烦筑宫厌当时
　　之意，故称天子，规而应之。

《新唐书》八七《梁师都传》（参《旧唐书》五六《梁师都传》）
略云：

　　自为梁国，僭皇帝位，建元永隆。始毕可汗遗以狼头纛，号大

度毗伽可汗、解事天子。

同书九二《李子和传》云:

> 北事突厥,纳弟为质,始毕可汗册子和为平杨天子,不敢当,
> 乃更署为屋利设。

《资治通鉴》一八三《隋纪》七略云:

> 〔恭帝义宁元年三月〕始毕以刘武周为定杨天子,梁师都为解
> 事天子,子和为平杨天子。子和固辞不敢当,乃更以为屋
> 利设。

胡《注》云:

> 平杨,犹定杨也。

《大唐创业起居注》上云:

> 帝引康鞘利等礼见于晋阳宫东门之侧舍,受始毕所送书信,帝
> 伪貌恭,厚加缲赂。鞘利等大悦,退相谓曰,唐公见我蕃人,
> 尚能屈意,见诸华夏,情何可论,敬人者人皆敬爱,天下敬
> 爱,必为人主,我等见之人,不觉自敬。

同书上略云:

> 始毕得书大喜,其部达官等曰:“天将以太原与唐公,必当平
> 定天下,不如从之以求宝物。但唐公欲迎隋主,共我和好,此
> 语不好,我不能从。唐公自作天子,我则从行,觅大勋赏,不
> 避时热。”当日即以此意作书报帝。帝开书叹息,久之曰:“孤
> 为人臣须尽节,本虑兵行已后,突厥南侵,屈节连和,以安居
> 者,不谓今日所报,更相要逼,乍可绝好藩夷,无有从其所
> 劝。”突厥之报帝书也,谓使人曰:“唐公若从我语,即宜急报

我，遣大达官往取进止。"官僚等以帝辞色懔然，莫敢咨谏。兴国寺兵知帝未从突厥所请，往往偶语曰："公若更不从突厥，我亦不能从公。"裴寂、刘文静等知此议，以状启闻。

同书上云：

帝遣长孙顺德、赵文恪等率兴国寺所集兵五百人总取秦王部分。

《册府元龟》七《帝王部·创业门》云：

〔唐〕高祖乃命太宗与晋阳令刘文静及门下客长孙顺德、刘弘基等各募兵，旬日之间，众且一万，文静顿于兴国寺，顺德顿于阿育王寺。

《旧唐书》五七《刘文静传》略云：

隋末为晋阳令，炀帝令系于郡狱，太宗以文静可与谋议，入禁所视之。高祖开大将军府，以文静为军司马，文静劝改旗帜以彰义举，又请连突厥以益兵威，高祖并从之。因遣文静使于始毕可汗，始毕曰："唐公起事，今欲何为？"文静曰："愿与可汗兵马同入京师，人众土地入唐公，财帛金宝入突厥。"始毕大喜，即遣将康鞘利领骑二千随文静而至。〔武德二年〕裴寂又言曰："当今天下未定，外有勍敌，今若赦之，必贻后患。"高祖竟听其言，遂杀文静。

《大唐创业起居注》上略云：

乃命司马刘文静报使，并取其兵。静辞。帝私诫曰："胡兵相送，天所遣来，数百之外，无所用之，所防之者，恐武周引为边患，取其声势，以怀远人，公宜体之，不须多也。"

《新唐书》八六《李轨传》略云：

> 薛举乱金城，轨与同郡安脩仁等共举兵。脩仁夜率诸胡入内苑城，建旗大呼，轨集众应之，执虎贲郎将谢统师、郡丞韦士政，遂自称河西大凉王。初，突厥曷娑那可汗弟达度阙设内属，保会宁川，至是称可汗，降于轨。未几，悉有河西。武德元年，高祖方事薛举，遣使凉州，玺书慰结。轨喜，乃遣弟懋入朝。梁硕为谋主，尝见故西域胡种族盛，劝轨备之，因与安脩仁交怨。谢统师等每引结群胡排其用事臣，因是欲离沮其众。脩仁兄兴贵本在长安，自表诣凉州招轨。帝曰："轨据河西，连吐谷浑、突厥，今兴兵讨击尚为难，单使弄颊可下邪？"兴贵曰："臣世凉州豪望，多识其士民，而脩仁为轨信任，典事枢者数十人，若候隙图之，无不济。"帝许之。兴贵至凉州，轨授以左右卫大将军，兴贵乃与脩仁等潜引诸胡兵围其城。脩仁执送之，斩〔轨〕于长安。

同书一《高祖本纪》云：

> 〔武德二年〕五月庚辰，凉州将安脩仁执李轨以降。

《旧唐书》一《高祖本纪》云：

> 〔武德二年七月〕西突厥叶护可汗及高昌并遣使朝贡。

《资治通鉴》一八七（参《新唐书》二一五下）"武德二年（九月）"条云：

> 西突厥曷娑那可汗与北突厥有怨，曷娑那在长安，北突厥遣使请杀之，上不许。群臣皆曰："保一人而失一国，后必为患。"秦王世民曰："人穷来归，我杀之不义。"上迟回久之，不得

已，丙戌，引曷娑那于内殿宴饮，既而送中书省，纵北突厥使
者使杀之。

《旧唐书》一九四下《西突厥传》略云：

武德三年，遣使贡条支巨卵。时北突厥作患，高祖厚加抚结，
与之并力以图北蕃。统叶护寻遣使来请婚，高祖谓侍臣曰：
"西突厥去我悬远，今请婚，其计安在？"封德彝对曰："当今
之务，莫若远交而近攻，正可权许其婚，以威北狄。"

《资治通鉴》一八八《唐纪》四略云：

〔武德三年七月〕骠骑大将军可朱浑定远告"并州总管李仲文
与突厥通谋，欲俟洛阳兵交，引胡骑直入长安"。甲戌，命皇
太子镇蒲反以备之。〔四年二月〕并州安抚使唐俭密奏："真
乡公李仲文与妖僧志觉有谋反语，又娶陶氏之女以应桃李之
谣。诣事可汗，甚得其意，可汗许立为南面可汗；及在并州，
赃贿狼藉。"上命裴寂、陈叔达、萧瑀杂鞫之，乙巳，仲文
伏诛。

《旧唐书》一九四上《突厥传上》（参《册府元龟》九八一《外臣
部·盟誓门》）略云：

〔武德〕七年八月，颉利、突利二可汗举国入寇，太宗乃亲率
百骑驰诣虏阵，告之曰："国家与可汗誓不相负，何为背约深
入吾地？我秦王也，故来一决。可汗若自来，我当与可汗两人
独战；若欲兵马总来，我唯百骑相御耳。"颉利弗之测，笑而
不对。太宗又前，令骑告突利曰："尔往与我盟，急难相救，
尔今将兵来，何无香火之情也？亦宜早出，一决胜负。"突利

亦不对。太宗前，将渡沟水，颉利见太宗轻出，又闻香火之言，乃阴猜突利，因遣使曰："王不须渡，我无恶意，更欲共王自断当耳。"于是稍引却，各敛军而退。太宗因纵反间于突利，突利悦而归心焉，遂不欲战。其叔侄内离，颉利欲战不可，因遣突利及夹毕特勒（勤）阿史那思摩奉见请和，许之。突利因自托于太宗，愿结为兄弟。

同书同卷同传略云：

〔武德〕九年七月，颉利自率十万余骑进寇武功，颉利遣其腹心执失思力入朝为觇，自张形势云："二可汗总兵百万，今已至矣。"太宗谓之曰："我与突厥面自和亲，汝则背之，我实无愧。又义军入京之初，尔父子（指颉利、突利言，如昔人称汉疏广、受父子之例，盖颉利、突利为叔父及从子也）并亲从我。"

《教坊记》（据《说郛》本）"坊中诸女"条云：

坊中诸女以气类相似，约为香火兄弟，每多至十四五人，少不下八九辈。有儿郎娉之者，辄被以妇人称呼，即所娉者兄见呼为新妇，弟见呼为嫂也。儿郎有任宫僚者，宫忝与内人对。同日垂到内门，车马相逢，或搴车帘呼阿嫂。若新妇者，同党未达，殊为怪异，问被呼者，笑而不答。儿郎既娉一女，其香火兄弟多相奔，云学突厥法。又云，我兄弟相怜爱，欲得尝其妇也。主者知亦不妒，他香火即不通。

《旧唐书》五七《刘文静传》附《张长逊传》略云：

累至五原郡通守，及天下乱，遂附于突厥，号长逊为割利特勒

（勤）。言事者以长逊久居丰州，与突厥连结；长逊惧，请
入朝。

同书一九四上《突厥传上》略云：

〔武德二年，始毕〕授马邑贼帅刘武周兵五百余骑，遣入句注，
又追兵大集，欲侵太原。是月，始毕卒，立其弟俟利弗设，是
为处罗可汗。

同书同卷同传云：

太宗在藩，受诏讨刘武周，师次太原，处罗遣其弟步利设率二
千骑与官军会。六月，处罗至并州，总管李仲文出迎劳之。留
三日，城中美妇人多为所掠，仲文不能制，俄而处罗卒。

同书二《太宗纪上》略云：

〔武德〕七年秋，突厥颉利、突利二可汗自原州入寇，侵扰关
中。有说高祖云："只为府藏子女在京师，故突厥来，若烧却
长安而不都，则胡寇自止。"高祖乃遣中书侍郎宇文士及行山
南可居之地，即欲移都。萧瑀等皆以为非，然终不敢犯颜正
谏。太宗独曰："幸乞听臣一申微效，取彼颉利。若一两年间
不系其颈，徐建迁都之策，臣当不敢复言。"高祖怒，仍遣太
宗将三十余骑行划。还日，固奏必不可移都，高祖遂止。

《新唐书》七九《隐太子传》云：

突厥入寇，帝议迁都，秦王苦谏止。建成见帝曰："秦王欲外
御寇，沮迁都议，以久其兵，而谋篡夺。"帝浸不悦。

《册府元龟》九八一《外臣部·盟誓门》云：

又云突利武德初深自结托，太宗亦以恩抚之，结为兄弟，与盟

而去。

《旧唐书》六二《郑善果传》附元璹传略云：

> 元璹又谓颉利曰："大唐初有天下，即与可汗结为兄弟。"

同书五五《刘武周传》（参《新唐书》八六《刘武周传》）略云：

> 刘武周，河间景城人。父匡，徙家马邑。

> 武周率五百骑弃并州，亡奔突厥。

> 武周又欲谋归马邑，事泄，为突厥所杀。

> 武周既死，突厥又以君璋为大行台，统其余众，仍令郁射设督兵助镇。高祖遣谕之，君璋部将高满政谓君璋曰："不如尽杀突厥以归唐朝。"君璋不从，满政因人心夜逼君璋，君璋亡奔突厥，满政遂以城来降。

《资治通鉴》一九三《唐纪》"贞观三年十一月"条、"贞观四年三月"条略云：

> 庚申，以行并州都督李世勣为通汉道行军总管（《旧书·李勣传》作"通漠道"，当从之），兵部尚书李靖为定襄道行军总管，华州刺史柴绍为金河道行军总管，灵州大都督薛万彻为畅武道行军总管，众合十余万，皆受李勣节度（《两唐书》皆作"受李靖节度"），分道出击突厥。

> 〔贞观四年三月〕庚辰，〔大同道〕行军副总管张宝相，俘颉利送京师，苏尼失举众来降，漠南之地遂空。

《旧唐书》三《太宗纪下》云：

> 〔贞观四年〕夏四月丁酉，御顺天门，军吏执颉利以献捷。自是西北诸蕃咸请上尊号为"天可汗"，于是降玺书册命其君长，

则兼称之。

《大慈恩寺三藏法师传》卷五云：

> 诸众欢喜，为法师竞立美名，大乘众号曰"摩诃耶那提婆"，
> 此云"大乘天"。小乘众号曰"木叉提婆"，此云"解脱天"。

同书卷七略云：

> 〔永徽三年〕夏五月乙卯，中印度国摩诃菩提寺大德智光、慧
> 天等致书于法师，其书曰：微妙吉祥世尊金刚座所摩诃菩提寺
> 诸多闻众所共围绕上座慧天，致书摩诃支那国于无量经律论妙
> 尽精微木叉阿遮利耶。

《大唐西域求法高僧传》卷上略云：

> 道希法师者，齐州历城人也。梵名室利提婆（唐云"吉祥天"）。
> 玄太法师者，新罗人也。梵名萨婆慎若提婆（唐云"一切智天"）。
> 道生法师者，并州人也。梵名旃达罗提婆（唐云"月天"）。
> 明远法师者，益州清城人也。梵名振多提婆（唐云"思天"）。
> 木叉提婆者，交州人也（唐云"解脱天"）。
> 有一故寺，但有砖基，厥号"支那寺"。古老相传云是昔室利
> 笈多大王为支那国僧所造。（"支那"即广州也。"莫诃支那"
> 即京师也，亦云提婆佛呾罗，唐云"天子"也。）

同书卷下略云：

> 灵运师者，襄阳人也。梵名般若提婆。
> 无行禅师者，荆州江陵人也。梵名般若提婆（唐云"慧天"）。
> 苾刍法朗者，梵名达摩提婆（唐云"法天"），襄州襄阳人也。

《旧唐书》六七《李靖传》略云：

其舅韩擒虎，号为名将，每与论兵，未尝不称善，抚之曰："可与论孙吴之术者，惟斯人矣。"大业末，累除马邑郡丞。会高祖击突厥于塞外，靖察高祖，知有四方之志，因自锁上变，将诣江都，至长安，道塞不通而止。

《资治通鉴》一八四"隋恭帝义宁元年十一月马邑郡丞三原李靖素与渊有隙"条《考异》曰：

> 柳芳《唐历》及《唐书》靖传云："高祖击突厥于塞外。靖察高祖，知有四方之志，因自锁上变，将诣江都，至长安，道塞不通而止。"按：太宗谋起兵，高祖尚未知，知之犹不从。当击突厥之时，未有异志，靖何从察知？又，上变当乘驿取疾，何为自锁也。今依靖《行状》云："昔在隋朝，曾经忤旨。及兹城陷，高祖追责旧言。公慷慨直论，特蒙宥释。"但《行状》题云"魏征撰"，非也。按：征以贞观十七年卒，靖二十三年乃卒。盖后人为之，托征名。又，叙靖事极怪诞无取，唯此可为据耳。

四　唐起兵太原及入关

附太宗起兵之年岁

《旧唐书》五八《唐俭传》略云：

〔唐俭，〕并州晋阳人。北齐尚书左仆射邕之孙也。高祖在太原留守，俭与太宗周密，俭从容说太宗，以隋室昏乱，天下可图，俭曰："若开府库，南啸豪杰，北招戎狄。……则汤武之业不远。"

同书同卷《长孙顺德传》略云：

〔长孙顺德，〕文德顺圣皇后之族叔也。顺德仕隋右勋卫，避辽东之役，逃匿于太原，深为高祖、太宗所亲委。太宗外以讨贼为名，因令顺德与刘弘基等召募，旬月之间，众至万余人。

同书同卷《刘弘基传》略云：

〔刘弘基，〕雍州池阳人也。以父荫为右勋侍。大业末，尝从炀帝征辽东，家贫不能自致，亡命盗马，因至太原。

同书同卷《武士彟传》云：

〔武士彟〕并州文水人也。家富于财，好交结。高祖初行军于汾晋，休止其家，因蒙顾接，及为太原留守，引为行军司铠。

同书同卷《柴绍传》附《平阳公主传》略云：

公主乃归鄠县，得数百人，起兵以应高祖。遣家僮马三宝说〔何〕潘仁、李仲文、向善志、丘师利等，各率众数千来会。

《资治通鉴》一八四"隋恭帝义宁元年九月"条略云：

左亲卫段纶娶〔李〕渊女，亦聚徒于蓝田，得万余人。

《大唐创业起居注》中云：

初，周齐战争之始，周太祖数往同州，侍从达官，随便各给田宅。景皇帝与隋太祖并家于州治。

《文馆词林》四五九李百药《洛州都督窦轨碑铭》文云：

占（招）募英勇五万余人，从入京师，翊成大业。

《旧唐书》六一《窦威传》附轨传（《新唐书》九五《窦威传》附轨传同）云：

义兵起，轨聚众千余人，迎谒于长春宫。高祖见之大悦，降席握手，语及平生。赐良马十四，使掠地渭南。轨先下永丰仓，收兵得五千人，从平京城。

《新唐书》八六《薛举传》略云：

薛举，兰州金城人。殖产巨万，好结纳边豪，为长雄。隋大业末，任金城府校尉。

军益张，号二十万，将窥京师。会高祖入关，遂留攻扶风，秦王击破之。举畏王，遂逾陇走。

〔郝〕瑗请连梁师都，厚赂突厥，合从东向。举从之，约突厥莫贺咄设犯京师。会都水监宇文歆使突厥，歆说止其兵，故举谋塞。

武德元年，丰州总管张长逊击〔宗〕罗睺，举悉兵援之，屯析墌，以游军掠岐、豳。秦王御之，次高墌，度举粮少，利速斗，坚壁老其兵。会王疾，卧屯不出，而举数挑战。行军长史刘文静、殷开山观兵于高墌，恃众不设备，举兵掩其后，遂大败，死者十六，大将慕容罗睺、李安远、刘弘基皆没。王还京师，举拔高墌，仁果进逼宁州，郝瑗谋曰："今唐新破，将卒禽俘，人心摇矣，可乘胜直趋长安。"举然之，方行而病，未几死。

附：太宗起兵之年岁

《唐会要》一《帝号类》"太宗皇帝"条略云：

> 隋开皇十八年十二月戊午，生于武功别馆。贞观二十三年五月
> 二十六日，崩于翠微宫含风殿。（年五十二。）

《新唐书》二《太宗纪》云：

> 〔贞观二十三年五月〕己巳，皇帝崩于含风殿。年五十三（参
> 《唐会要》一《帝号类》）。

《旧唐书》二《太宗纪上》云：

> 隋开皇十八年十二月戊午，生于武功之别馆。

同书三《太宗纪下》云：

> 〔贞观二十三年五月〕己巳，上崩于含风殿。年五十二。

《新唐书》二《太宗纪》云：

> 大业中，突厥围炀帝雁门，炀帝从围中以木系诏书，投汾水而
> 下，募兵赴援。太宗时年十六，往应募。

《旧唐书》七二《虞世南传》云：

> 太宗曰："吾才弱冠举义兵。"

隋大业十三年（公元六一七年）十一月壬戌恭帝改元义宁。义宁二
年（公元六一八年）五月甲子唐改元武德。

五　太宗与建成之关系

《资治通鉴》一九一（参《新唐书》七九《隐太子传》）略云：

> 武德七年七月，〔或说高祖迁都避突厥，〕遣宇文士及逾南山至樊、邓，行可居之地，将徙都之。太子建成、齐王元吉、裴寂皆赞成其策。秦王世民谏，建成与妃嫔因共谮世民曰："突厥虽屡为边患，得赂即退。秦王外托御寇之名，内欲总兵权，成其篡夺之谋耳。"

《旧唐书》六四《隐太子传》略云：

> 及刘黑闼重反，王珪、魏征谓建成曰："愿请讨之，且以立功，深自封植，因结山东英俊。"建成从其计。建成、元吉又外结小人，内连嬖幸，高祖所宠张婕妤、尹德妃皆与之淫乱。建成乃私召四方饶勇，并募长安恶少年二千余人，畜为宫甲，分屯左右长林门，号长林兵。及〔太宗〕将行（往洛阳），建成、元吉相与谋曰："秦王今往洛阳，既得土地甲兵，必为后患。留在京师制之，一匹夫耳。"密令数人上封事曰："秦王左右多是东人，闻往洛阳，非常欣跃，观其情状，自今一去，不作来意。"高祖于是遂停。

同书六八：

> （《尉迟敬德传》）尉迟敬德，朔州善阳人。
>
> （《秦叔宝传》）秦叔宝名琼，齐州历城人。
>
> （《程知节传》）程知节本名咬金，济州东阿人。
>
> （《段志玄传》）段志玄，齐州临淄人。
>
> （《张公谨传》）张公谨字弘慎，魏州繁水人。

同书六五：

（《高士廉传》）高俭字士廉，渤海蓨人。

同书六六：

（《房玄龄传》）房乔字玄龄，齐州临淄人。

同书六一《陈叔达传》云：

建成、元吉嫉害太宗，阴行谮毁，高祖惑其言，将有贬责，叔达固谏，乃止。至是，太宗劳之曰："武德时，危难潜构，知公有谠言，今之此拜，有以相答。"叔达谢曰："此不独为陛下，社稷计耳。"

同书六三《封伦传》云：

初，伦数从太宗征讨，特蒙顾遇。以建成、元吉之故，数进忠款，太宗以为至诚，前后赏赐以万计。而伦潜持两端，阴附建成。时高祖将行废立，犹豫未决，谋之于伦，伦固谏而止。然所为秘隐，时人莫知，事具《建成传》。

同书同卷《萧瑀传》云：

太宗又曰："武德六年已后，太上皇有废立之心而不之定也，我当此日，不为兄弟所容，实有功高不赏之惧。此人不可以厚利诱之，不可以刑戮惧之，真社稷臣也。"因赐瑀诗曰："疾风知劲草，版荡识诚臣。"

同书六八《尉迟敬德传》略云：

隐太子、巢剌王元吉将谋害太宗，密致书以招敬德，仍赠以金银器物一车。敬德辞，寻以启闻，太宗曰："送来但取，宁须虑也。且知彼阴计，足为良策。"

同书同卷《张公谨传》略云：

张公谨，魏州繁水人也。初为王世充洧州长史。武德元年，与王世充所署洧州刺史崔枢以州城归国。初未知名，李勣骤荐于太宗，乃引入幕府。〔武德九年〕六月四日，公谨与长孙无忌等九人伏于玄武门以俟变。及斩建成、元吉，其党来攻玄武门，兵锋甚盛。公谨有勇力，独闭门以拒之。以功累授左武候将军，封定远郡公。

巴黎图书馆藏敦煌写本李义府撰《常何碑》略云：

公讳□，字□□，其先居河内温县，乃祖游陈留之境，因徙家焉，今为汴州浚仪人也。〔公〕倾产周穷，捐生拯难，嘉宾狎至，侠侣争归。既而炎灵将谢，政道云衰，黑山竞结，白波潜骇，爰顾宗姻，深忧沦溺。乡中豪杰五百余人以公诚信早彰，誉望所集，互相纠率，请为盟主。李密拥兵敖庚，枕（？）威河曲，广集英彦，用托爪牙，乃授公上柱国雷泽公。寻而天历有归，圣图斯启，自参墟而凤举，指霸川而龙跃。公智叶陈、张，策逾荀、贾，料安危之势，审兴亡之迹，抗言于密，请归朝化。密竟奉谒丹墀，升荣紫禁，言瞻彼相，实赖于公，既表忠图，爰膺厚秩，授清义府骠骑将军上柱国雷泽公。密奉诏绥抚山东，公又以本官随密，密至函城之境，有背德之心，公既知逆谋，乃流涕极谏，密惮公强正，遂不告而发，军败牛关之侧，命尽熊山之阳。公徇义莫从，献忠斯阻，欲因机以立效，聊枉尺以直寻，言造王充，冀倾瀍洛，为充所觉，奇计弗成，率充内营左右去逆归顺。高祖嘉其变通，尚其英烈，临轩引见，特申优奖，授车骑将军。徐圆朗窃据沂、兖，称兵淮、泗，龟蒙积沴，蜂午（？）挺妖，公与史万宝并力攻围，应期便陷。方殄余噍，奉命旋师，令从隐太子讨平河北。又与曹公李勣穷追圆朗，贼平，留镇于洧州。〔武德〕七年，奉太宗令追入京，赐金刀子一枚，黄金卅挺，令于北门领健儿长上，仍以数十金刀子委公锡骁勇之夫，迭奉藩朝，参闻霸略，承解衣之厚遇，申绕帐之深诚。九年六月四日令总北门之寄。

《旧唐书》六九《薛万彻传》略云：

薛万彻，雍州咸阳人。自敦煌徙焉，隋左御卫大将军世雄子也。世雄，大业末卒于涿郡太守。万彻少与兄万均随父在幽州，俱以武略为罗艺所亲待。寻与艺归附高祖，授万彻车骑将军、武安县公。及太宗平刘黑闼，引万均为右二护军，恩顾甚至。隐太子建成又引万彻置于左右。建成被诛，万彻率宫兵战于玄武门，鼓噪欲入，秦府将士大惧。及枭建成首示之，万彻与数十骑亡于终南山。太宗累遣使谕意，万彻释仗而来，太宗以其忠于所事，不之罪也。

《新唐书》七九《隐太子传》云：

又令左虞候率可达志募幽州突厥（当作"突骑"）兵三百内宫中。

《旧唐书》六九《张亮传》略云：

张亮，郑州荥阳人也。素寒贱，以农为业。大业末，李密略地荥、汴，亮仗策从之，署骠骑将军，隶于徐勣。后房玄龄、李勣荐之于太宗，引为秦府车骑将军，委以心膂。会建成、元吉将起难，太宗以洛州形胜之地，一朝有变，将出保之，遣亮之洛阳，统左右王保等千余人，阴引山东豪杰以俟变，多出金帛，恣其所用。元吉告亮欲图不轨，坐是属吏，亮卒无所言。事释，遣还洛阳。及建成死，授怀州总管，封长平郡公。

《资治通鉴考异》"武德九年六月"条云：

《统纪》云："秦王惧，不知所为。李靖、李勣数言大王以功高被疑，靖等请申犬马之力。"刘悚《小说》："太宗将诛萧墙之恶，以主社稷，谋于卫公靖，靖辞。谋于英公徐勣，勣亦辞。帝由是珍此二人。"二说未知谁得其实。然刘说近厚，有益风化，故从之。

《旧唐书》七一《魏征传》略云：

及〔李〕密败，征随密来降。至京师，久不见知，自请安辑山东，乃授秘书丞，驱传至黎阳。时徐世勣尚为李密拥众，征与世勣书。世勣得书，遂定计遣使归国。隐太子闻其名，引直洗马，甚礼之。征见太宗勋业日隆，每劝建成早为之所。

《新唐书》九七《魏征传》云：

〔太宗〕即位，拜谏议大夫，封巨鹿县男。当是时，河北州县素事隐、巢者不自安，往往曹伏思乱。征白太宗曰："不示至公，祸不可解。"帝曰："尔行安喻河北。"道遇太子千牛李志安、齐王护军李思行传送京师，征与其副谋曰："属有诏，宫府旧人普原之。今复执送志安等，谁不自疑者？吾属虽往，人不信。"即贷而后闻。使还，帝悦。

六 魏征与太宗之关系

《北史》五六《魏长贤传》云：

> 魏长贤，收之族叔也。父彦，博学善属文。思树不朽之业，以《晋书》作者多家，体制繁杂，欲正其纰缪，删其游辞，勒成一家之典。〔崇〕复请为掾，书遂不成。〔长贤〕入齐，为著作佐郎。更撰《晋书》，欲成先志。

《元和郡县图志》一六《河北道》"澶州临黄县"条云：

> 魏长贤墓在县北十五里。贞观七年，追赠定州刺史，即征父也。

同书一七《河北道》"恒州鼓城县"条云：

> 魏收墓在县北七里。后魏、北齐贵族诸魏，皆此邑人也。所云"巨鹿曲阳人"者是也。

《新唐书》七二中《宰相世系表》"魏氏"条云：

> 馆陶魏氏。长贤，北齐屯留令。征相太宗。

《全唐诗》第七函高适《三君咏（并序）》云：

> 开元中，适游于魏郡，郡北有故太师〔魏〕郑公旧馆。

《旧唐书》七一《魏征传》略云：

> 魏征，巨鹿曲城人也。父长贤，北齐屯留令。尝密荐中书侍郎杜正伦及吏部尚书侯君集有宰相之材。征卒后，正伦以罪黜，君集犯逆伏诛，太宗始疑征阿党。征又自录前后谏诤言辞往复，以示史官起居郎褚遂良。太宗知之，愈不悦。先许以衡山公主降其长子叔玉，于是手诏停婚，顾其家渐衰矣。

《全唐诗》第二函魏征《述怀》（一作"出关"）诗云：

> 中原初（一作"还"）逐鹿，投笔事戎轩。纵横计不就，慷

慨志犹存。杖策谒天子，驱马出关门。请缨系南粤，凭轼下东藩。郁纡陟高岫，出没望平原。古木鸣寒鸟，空山啼夜猿。既伤千里目，还惊九折魂。岂不惮艰险，深怀国士恩。季布无二诺，侯嬴重一言。人生感意气，功名谁复论。

《旧唐书》七〇《杜正伦传》云：

> 杜正伦，相州洹水人也。隋仁寿中，与兄正玄、正藏俱以秀才擢第。隋代举秀才止十余人，正伦一家有三秀才，甚为当时称美。

《新唐书》七二中《宰相世系表》"侯氏"条云：

> 〔侯君集祖〕植字仁幹，周骠骑大将军、肥城节公。

《旧唐书》六九《侯君集传》（参《周书》二九、《北史》六六《侯植传》，及陆增祥《八琼室金石补正》二三并李宗莲《怀珉精舍金石跋尾》等《侯植墓志》）略云：

> 侯君集，豳州三水人也。贞观四年，迁兵部尚书。明年（贞观十二年），拜吏部尚书。君集出自行伍，素无学术，及被任遇，方始读书。典选举，定考课，出为将领，入参朝政，并有时誉。十七年，张亮以太子詹事出为洛州都督，君集激怒亮曰："何为见排？"亮曰："是公见排，更欲谁冤！"君集曰："我平一国还，触天子大嗔，何能仰排！"因攘袂曰："郁郁不可活，公能反乎？当与公反耳。"亮密以闻。承乾在东宫，恐有废立，又知君集怨望，遂与通谋。及承乾事发，君集被收，遂斩于四达之衢，籍没其家。

七　太宗皇位继承问题

《新唐书》八〇《常山愍王传》云：

> 又好突厥言及所服，选貌类胡者，被以羊裘，辫发，五人建一落，张毡舍，造五狼头纛，分戟为阵，系幡旗，设穹庐自居，使诸部敛羊以烹，抽佩刀割肉相啖。承乾身作可汗死，使众号哭剺面，奔马环临之。忽复起曰："使我有天下，将数万骑到金城，然后解发，委身思摩，当一设，顾不快邪。"

《通典》一九七《边防》一三《突厥上》略云：

> 其主初立，近侍重臣者舁之以毡，随日转九回，每一回，臣下皆拜。讫，乃扶令乘马，以帛绞其颈，使才不至绝，然后释而急问之曰："你能作几年可汗？"其主既神情瞀乱，不能详定多少。臣下等随其所言，以验修短之数。
>
> 颉利之败也，其部落或走薛延陀，或走西域，而来降者甚众。酋豪首领至者皆拜将军，布列朝廷，五品以上百余人，殆与朝士相半。

同书一八六《边防》二《东夷下·高句丽传》略云：

> 〔贞观〕二十二年司空房玄龄病亟，遂封表切谏曰："详观古今为中国患害，无过突厥，遂能坐运神册，不下殿堂，大小可汗，相次束手，分典禁卫，执戟行闲。"

《旧唐书》一九四上《突厥传上》云：

> 其酋首至者皆拜为将军、中郎将等官，布列朝廷，五品以上百余人，因而入居长安者数千家。

同书一九四下《突厥传下》云：

> 俄而其国分为十部，每部令一人统之，号为十设。每设赐以一

箭，故称十箭焉。又分十箭为左右厢，一厢各置五箭。其左厢
号五咄六部落，置五大啜，一啜管一箭。其右厢号为五弩失
毕，置五大俟斤，一俟斤管一箭，都号为十箭。其后或称一箭
为一部落，大箭头为大首领。

同书七六《庶人祐传》云：

太宗以子弟成长，虑乖法度，长史、司马，必取正人，王有亏
违，皆遣闻奏。

《新唐书》一〇五《褚遂良传》云：

乃上表曰："往者承乾废，岑文本、刘洎奏东宫不可少旷，宜
遣濮王居之，臣引义固争……"

《旧唐书》七四《崔仁师传》云：

后仁师密奏请立魏王为太子，忤旨，转为鸿胪少卿。

同书七六《濮王泰传》略云：

太宗因谓侍臣曰："承乾言亦是。我若立泰，便是储君之位可
经求而得耳。泰立，承乾、晋王皆不存。晋王立，泰共承乾可
无恙也。自今太子不道，藩王窥嗣者，两弃之。传之子孙，以
为永制。"

同书六五《长孙无忌传》（《新唐书》一〇五《长孙无忌传》同）云：

太子承乾得罪，太宗欲立晋王，而限以非次，回惑不决。御两
仪殿，群官尽出，独留无忌及司空房玄龄、兵部尚书李勣，谓
曰："我三子一弟，所为如此，我心无憀。"因自投于床，抽佩
刀欲自刺。无忌等惊惧，争前扶抱，取佩刀以授晋王。无忌等
请太宗所欲，报曰："我欲立晋王。"无忌曰："谨奉诏。有异

议者，臣请斩之。"太宗谓晋王曰："汝舅许汝，宜拜谢。"因下拜。太宗谓无忌等曰："公等既符我意，未知物论何如？"无忌曰："晋王仁孝，天下属心久矣。伏乞召问百僚，必无异辞。若不蹈舞同音，臣负陛下万死。"于是建立遂定，因加授无忌太子太师。寻而太宗又欲立吴王恪，无忌密争之，其事遂辍。

同书八〇《褚遂良传》云：

〔太宗〕即日召长孙无忌、房玄龄、李勣与遂良等定策，立晋王为皇太子。

同书七四《刘洎传》略云：

刘洎，荆州江陵人也。隋末，仕萧铣为黄门侍郎。铣令略地岭表，得五十余城，未还而铣败，遂以所得城归国。洎性疏峻敢言。太宗谓司徒长孙无忌曰："自朕临御天下，虚心正直，即有魏征朝夕进谏。自征云亡，刘洎、岑文本、马周、褚遂良等继之。"〔贞观〕十八年，迁侍中。

太宗征辽，令洎与高士廉、马周留辅皇太子定州监国。太宗谓洎曰："我今远征，使卿辅翼太子，社稷安危之机，所寄尤重，卿宜深识我意。"洎进曰："愿陛下无忧，大臣有愆失者，臣谨即行诛。"太宗以其妄发，颇怪之。十九年，太宗辽东还，发定州，在道不康，洎与中书令马周入谒。洎、周出，遂良传问起居，洎泣曰："圣体患痈，极可忧惧。"遂良诬奏之曰："洎云：'国家之事不足虑，正当辅少主行伊、霍故事，大臣有异志者诛之，自然定矣。'"太宗疾愈，诏问其故，洎以实对，又引马周以自明。太宗问周，周对与洎所陈不异，遂良又执证不已，乃赐洎自尽。

《新唐书》六一《宰相表》略云：

〔贞观〕十三年十一月戊辰，尚书左丞刘洎为黄门侍郎，参知政事。

十八年九月，黄门侍郎褚遂良参与朝政。

《旧唐书》六七《李勣传》云：

〔贞观〕二十三年，太宗寝疾，谓高宗曰："汝于李勣无恩，我今将责出之。我死后汝当授以仆射，即荷汝恩，必致其死力。"乃出为叠州都督。高宗即位，其月，召拜洛州刺史，寻加开府仪同三司，令同中书门下，参掌机密。是岁，册拜尚书左仆射。

八　隋唐与高丽之关系

《北史》九九《突厥传》略云：

俟斤又西破嚈哒，东走契丹，北并契骨，威服塞外诸国。其地，东自辽海以西，〔西〕至西海，万里；南自沙漠以北，至北海，五六千里：皆属焉。初，〔魏〕恭帝时，俟斤许进女于周文帝，契未定而周文〔帝〕崩。寻而俟斤又以他女许武帝，未及结纳，齐人亦遣求婚，俟斤贪其币厚，将悔之。至是，武帝诏遣凉州刺史杨荐、武伯王庆等往结之。庆等至，谕以信义，俟斤遂绝齐使而定婚焉。仍请举国东伐，于是诏随公杨忠率众一万与突厥伐齐。忠军度陉岭，俟斤率骑十万来会。明年正月，攻齐主于晋阳，不克，俟斤遂纵兵大掠而还。是岁，俟斤更请东伐。诏杨忠率兵出沃野，晋公护趣洛阳以应之。五年，诏陈公纯、大司徒宇文贵等往逆女。天和二年，乃许纯等以后归。

自俟斤以来，其国富强，有凌轹中夏之志。朝廷既与之和亲，岁给缯絮、锦彩十万段。突厥在京师者，又待以优礼，衣锦食肉，常以千数。齐人惧其寇掠，亦倾府藏以给之。他钵弥复骄傲，乃令其徒属曰："但使我在南两个儿孝顺，何忧无物邪？"及齐灭，齐定州刺史、范阳王高绍义自马邑奔之。他钵立绍义为齐帝，召集所部，云为之复仇。

大业三年，〔炀〕帝亲巡云中，溯金河而东，北幸启人所居。先是，高丽私通使启人所，启人不敢隐境外之交，是日，持高丽使见。敕令牛弘宣旨谓曰："朕明年当往涿郡。尔回日，语高丽主，宜早来朝。"使人甚惧。启人乃扈从入塞至定襄。

《北齐书》一二《范阳王绍义传》略云：

> 绍义至马邑。还保北朔。〔后〕遂奔突厥。高宝宁在营州，表上尊号，绍义遂即皇帝位。卢昌期据范阳，亦表迎绍义。俄而，周将宇文神举攻灭昌期，〔绍义〕回军入突厥。

《隋书》三〇《地理志》"辽西郡"条云：

> 辽西郡（旧置营州，开皇初置总管府，大业初府废）统县一，户七百五十一。
>
> 柳城（后魏置营州于和龙城，领建德、冀阳、昌黎、辽东、乐浪、营丘等郡，龙城、大兴、永乐、带方、定荒、石城、广都、阳武、襄平、新昌、平刚、柳城、富平等县。后齐唯留建德、冀阳二郡，永乐、带方、龙城、大兴等县，其余并废。开皇元年唯留建德一郡，龙城一县，其余并废。寻又废郡，改县为龙山，十八年改为柳城。大业初，置辽西郡。）

《旧唐书》三九《地理志·河北道》"营州上都督府"条云：

> 隋柳城郡。武德元年，改为营州总管府，领辽、燕二州，领柳城一县。

《太平寰宇记》七一"营州"条云：

> 领县
>
> 柳城
>
> 东至辽河，南至海，三百四十里。

《隋书》三九《阴寿传》略云：

> 时有高宝宁者，齐氏之疏属也。为人桀黠，有筹算，在齐久镇黄龙。及齐灭，周武帝拜为营州刺史，甚得华夷之心。高祖为

丞相，遂连结契丹、靺鞨举兵反。高祖以中原多故，未遑进
讨。开皇初，又引突厥攻围北平，至是（开皇三年）令寿率步
骑数万，出卢龙塞以讨之。宝宁弃城奔于碛北，黄龙诸县
悉平。

同书五一《长孙晟传》略云：

大业三年，炀帝幸榆林，欲出塞外，陈兵耀武，经突厥中，指
于琢郡。仍恐染干惊惧，先遣晟往谕旨。乃发榆林北境，至于
其牙，又东达于蓟，长三千里，广百步，举国就役而开御道。

同书六〇《段文振传》略云：

及辽东之役，在道疾笃，上表曰："如不时定，脱遇秋霖，深
为艰阻，兵粮又竭，强敌在前，靺鞨出后，非上策也。"

同书八一《高丽传》云：

（隋）食尽师老，转输不继，诸军多败绩，于是班师。

《资治通鉴》一九七"唐太宗贞观十八年十一月"条略云：

郑元璹对曰："辽东道远，粮运艰阻；东夷善守城，攻之不可
猝下。"

《隋书》四《炀帝纪下》略云：

〔大业〕八年正月，大军集于琢郡。总一百一十三万三千八百，
号二百万，其馈运者倍之。

《三国志·魏志》一一《国渊传》云：

破贼文书，旧以一为十，及渊上首级，如其实数。太祖问其
故，渊曰："夫征讨外寇，多其斩获之数者，欲以大武功，且
示民听也。河间在封域之内，（田）银等叛逆，虽克捷有功，

渊窃耻之。"太祖大悦，迁魏郡太守。

《梦溪笔谈》——《官政门》云：

凡师行，因粮于敌，最为急务。运粮不但多费，而势难行远。予尝计之：人负米六斗，卒自携五日干粮，人饷一卒，一去可十八日；（米六斗，人食日二升。二人食之，十八日尽。）若计复回，只可进九日。二人饷一卒，一去可二十六日；（米一石二斗，三人食日六升，八日则一夫所负已尽，给六日粮遣回，后十八日，二人食日四升并粮。）若计复回，止可进十三日。（前八日日食六升，后五日并回程，日食四升并粮。）三人饷一卒，一去可三十一日。（米一石八斗，前六日半四人食日八升；减一夫，给四日粮，十七日三人食日六升；又减一夫，给九日粮；后十八日，二人食日四升并粮。）计复回，止可进十六日。（前六日半日食八升，中七日日食六升，后十一日并回程日食四升并粮。）三人饷一卒，极矣。若兴师十万，辎重三之一，止得驻战之卒七万人，已用三十万人运粮，此外难复加矣。（放回运夫须有援卒，缘运行死亡疾病，人数稍减，且以所减之食，准援卒所费。）运粮之法，人负六斗，此以总数率之也。其间队长不负，樵汲减半，所余皆均在众夫，更有死亡疾病者，所负之米，又以均之，则人所负，常不啻六斗矣。故军中不容冗食，一夫冗食，二三人饷之，尚或不足。若以畜乘运之，则驼负三石，马、骡一石五斗，驴一石，比之人运，虽负多而费寡，然刍牧不时，畜多瘦死，一畜死，则并所负弃之，较之人负，利害相半。

《三国志·魏志》一《武帝纪》"建安十一年"云：

> 辽西单于蹋顿，数入塞为害。公将征之，凿渠，自呼沱入泒水，名平虏渠。又从泃河口凿入潞河，名泉州渠，以通海。

《三国志·魏志》一一《田畴传》略云：

> 军次无终，时方夏水雨，而滨海洿下，泞滞不通，虏亦遮守蹊要，军不得进。太祖患之，以问畴。畴曰："此道秋夏每常有水，浅不通车马，深不载舟船，为难久矣。旧北平郡治在平冈，道出卢龙，达于柳城。自建武以来，陷坏断绝，垂二百载，而尚有微径可从。若嘿回军，从卢龙口越白檀之险，出空虚之地，路近而便，掩其不备，蹋顿之首可不战而禽也。"太祖曰："善。"令畴将其众为乡导，上徐无山，出卢龙，历平冈，登白狼堆，去柳城二百余里，虏乃惊觉。

同书《魏志》八《公孙度附渊传》略云：

> 〔景初〕二年春，遣太尉司马宣王征渊。六月，军至辽东。会霖雨三十余日，辽水暴长，运船至辽口径至城下。

《资治通鉴》一九六"唐太宗贞观十五年八月十六年十一月"条云：

> 〔十五年〕上曰："高丽本四郡地耳，吾发卒数万攻辽东，彼必倾国救之，别遣舟师出东莱，自海道趋平壤，水陆合势，取之不难。但山东州县凋瘵未复，吾不欲劳之耳。"

> 〔十六年〕亳州刺史裴行庄奏请伐高丽，上曰："因丧乱而取之，虽得之不贵。且山东凋弊，吾未忍言用兵也。"

《唐大诏令集》一三〇《太宗讨高丽诏》云：

隋室沦亡，其源可睹，良由志略乖于远图，兵士疲于屡战；政令失度，上下离心；德泽不加于匹夫，刻薄弥穷于百姓。当此之时也，高丽之主，仁爱其民，故百姓仰之如父母；炀帝残暴其下，故众庶视之如仇雠。以思乱之军，击安乐之卒，务其功也，不亦难乎！

《资治通鉴》一九八"唐太宗贞观十九年九月"条云：

上以辽左早寒，草枯水冻，士马难久留，且粮食将尽，癸未，敕班师。

《新唐书》二二〇《东夷传·高丽传》云：

〔贞观十九年太宗伐高丽，〕有诏班师，拔辽、盖二州之人以归。兵过城下，城中屏息偃旗，酋长登城再拜，帝嘉其守，赐绢百匹。辽州粟尚十万斛，士取不能尽。帝至渤错水，阻淖，八十里车骑不通。长孙无忌、杨师道等率万人斩樵筑道，联车为梁，帝负薪马上助役。十月，兵毕度，雪甚，诏属燎以待济。始行，士十万，马万匹；逮还，物故裁千余，马死十八。船师七万，物故亦数百。诏集战骸葬柳城，祭以太牢，帝临哭，从臣皆流涕。帝总飞骑入临渝关，皇太子迎道左。初，帝与太子别，御褐袍，曰："俟见尔乃更。"袍历二时弗易，至穿穴。群臣请更服，帝曰："士皆敝衣，吾可新服邪？"及是，太子进洁衣，乃御。

《旧唐书》一九九上《高丽传》云：

〔（泉）盖苏文〕自立为莫离支，犹中国兵部尚书兼中书令职也。自是专国政。

《新唐书》九三《李勣传》略云：

〔高宗乾封元年〕诏勣为辽东道行军大总管，率兵二万讨之（高丽）。

《新唐书》二二〇《东夷传·高丽传》（参《旧唐书》一九九上《东夷传·高丽传》、《唐会要》九五"高句丽"条）略云：

〔泉〕盖苏文死，子男生代为莫离支，与弟男建、男产相怨。男生据国内城，遣子献诚入朝求救，盖苏文弟亦请割地降。〔乾封元年〕九月〔庞〕同善破高丽兵，男生率师来会。以李勣为辽东道行军大总管，转燕、赵食廥辽东。明年勣次新城，城人缚戍酋出降，勣进拔城十有六。郭待封以舟师济海，趋平壤。三年（是岁改元总章）勣率〔薛〕仁贵拔扶余城，它城三十皆纳款。侍御史贾言忠计事还，帝（高宗）问："军中云何？"对曰："必克。先帝（太宗）问罪所以不得志者，虏未有衅也。今男生兄弟阋很，为我乡导，虏之情伪我尽知之，故曰必克。"男建以兵五万袭扶余，勣破之萨贺水上，进拔大行城。契苾何力会勣军于鸭渌，拔辱夷城，悉师围平壤。九月，勣纵兵噪而入〔城〕，执〔高丽王高〕藏、男建等，收凡五部百七十六城，户六十九万。剖其地为都督府者九，州四十二，县百。后复置安东都护府，擢酋豪有功者，授都督、刺史、令，与华官参治，仁贵为都护，总兵镇之。总章二年，大长钳（钳，《通鉴》二〇一"咸亨元年"条作"剑"）牟岑率众反，立藏外孙安舜为王。诏高侃（等）讨之，舜杀钳牟岑，走新罗。侃徙都护府治辽东州。仪凤二年，授藏辽东都督，封朝鲜

郡王，还辽东，以安余民。徙安东都护府于新城。藏以永淳初

死，旧城往往入新罗，遗人散奔突厥、靺鞨。

《旧唐书》一九九上《东夷传·新罗传》（参《新唐书》二二〇

《东夷传·新罗传》、《唐会要》九五"新罗"条）略云：

太宗将亲伐高丽，诏新罗纂集士马，应接大军。新罗遣五万人

入高丽南界，攻水口城，降之。〔贞观〕二十一年，〔新罗王

金〕善德卒，立其妹真德为王。永徽元年，真德大破百济之

众。三年，真德卒，以春秋嗣，立为新罗王。六年，百济与高

丽、靺鞨率兵侵其北界，攻陷三十余城，春秋遣使上表求救。

显庆五年，命左武卫大将军苏定方为熊津道大总管，统水陆十

万。仍令春秋为嵎夷道行军总管，与定方讨平百济，俘其王扶

余义慈，献于阙下。龙朔元年，法敏袭王。咸亨五年，纳高丽

叛众，略百济地，守之。帝（高宗）怒，以其弟仁问为新罗

王，自京师归国，诏刘仁轨（等）发兵穷讨，破其众于七重

城。诏李谨行为安东镇抚大使，屯买肖城，三战，虏皆北，法

敏遣使入朝谢罪，仁问乃还。（自"龙朔元年"至"仁问乃

还"一节为新传之文。）自是新罗渐有高丽、百济之地，其界

益大，西至于海。

寅恪案：《唐会要》云："既尽有百济之地及高句丽南境，东西约

九百里，南北约一千八百里。"语较明悉。

《唐会要》九五"百济"条（参《旧唐书》一九九上《新唐书》

二二〇《百济传》）略云：

百济者，乃扶余之别种，当马韩之故地，大海之北，小海之

南，东北至新罗，西至越州，南渡海至倭国，与新罗世为仇雠。贞观十六年，与高丽通和，以绝新罗入朝之道。太宗亲征高丽，百济怀二，数年之间，朝贡遂绝。显庆五年八月十三日，左卫大将军苏定方讨平之，虏其王义慈及太子崇、将校五十八人送于京师。其国分为五部，统郡三十七，城二百，户七十六万。至是，以其地置熊津、马韩、东明、金涟、德安等五都督，各统州县，立其酋长为都督、刺史、县令，命左卫郎将王文度为都统，总兵以镇之。〔旧将〕福信与浮屠道琛反，迎故王子扶余丰于倭，立为王。龙朔元年〔刘〕仁轨发新罗兵往救，二年，〔刘〕仁愿遣刘仁轨破〔其众〕，丰走，不知所在，诸城皆复。帝（高宗）以扶余隆为熊津都督，俾归国，平新罗故憾，招还遗人。麟德二年，与新罗王会熊津，刑白马以盟。仁愿等还，隆畏众携散，亦归京师。（自"福信与浮屠道琛反"至"亦归京师"一节为新传之文。）

《册府元龟》九七一《外臣部·朝贡门》云：

〔开元二十四年〕六月，新罗王金兴光遣使贺献表曰："伏奉恩敕：浿江以南宜令新罗安置。臣生居海裔，沐化圣朝，虽丹素为心，而功无可效，以忠正为事，而劳不足赏。陛下降雨露之恩，发日月之诏，锡臣土境，广臣邑居，遂使垦辟有期，农桑得所，臣奉丝纶之旨，荷荣宠之深，粉骨糜身，无繇上答。"

九　蕃将与府兵

《贞观政要》二《纳谏篇》略云：

> 右仆射封德彝等，并欲中男十八以上，简点入军。敕三四出，〔魏〕征执奏，以为不可。德彝重奏："今见简点者云，次男内大有壮者。"太宗怒，乃出敕："中男以上，虽未十八，身形壮大，亦取。"征又不从，不肯署敕。征曰："且比年国家卫士，不堪攻战。岂为其少？但为礼遇失所，遂使人无斗心。"

《资治通鉴》一九二"武德九年十二月上遣使点兵"条胡《注》云：

> 唐制，民年十六为中男，十八始成丁，二十一为丁，充力役。

《新唐书》一一〇《诸夷蕃将传》略云：

> 史大奈，本西突厥特勒（勤）也。与处罗可汗入隋，事炀帝，从伐辽。后分其部于楼烦。高祖兴太原，大奈提其众隶麾下。桑显和战饮马泉，诸军却，大奈以劲骑数百，背击显和，破之。军遂振。从平长安，赐姓史。从秦王平薛举、王世充、窦建德、刘黑闼。
>
> 阿史那社尔，突厥处罗可汗之次子。〔贞观〕十四年，以交河道行军总管平高昌，封毕国公。从征辽东，所部奋厉，皆有功。二十一年，以昆丘道行军大总管与契苾何力、郭孝恪、杨弘礼、李海岸等五将军发铁勒十三部及突厥骑十万讨龟兹。
>
> 执失思力，突厥酋长也。及讨辽东，诏思力屯金山道，领突厥捍薛延陀。复从江夏王道宗破延陀余众，与平吐谷浑。
>
> 契苾何力，铁勒哥论易勿施莫贺可汗之孙。〔贞观〕九年，与李大亮、薛万彻、万均讨吐谷浑于赤水川。十四年，为葱山道

副大总管，与讨高昌，平之。永徽中，西突厥阿史那贺鲁叛。诏何力为弓月道大总管，率左武卫大将军梁建方，统秦、成、岐、雍及燕然都护回纥兵八万讨之。

黑齿常之，百济西部人。仪凤三年，从李敬玄、刘审礼击吐蕃。调露中，吐蕃使赞婆等入寇，屯良非川。常之引精骑三千夜袭其军，即拜河源道经略大使。凡莅军七年，吐蕃憺畏，不敢盗边。垂拱中，突厥复犯塞，常之率兵追击，至两井。贼夜遁。久之，为燕然道大总管，与李多祚、王九言等击突厥骨咄禄、元珍于黄花堆，破之。

李谨行，靺鞨人。父突地稽，部酋长也。隋末，率其属千余内附，居营州。刘黑闼叛，突地稽身到定州，上书秦王，请节度。以战功封耆国公，徙部居昌平。高开道以突厥兵攻幽州，突地稽邀击，败之。贞观初，赐氏李。

《旧唐书》一九八《吐谷浑传》略云：

贞观九年，诏特进李靖为西海道行军大总管，并突厥、契苾之众以击之。

同书同卷《高昌传》略云：

〔贞观十四年〕太宗乃命吏部尚书侯君集为交河道大总管，率左屯卫大将军薛万均及突厥、契苾之众，步骑数万众以击之。

同书一〇六《李林甫传》云：

国家武德、贞观以来，蕃将如阿史那社尔、契苾何力，忠孝有才略，亦不专委大将之任，多以重臣领使以制之。开元中，张嘉贞、王晙、张说、萧嵩、杜暹皆以节度使入知政事。林甫固位，志欲杜出将入相之源。尝奏曰："文士为将，怯当矢石，不如用寒族、蕃人，蕃人善战有勇，寒族即无党援。"帝以为然，乃用〔安〕思顺代林甫领〔朔方节度〕使。自是，高仙芝、哥舒翰皆专任大将。林甫利其不识文字，无入相由。然而禄山竟为乱阶，由专得大将之任故也。

《新唐书》五〇《兵志》略云：

唐之初起，得突厥马二千匹，又得隋马三千于赤岸泽，徙之陇右，监牧之制始于此。初，用太仆少卿张万岁领群牧。自贞观至麟德四十年间，马七十万六千。方其时，天下以一缣易一马。万岁掌马久，恩信行于陇右。自万岁失职，马政颇废。永隆中，夏州牧马之死失者十八万四千九百九十。开元初，国马益耗。太常少卿姜晦乃请以空名告身市马于六胡州，率三十匹酬一游击将军。命王毛仲领内外闲厩。毛仲既领闲厩，马稍稍复，始二十四万。至十三年，乃四十三万。其后突厥款塞，玄宗厚抚之。岁许朔方军西受降城为互市，以金帛市马，于河东、朔方、陇右牧之。既杂胡种，马乃益壮。议谓秦、汉以来，唐马最盛。〔天宝〕十三载，陇右群牧都使奏，马三十二万五千七百。安禄山以内外闲厩都使兼知楼烦监，阴选胜甲马归范阳，故其兵力倾天下。

《玉海》一三八《兵制门》"唐府兵"条引《唐会要》云：

关内置府二百六十一，精兵士二十六万，举关中之众以临四方。又置折冲府二百八十（此是贞观十年事），通计旧府六百三十三。河东道府额亚于关中。河北之地人多壮勇，故不置府。其诸道亦置。

同书同卷同门引《邺侯家传》云：

> 玄宗时，奚、契丹两蕃强盛，数寇河北诸州，不置府兵番上，
> 以备两蕃。

《二十五史补编》谷霁光著《唐折冲府考校补》论《邺侯家传》所
记文字有误云：

> 上引一段事实，多不可通解。如"不置府兵番上，以备两蕃"
> 一句，语意不相属，既谓之不置府兵，何云"番上"，更何云
> "备蕃"。此其一。两蕃入寇，与不置府兵文义亦自相违。此其
> 二。末又指出兵府总数，不记年代，易于混乱。此其三。综观
> 全传，不应致此。余疑"不"字乃"又"字之误。如将"不
> 置府兵"易为"又置府兵"，则文义连属，于史实亦不背谬。

《新唐书》三九《地理志·河北道》"幽州大都督府"条云：

> 有府十四，曰吕平、涿城、德闻、潞城、乐上、清化、洪源、
> 良乡、开福、政和、停骖、栝河、良杜、咸宁。

陆增祥《八琼室金石补正》四六《本愿寺僧庆善等造幢题名》（第
五面下载"长安三年乞留检校令裴琳记在获鹿本愿寺"）云：

> 应天神龙皇帝（中宗）顺天翊圣皇后（韦后）幢主昭武校尉
> 右屯卫前檀州密云府左果毅都尉上柱国孙义元。

《杨盈川集》六《后周明威将军梁公神道碑》云：

> 天授元年九月十六日加威武将军，守左玉钤卫翊善府折冲
> 都尉。

罗振玉《唐折冲府考补》云：

河北道怀州翊善（劳补）。

唐《李经墓志》："授怀州翊善府别将。"玉案：劳氏据杨炯撰《梁待宾神道碑》补此府，不知何属？据《志》，知属怀州。

《旧唐书》六《则天皇后纪》所云：

〔载初二年〕七月，徙关内雍、同等七州户数十万以实洛阳。

《唐会要》八四《移户门》云：

贞观元年，朝廷议户殷之处，听徙宽乡。陕州刺史崔善为上表曰："畿内之地是为户殷，丁壮之民悉入军府。若听移转，便出关外。此则虚近实远，非经通之义。"其事遂止。

《旧唐书》一〇三《郭知运传》略云：

郭知运，瓜州常乐人。初为秦州三度府果毅。

同书同卷《张守珪传》略云：

张守珪，陕州河北人也。初以战功授平乐府别将，再转幽州良社府果毅。

《金石萃编》九二《郭氏家庙碑》云：

敬之府君（郭子仪父）始自涪州录事参军，转瓜州司仓，雍北府右果毅，加游击将军，申王府典军，金谷府折冲。

碑阴：男。昭武校尉守绛州万泉府折冲都尉上柱国子琇，子仪武举及第，左卫长上，改河南府城皋府别将，又改同州兴德府右果毅，又改汝州鲁阳府折冲。

《旧唐书》九三《张仁愿传》云：

时，突厥默啜尽众西击突骑施娑葛，仁愿请乘虚夺取汉（应作"漠"）南之地，于河北筑三受降城，首尾相应，以绝其南寇

之路。仁愿表留年满镇兵以助其功。时，咸阳兵二百余人逃

归，仁愿尽擒之。

《唐大诏令集》七三《开元二十六年正月敕亲祀东郊德音》略云：

朕每念黎氓，弊于征戍。所以别遣召募，以实边军。锡其厚

赏，使令长住。今诸军所召，人数尚足。在于中夏，自能罢

兵。自今已后，诸军兵健并宜停遣。其见镇兵，并一切放还。

《新唐书》五〇《兵志》所云：

〔天宝〕八载，折冲诸府至无兵可交，李林甫遂请停上下鱼书。

其后徒有兵额、官吏，而戎器、驮马、锅幕、糗粮并废矣。

十　睿宗玄宗父子间之关系

《新唐书》一一六《陆元方附象先传》略云：

初，〔太平公主〕难作，睿宗御承天楼，群臣稍集，帝麾曰："助朕者留，不者去。"于是有投名自验者。事平，玄宗得所投名，诏象先收按，象先悉焚之。帝大怒，欲并加罪，顿首谢曰："赴君之难，忠也。故臣违命，安反侧者。"帝寤，善之。

《旧唐书》九七《郭元振传》略云：

景云二年，同中书门下三品。无几，转兵部尚书。太平公主潜谋不顺，睿宗登承天门，元振躬率兵侍卫之。玄宗于骊山讲武，坐军容不整，坐于纛下，将斩以徇，刘幽求、张说于马前谏，乃赦之，流于新州。

《新唐书》一二二《郭震传》略云：

郭震字元振，以字显。为通泉尉，百姓厌苦。武后知所为，召欲诘，既与语，奇之，索所为文章，上《宝剑篇》，后览嘉叹。

（参同文石印本《全唐诗》第一函第三册郭震《古剑篇》。）

《全唐诗》二〇函李商隐一《风雨》云：

凄凉宝剑篇，羁泊欲穷年。黄叶仍风雨，青楼自管弦。新知遭薄俗，旧好隔良缘。心断新丰酒，销愁又几千。

十一　科举制度及政治党派

王定保《唐摭言》一《述进士·上篇》云：

> 进士之科甲于贞观。

同书同卷"散序进士"条云：

> 进士科盛于贞观、永徽之际。

《通典》一五《选举典三》载沈既济之言略云：

> 初，国家自显庆以来，高宗圣躬多不康，而武太后任事，参决大政，与天子并。太后颇涉文史，好雕虫之艺。永隆中，始以文章选士，及永淳之后太后君临天下二十余年，当时公卿百辟无不以文章达，因循日久，浸以成风。至于开元、天宝之中，太平君子唯门调户选，征文射策，以取禄位，此行己立身之美者也。父教其子，兄教其弟，无所易业，大者登台阁，小者仕郡县，资身奉家，各得其足。五尺童子，耻不言文墨焉。其以进士为士林华选，四方观听，希其风采，每岁得第之人，不浃辰而周闻天下。故忠贤隽彦韫才毓行者，咸出于是，而桀奸无良者或有焉。故是非相陵，毁称相腾，或扇结钩党，私为盟歃，以取科第，而声名动天下；或钩摭隐匿，嘲为篇咏，以列于道路，迭为谈訾，无所不至焉。

《旧唐书》一一九《常衮传》云：

> 尤排摈非辞赋登科者。

同书同卷《崔祐甫传》云：

> 常衮当国，非以辞赋登科者，莫得进用。

同书四三《职官志》"翰林院"条略云：

> 玄宗即位，张说、张九龄等召入禁中，谓之翰林待诏。四方进

奏、中外表疏批答，或诏从中出。宸翰所挥，亦资其检讨，谓之视草，故尝简当代士人，以备顾问。至德已后，天下用兵，军国多务，深谋密诏，皆从中出。尤择名士，翰林学士得充选者，文士为荣。亦如中书舍人例，置学士六人，内择年深德重者一人为承旨，所以独承密命故也。德宗好文，尤难其选。贞元已后为学士承旨者，多至宰相焉。

《元氏长庆集》五一《翰林承旨学士记》略云：

> 宪宗章武孝皇帝以永贞元年即大位，始命郑公（郑纲）为承旨学士，位在诸学士上。十七年间由郑至杜（杜元颖）十一人，而九参大政。

《白氏长庆集》五九《李留守相公（李绛）见过池上泛舟举酒话及翰林旧事因成四韵以献之》诗（参考《容斋续笔》二"元和六学士"条）云：

> 同时六学士，五相一渔翁。

《唐语林》三《识鉴类》（参考《南部新书》丁）云：

> 陈夷行、郑覃请经术孤立者进用，〔李〕珏与〔杨〕嗣复论地胄词采者居先，每延英议政多异同，卒无成效，但寄之颊舌而已。

《白氏文集》六一《唐故虢州刺史赠礼部尚书崔公墓志铭（并序）》略云：

> 公讳玄亮，字晦叔。汉初始分为清河、博陵二祖，故其后称"博陵人"。公济源有田，洛下有宅，劝诲子弟，招邀宾朋，以山水琴酒自娱，有终焉之志。无何，又除虢州刺史。大和七年

七月十一日，遇疾薨于虢州廨舍。公之将终也，遗诫诸子，其书大略云："自天宝已还，山东士人皆改葬两京，利于便近。唯吾一族，至今不迁。我殁，宜归全于滏阳先茔，正首丘之义也。"夫人范阳卢氏先公而殁，以九年四月二十八日用大葬之礼，归窆于磁州昭义县磁邑乡北原。迁卢夫人而合祔焉。遵理命也。铭曰：

滏水之阳，鼓山之下。吉日吉土，载封载树。乌乎！博陵崔君之墓。

《国史补》中所载李德裕祖宗事迹云：

李栖者，燕代豪杰。常臂鹰携妓以猎，旁若无人。方伯为之前席，终不肯任。（寅恪案："任"疑当作"仕"。）栖生栖筠，为御史大夫，磊落可观，然其器不及父。栖筠生吉甫，任相国八年，柔而多智。公惭卿，卿惭长，近之矣。吉甫生德裕，为相十年，正拜太尉，清直无党。

《新唐书》一四六《李栖筠传》略云：

李栖筠世为赵人。始居汲共城山下。〔族子〕华固请举进士，俄擢高第。〔代宗〕引拜栖筠为〔御史〕大夫。比比欲召相，惮〔元〕载辄止。栖筠见帝猗违不断，亦内忧愤卒，年五十八。

李德裕自撰其妾徐氏墓志（洛阳出土）云：

余自宦达，常忧不永，树槚旧国，为终焉之计。

《旧唐书》一八上《武宗纪》"会昌四年十二月"条云：

〔李〕德裕曰："臣无名第，不合言进士之非。然臣祖（指李栖筠）天宝末（寅恪案：徐松《登科记考》七李栖筠为天宝七载进士。又权德舆言其父皋与栖筠'天宝中修词射策为同门生'。故'天宝末'疑当作'天宝中'）以仕进无他伎。（寅恪案：'伎'，《新唐书》四四《选举志上》作'岐'。'岐''岐'通用字。）勉强随计，一举登第。自后不于私家置文选，盖恶其祖尚浮华，不根艺实。"

《唐摭言》三"慈恩寺题名游赏赋咏杂记"条略云：

进士题名，自神龙之后。过关宴后，皆集会于慈恩塔下题名。会昌三年，赞皇公（李德裕）为上相，其年十二月中书覆奏："奉宣旨，不欲令及第进士呼有司为座主，趋附其门，兼题名局席等条，疏进来者。伏以国家设文学之科，求贞正之士，所宜行敦风俗，义本君亲，然后申于朝廷，必为国器。岂可怀赏拔之私惠，忘教化之根源，自谓门生，逐成胶固，所以时风浸薄，臣节何施，树党背公，靡不由此。臣等商量，今日以后，进士及第，任一度参见有司，向后不得聚集参谒，及于有司宅置宴。其曲江大会，朝官及题名局席并望勒停。"奉敕："宜依!"于是向之题名各尽削去。盖赞皇公不由科第，故设法以排之。洎公失意，悉复旧态。

《玉泉子》云：

李相德裕抑退浮薄，奖拔孤寒。于时朝贵朋党，德裕破之，由是结怨，而绝于附会，门无宾客。

《旧唐书》一八下《宣宗纪》"大中三年九月贬李德裕为崖州司户参军制"云：

诬贞良造朋党之名。

《通鉴》二三八"元和七年春正月辛未"条（《新唐书》一六二《许孟容传》附季同传同）载京兆少尹元义方为鄜坊观察使事略云：

> 义方入谢，因言"李绛私其同年许季同，除京兆少尹，出臣鄜坊"。明日，上（宪宗）以诘绛曰："人于同年固有情乎？"对曰："同年乃九州四海之人，偶同科第，或登科然后相识，情于何有？"

《旧唐书》一七七《韦保衡传》（《新唐书》一八四《路岩传》附《韦保衡传》同）云：

> 保衡恃恩权，素所不悦者，必加排斥。王铎贡举之师，萧遘同门生，以素薄其为人，皆摈斥之。

《白氏长庆集》一六《重题草堂东壁（七律）四首》之四云：

> 宦途自此心长别，世事从今口不言。岂止形骸同土木，兼将寿夭任乾坤。胸中壮气犹须遣，身外浮荣何足论。还有一条遗恨事，高家门馆未酬恩。

《独异志》下（参《唐语林》四《贤媛类》、《南部新书》己）云：

> 崔群为相，清名甚重，元和中，自中书舍人知贡举。既罢，夫人李氏尝劝其树庄田，以为子孙之计。笑答曰："余有三十所美庄良田，遍在天下，夫人何忧？"夫人曰："不闻君有此业。"群曰："吾前年放春榜三十人，岂非美田耶？"夫人曰："若然者，君非陆（贽）相门生乎？然往年君掌文柄，使人约其子简礼，不令就春闱之试，如以为良田，则陆氏一庄荒矣！"

群惭而退，累日不食。

《旧唐书》一七六《杨嗣复传》（《新唐书》一七四《杨嗣复传》不载同门结党之由，不及《旧传》之得其实；又，《旧唐书》一七六《李宗闵传》可与参证）云：

> 嗣复与牛僧孺、李宗闵皆权德舆贡举门生，情谊相得，取舍进退多与之同。

《旧唐书》一七七《杨收传》云：

> 杨收自言隋越公素之后。

> 论曰：门非世胄，位以艺升。

《新唐书》四四《选举志上》云：

> 其外，又有武举，盖其起于武后之时。长安二年，始置武举。其制，有长垛、马射、步射、平射、筒射，又有马枪、翘关、负重、身材之选。翘关，长丈七尺，径三寸半，凡十举后，手持关距，出处无过一尺；负重者，负米五斛，行二十步。皆为中第，亦以乡饮酒礼送兵部。

十二　李武韦杨集团

《新唐书》一九九《儒学中·柳冲传》附柳芳论氏族略云：

〔晋〕过江则为侨姓，王、谢、袁、萧为大。东南则为吴姓，朱、张、顾、陆为大。山东则为郡姓，王、崔、卢、李、郑为大。关中亦号郡姓，韦、裴、柳、薛、杨、杜首之。代北则为虏姓，元、长孙、宇文、于、陆、源、窦首之。山东之人质，故尚婚娅；江左之人文，故尚人物；关中之人雄，故尚冠冕；代北之人武，故尚贵戚。及其弊，则尚婚娅者，先外族，后本宗；尚人物者，进庶孽，退嫡长；尚冠冕者，略伉俪，慕荣华；尚贵戚者，徇势利，亡礼教。

《唐会要》三六《氏族门》"显庆四年九月五日诏改〔贞观〕《氏族志》为《姓〔氏〕录》"条云：

初，贞观《氏族志》称为详练，至是，许敬宗以其书不叙明皇后武氏本望，李义府又耻其家无名，乃奏改之。

《新唐书》九五《高俭传》略云：

〔太宗〕又诏后魏陇西李宝，太原王琼，荥阳郑温，范阳卢子迁（今本《唐会要》八三《嫁娶门》作"卢子选"，据《魏书》四三《北史》三〇《卢玄传》，玄子度世字子迁，然则今本《会要》"选"字误也。《通鉴》二〇〇"唐高宗显庆四年十月"条亦作"卢子迁"）、卢泽（《唐会要》八三《嫁娶门》"显庆四年十月"条均作"卢浑"）、卢辅，清河崔宗伯、崔元孙，前燕博陵崔懿，晋赵郡李楷，凡七姓十家，不得自为昏，纳币悉为归装，夫氏禁受陪门财。先是，后魏太和中，定四海望族，以宝等为冠。其后矜尚门地，故《氏族志》一切降之。王妃、主婿皆取当世勋贵名臣家，未尝尚山东旧族。后房玄龄、魏征、李勣复与昏，故望不减。然每姓第其房望，虽一姓中，高下县隔。李义府为子求昏不得，始奏禁焉。其后天下衰宗落谱，昭穆所不齿者，皆称"禁昏家"，益自贵，凡男女皆潜相聘娶，天子不能禁，世以为敝云。

《旧唐书》七八《张行成传》云：

太宗尝言及山东、关中人，意有同异。行成正侍宴，跪而奏曰："臣闻天子以四海为家，不当以东西为限；若如是，则示人以隘狭。"太宗善其言。

《新唐书》八〇《太宗诸子传》云：

曹王明母本巢王（即元吉）妃，帝宠之，欲立为后，魏征谏曰："陛下不可以辰嬴自累。"乃止。

《册府元龟》八六六《总录部·贵盛门》略云：

杨恭仁为雒州都督，从侄女为巢剌王妃。

《新唐书》八〇《郁林王恪传》云：

其母隋炀帝女，地亲望高，中外所向。帝（太宗）初以晋王（高宗）为太子，又欲立恪，长孙无忌固争。帝曰："公岂以非己甥邪？且儿英果类我，若保护舅氏，未可知。"无忌曰："晋王仁厚，守文之良主，且举棋不定则败，况储位乎？"帝乃止。故无忌常恶之。永徽中，房遗爱谋反，因遂诛恪，以绝天下望。

《唐会要》六《公主门》略云：

高宗女镇国太平降薛绍，后降武攸暨。中宗女新都降武延晖；

定安降王同皎，后降韦濯，三降崔铣；长宁降杨慎交，后降苏彦伯；永寿降韦鑏；永泰降武延基；安乐降武崇训，后降武延秀；成安降韦捷。

《旧唐书》五八《武士彟传论》云：

> 武士彟首参起义，例封功臣，无戡难之劳，有因人之迹。载窥他传，过为褒词。虑当武后之朝，佞出敬宗之笔，凡涉虚美，削而不书。

《太平广记》一三七《征应类》"武士彟"条云：

> 唐武士彟，太原文水县人。微时，与邑人许文宝以鬻材为事，常聚材木数万茎，一旦化为丛林，森茂，因致大富。士彟与文宝读书林下，自称为"厚材"，文宝自称"枯木"，私言必当大贵。及高祖起义兵，以铠胄从入关，故乡人云：士彟以鬻材之故，果逢构夏之秋。及士彟贵达，文宝依之，位终刺史（出《太原事迹》）。

《新唐书》二〇六《外戚传·武士彟传》（参《旧唐书》五八《武士彟传》及同书一八三《外戚传·武承嗣传》）略云：

> 武士彟字信，世殖赀，喜交结。高祖尝领屯汾、晋，休其家，因被顾接。后留守太原，引为行军司铠参军。兵起，士彟不与谋也。以大将军府铠曹参军从平京师。自言尝梦帝骑而上天。帝笑曰："尔故王威党也，以能罢系刘弘基等，其意可录，且尝礼我，故酬汝以官。今胡迂妄媚我邪？"
>
> 始，士彟娶相里氏，生子元庆、元爽。又娶杨氏，生三女。元女妻贺兰氏，早寡，季女妻郭氏，不显。士彟卒后，诸子事杨

不尽礼，衔之。〔武〕后立，封杨代国夫人，进为荣国，后姊韩国夫人。韩国有女在宫中，帝（高宗）尤爱幸。后欲并杀之，即导帝幸其母所，〔后兄子〕惟良等上食，后置堇焉，贺兰食之，暴死。后归罪惟良等，诛之，讽有司改姓"蝮氏"，绝属籍。元爽缘坐死，家属投岭外。后取贺兰敏之为士彟后，赐氏武，袭封。敏之韶秀自喜，烝于荣国，挟所爱，佻横多过失。荣国卒，后出珍币，建佛庐徼福，敏之干匿自用。司卫少卿杨思俭女选为太子妃，告婚期矣，敏之闻其美，强私焉。杨丧未毕，褫衰粗，奏音乐。太平公主往来外家，宫人从者，敏之悉逼乱之。后叠数怒，至此暴其恶，流雷州，表复故姓，道中自经死。乃还元爽之子承嗣，奉士彟后，宗属悉原。

《新唐书》一〇〇《杨执柔传》略云：

武后母，即恭仁叔父达之女。及临朝，武承嗣、攸宁相继用事。后曰："要欲我家及外氏常一人为宰相。"乃以执柔同中书门下三品。又以武后外家尊宠，凡尚主者三人，女为王妃五人。

《册府元龟》八五三《总录部·姻好门》云：

武士彟，武德中简较右厢宿卫，既丧妻，高祖谓士彟曰："朕自为卿更择嘉偶。"随曰："有纳言杨达英才冠绝，奕叶亲贤，今有女，志行贤明，可以辅德。"遂令桂杨公主与杨家作婚，主降敕结亲，庶事官给。

《旧唐书》五一《后妃上·高宗废皇后王氏传》略云：

高宗废后王氏，并州祁人也。父仁祐，贞观中罗山令。同安长公主即后之从祖母也。公主以后有美色，言于太宗，遂纳为晋王妃。永徽初，立为皇后。母柳氏求巫祝厌胜，事发，帝大怒，断柳氏不许入宫中，后舅中书令柳奭罢知政事，并将废后，长孙无忌、褚遂良等固谏，乃止。俄又纳李义府之策，永徽六年十月，废后及萧良娣皆为庶人。武后令人杖庶人及萧氏各一百，截去手足，投于酒瓮中，数日而卒。后则天频见王、萧二庶人披发沥血，如死时状，武后恶之，祷以巫祝，又移居蓬莱宫，复见，故多在东都。

《新唐书》八一《燕王忠传》略云：

帝（高宗）始为太子而忠生。永徽初，拜雍州牧。王皇后无子，后舅柳奭说后，以忠母〔后宫刘氏〕微，立之必亲己，后然之，请于帝；又奭与褚遂良、韩瑗、长孙无忌、于志宁等继请，遂立为皇太子。后废，武后子弘甫三岁，许敬宗希后旨，建言："国有正嫡，太子宜同汉刘彊故事。"帝召敬宗曰："立嫡若何？"对曰："东宫所出微，今知有正嫡，不自安；窃位而不自安，非社稷计。"于是，降封梁王，〔后〕废为庶人，囚黔州承乾故宅。麟德初，宦者王伏胜得罪于武后，敬宗乃诬忠及上官仪与伏胜谋反，赐死。

《册府元龟》三二七《宰辅部·谏诤门》（参《旧唐书》八〇《新唐书》一〇五《褚遂良传》）略云：

〔唐高宗永徽〕六年，高宗将废王皇后，帝退朝后，于别殿召太尉长孙无忌、司空李勣、左仆射于志宁及〔褚〕遂良，勣称疾不至。无忌等将入，遂良曰："今者多议中宫事，遂良欲谏何如？"无忌曰："公但极言，无忌请继焉。"及入，高宗难发于言，再三顾谓无忌曰："莫大之罪无过绝嗣，皇后无子，今当废，立武士彟女如何？"遂良进曰："皇后是先帝为陛下所娶，伏奉先帝，无愆妇德。先帝不豫，亲执陛下手，以语臣曰：'我好儿好新妇今以付卿。'陛下亲承德音，言犹在耳，皇后自此未闻有愆失，恐不可废。"帝不悦而罢。翌日，又言之，遂良曰："陛下必欲易皇后，伏请妙择天下令族，何必要在武氏？且武昭仪经事先帝，众所共知，陛下岂可蔽天下耳目，伏愿再三思审。"帝大怒，命引出之。昭仪在帘中大言曰："何不扑杀之。"

《旧唐书》八〇《韩瑗传》略云：

韩瑗，雍州三原人也。〔永徽〕四年，与来济皆同中书门下三品。六年，迁侍中。时高宗欲废王皇后，瑗涕泣谏，帝不纳。尚书左仆射褚遂良以忤旨左授潭州都督，瑗复上疏理之，帝竟不纳。显庆二年，许敬宗、李义府希皇后之旨，诬奏瑗与褚遂良潜谋不轨，左授瑗振州刺史，四年，卒官。

同书同卷《来济传》略云：

来济，扬州江都人。永徽二年，拜中书侍郎。四年，同中书门下三品。六年，迁中书令、检校吏部尚书。时高宗欲立昭仪武氏为宸妃，济密表谏。武皇后既立，济等惧不自安，后乃抗表称济忠公，请加赏慰，而心实恶之。〔显庆〕二年，许敬宗等奏济与褚遂良朋党构扇，左授台州刺史。五年，徙庭州刺史。龙朔二年，突厥入寇，济总兵拒之，谓其众曰："吾尝挂刑网，蒙赦性命，当以身塞责。"遂不释甲胄赴贼，没于阵。

同书同卷《上官仪传》略云：

> 上官仪，本陕州陕人也。父弘，隋江都宫副监，因家于江都。龙朔二年，为西台侍郎、同东西台三品。麟德元年，宦者王伏胜与梁王忠抵罪，许敬宗乃构仪与忠通谋，遂下狱而死。

《册府元龟》三三六《宰辅部·依违门》云：

> 唐李勣为太尉，高宗欲废王皇后，立武昭仪，韩瑗、来济谏，皆不纳。勣密奏曰："此是陛下家事，何须问外人。"意乃定。

《旧唐书》七七《崔义玄传》略云：

> 崔义玄，贝州武城人也。高宗之立皇后武氏，义玄协赞其谋。

同书八二《许敬宗传》略云：

> 许敬宗，杭州新城人，隋礼部侍郎善心子也。高宗将废皇后王氏而立武昭仪，敬宗特赞成其计。

同书同卷《李义府传》略云：

> 李义府，瀛州饶阳人也。其祖为梓州射洪县丞，因家于永泰。高宗将立武昭仪为皇后，义府尝密申协赞。

同书六《则天皇后纪》云：

> 则天皇后武氏讳曌，并州文水人也。父士彠，隋大业末为鹰扬府队正。高祖行军于汾、晋，每休止其家。义旗初起，从平京城。贞观中，累迁工部尚书、荆州都督，封应国公。初，则天年十四，时太宗闻其美容止，召入宫，立为才人。及太宗崩，遂为尼，居感业寺。大帝于寺见之，复召入宫，拜昭仪。时皇后王氏、良娣萧氏频与武昭仪争宠，互谗毁之，帝皆不纳，进

号宸妃。永徽六年，废王皇后而立武宸妃为皇后。高宗称"天皇"，武后亦称"天后"。后素多智计，兼涉文史。帝自显庆已后，多苦风疾，百司表奏皆委天后详决。自此内辅国政数十年，威势与帝无异，当时称为"二圣"。

《资治通鉴》二〇〇"唐高宗永徽六年冬十月乙卯"条云：

百官上表请立中宫，乃下诏曰："武氏门著勋庸，地华缨黻，往以才行选入后庭。朕昔在储贰，特荷先慈，常得侍从，弗离朝夕，宫壶之内，恒自饬躬，嫔嫱之间，未曾近目，圣情鉴悉，每垂赏叹，遂以武氏赐朕，事同政君。可立为皇后。"

《李义山文集》四《纪宜都内人事》云：

武后篡既久，颇放纵，耽内习，不敬宗庙，四方日有叛逆，防豫不暇。宜都内人以唾壶进，思有以谏。后坐帷下，倚檀机，与语。问四方事，宜都内人曰："大家知古女卑于男耶？"后曰："知。"内人曰："古有女娲，亦不正是天子，佐伏羲理九州耳。后世娘姥有越出房阁断天下事者，皆不得其正，多是辅昏主，不然，抱小儿。独大家革天姓，改去钗钏，袭服冠冕，符瑞日至，大臣不敢动，真天子也。（中略）大家始今日能屏去男妾，独立天下，则阳之刚亢明烈可有矣。如是过万万世，男子益削，女子益专，妾之愿在此。"后虽不能尽用，然即日下令诛作明堂者。（寅恪案：此指薛怀义。）

《旧唐书》七八《张行成传》附易之传云：

天后令选美少年为左右奉宸供奉。右补阙朱敬则谏曰："臣闻志不可满，乐不可极。嗜欲之情，愚智皆同，贤者能节之不使过度，则前圣格言也。陛下内宠，已有薛怀义、张易之、昌宗，固应足矣。近闻尚舍奉御柳模自言子良宾洁白美须眉，左监门卫长史侯详云阳道壮伟，过于薛怀义，专欲自进，堪奉宸内供奉。无礼无仪，溢于朝听。臣愚职在谏诤，不敢不奏。"则天劳之曰："非卿直言，朕不知此。"赐彩百段。

《旧唐书》六《则天皇后纪》云：

圣历二年七月，上以春秋高，虑皇太子、相王与梁王武三思、定王武攸宁等不协，令立誓文于明堂。

《大唐新语》一《匡赞篇》略云：

〔吉〕项曰："水土各一盆，有竞乎？"则天曰："无。"项曰："和之为泥，有竞乎？"则天曰："无。"项曰："分泥为佛，为天尊，有竞乎？"则天曰："有。"项曰："臣亦以为有。窃以皇族、外戚各有区分，岂不两安全耶？今陛下贵贱是非于其间，则居必竞之地。今皇太子万福，而三思等久已封建，陛下何以和之？臣知两不安矣。"项与张昌宗同供奉控鹤府，昌宗以贵宠，惧不全，计于项。项曰："天下思唐德久矣，主上春秋高，武氏诸王殊非所属意，公何不从容请复相王、庐陵，以慰生人之望？"昌宗乃乘间屡言之。几一岁，则天意乃易，既知项之谋，乃召项问。项对曰："庐陵、相王皆陛下子，高宗初顾托于陛下，当有所注意。"乃迎中宗。其兴复唐室，项有力焉。睿宗登极，下诏曰："曩时王命中圮，人谋未辑，首陈反正之议，克创祈天之业，永怀忠烈，宁忘厥勋，可赠御史大夫。"

《新唐书》一一五《狄仁杰传》（参《旧唐书》八九《狄仁杰传》、《新唐书》一二〇《张柬之传》）略云：

> 张易之尝从容问自安计，仁杰曰："惟劝迎庐陵王可以免祸。"会后欲以武三思为太子，以问宰相，众莫敢对。仁杰曰："臣观天人，未厌唐德。今欲继统，非庐陵王莫可。"后怒，罢议。久之，召谓曰："朕数梦双陆不胜，何也？"于是，仁杰与王方庆俱在，二人同辞对曰："双陆不胜，无子也。天其意者以儆陛下乎？且太子，天下本，本一摇，天下危矣。文皇帝身蹈锋镝，勤劳而有天下，传之子孙。先帝寝疾，诏陛下监国。陛下掩神器而取之，十有余年，又欲以三思为后。且姑侄与母子孰亲？陛下立庐陵王，则千秋万岁后常享宗庙，三思立，庙不祔姑。"后感悟，即日遣徐彦伯迎庐陵王于房州。王至，后匿王帐中，召见仁杰，语庐陵事。仁杰敷请切至，涕下不能止。后乃使王出曰："还尔太子。"仁杰降拜顿首曰："太子归，未有知者，人言纷纷，何所信？"后然之，更令太子舍龙门，具礼迎还，中外大悦。初，吉顼、李昭德数请还太子，而后意不回，唯仁杰每以母子天性为言，后虽忮忍，不能无感，故卒复唐嗣。仁杰所荐进，若张柬之、桓彦范、敬晖、姚崇等，皆为中兴名臣。

《旧唐书》九一《桓彦范传》（《新唐书》一二〇《桓彦范传》同，并参《旧唐书》一八七上《新唐书》一九一《忠义传·王同皎传》）略云：

> 〔张〕柬之遽引彦范及〔敬〕晖并为左右羽林将军，委以禁

兵，共图其事。时皇太子每于北门起居，彦范与晖因得谒见，密陈其计，太子从之。神龙元年正月，彦范与敬晖及左羽林将军李湛、李多祚，右羽林将军杨元琰，左威卫将军薛思行等，率左右羽林兵及千骑五百余人，讨〔张〕易之、昌宗于宫中，令李湛、李多祚就东宫迎皇太子。兵至玄武门，彦范等奉太子斩关而入。时则天在迎仙宫之集仙殿。斩易之、昌宗于廊下。明日，太子即位。

《旧唐书》一〇九《李多祚传》（《新唐书》一一〇《李多祚传》同）略云：

李多祚，代为靺鞨酋长。少以军功历位右羽林军大将军，前后掌禁兵，北门宿卫二十余年。神龙初，张柬之将诛张易之兄弟，引多祚将筹其事，谓曰："将军在北门几年？"曰："三十年矣。"柬之曰："将军位极武臣，岂非大帝之恩乎？"曰："然。"又曰："既感大帝殊泽，能有报乎？大帝之子见在东宫，逆竖张易之兄弟擅权，朝夕危逼。诚能报恩，正属今日。"多祚曰："苟缘王室，唯相公所使。"遂与柬之等定谋诛易之兄弟。

《旧唐书》一八六上《酷吏传·吉顼传》略云：

初，中宗未立为皇太子时，〔张〕易之、昌宗尝密问顼自安之策，顼云："公兄弟承恩既深，非有大功于天下，则不全矣。今天下士庶咸思李家，庐陵既在房州，相王又在幽闭，主上春秋既高，须有付托。武氏诸王，殊非属意。明公若能从容请建立庐陵及相王，以副生人之望，岂止转祸为福，必长享茅土之重矣。"易之然其言，遂承间奏请。则天知项首谋，召而问之。项曰："庐陵王及相王，皆陛下之子，先帝顾托于陛下，当有主意，唯陛下裁之。"则天意乃定。项既得罪，时无知者。睿宗即位，左右发明其事，乃下制赠左御史台大夫。

《资治通鉴》二一六"玄宗天宝九载十月"条（参《新唐书》一〇四《张行成传》附易之传）云：

楊钊，张易之之甥也，奏乞昭雪易之兄弟。庚辰，制引易之兄弟迎中宗于房陵之功，复其官爵，仍赐一子官。钊以图谶有金刀，请更名。上赐名国忠。

同书二〇八"唐中宗神龙元年五月以侍中敬晖为平阳王"条《考异》云：

《统纪》曰："太后善自粉饰，虽子孙在侧，不觉其衰老。及在上阳宫，不复栉颒，形容羸悴。上入见，大惊。太后泣曰：'我自房陵迎汝来，固以天下授汝矣，而五贼贪功，惊我至此。'上悲泣不自胜，伏地拜谢死罪。由是三思等得入其谋。"按：中宗顽鄙不仁，太后虽毁容涕泣，未必能感动移其意，其所以疏忌五王，自用韦后、三思之言耳。今不取。

《李相国论事集》六上"言须惜官"条（参《新唐书》一五二《李绛传》）云：

天后朝命官猥多，当时有"车载斗量"之语，及开元中，致朝廷赫赫有名望事绩者，多是天后所进之人。

《旧唐书》一三九《陆贽传》（参《陆宣公奏议》）略云：

贽论奏曰："往者则天太后践祚临朝，欲收人心，尤务拔擢，弘委任之意，开汲引之门，进用不疑，求访无倦，非但人得荐士，亦许自举其才。所荐必行，所举辄试，其于选士之道，岂不伤于容易哉！而课责既严，进退皆速，不肖者旋黜，才能者骤升，是以当代谓知人之明，累朝赖多士之用。此乃近于求才贵广，考课贵精之效也。"

《新唐书》一二四《姚崇传》（参《旧唐书》九六《姚崇传》）略云：

张易之私有请于崇，崇不纳，易之谮于〔武〕后，降司仆卿，犹同凤阁鸾台三品。出为灵武道大总管。张柬之等谋诛二张（易之、昌宗），崇适自屯所还，遂参计议。以功封梁县侯。后迁上阳宫，中宗率百官起居，王公更相庆，崇独流涕。柬之等曰："今岂涕泣时邪？恐公祸由此始。"崇曰："比与讨逆，不足以语功。然事天后久，违旧主而泣，人臣终节也，由此获罪，甘心焉。"俄为亳州刺史。后五王被害，而崇独免。张说以素憾，讽赵彦昭劾崇。及当国，说惧，潜诣岐王〔范〕申款。崇它日朝，众趋出，崇曳踵为有疾状。帝（玄宗）召问之，对曰："臣损足。"曰："无甚痛乎？"曰："臣心有忧，痛不在足。"问以故，曰："岐王陛下爱弟，张说辅臣，而密乘车出入王家，恐为所误，故忧之。"于是出说相州。

《旧唐书》五一《后妃传上·中宗韦庶人传》（《新唐书》七六《后妃传上·韦皇后传》同，并参考《旧唐书》一八三《新唐书》二〇六《外戚传·韦温传》）略云：

时侍中敬晖谋去诸武，武三思患之，乃结上官氏以为援，因得幸于后，潜入宫中谋议。于是三思骄横用事，敬晖、王同皎相次夷灭，天下咸归咎于后。帝（中宗）遇毒暴崩，后惧，秘不发丧，定策立温王重茂为皇太子，召诸府兵五万人屯京域，分为左右营，然后发丧。少帝即位，尊后为皇太后，临朝摄政。韦温总知内外兵马，守援宫掖；驸马韦捷、韦濯分掌左右屯营；武延秀及温从子播、族弟璿、外甥高崇共典左右羽林军及飞骑、万骑。播、璿欲先树威严，拜官日先鞭万骑数人，众皆怨，不为之用。临淄王（玄宗）率薛崇简、锺绍京、刘幽求领万骑入自玄武门，至左羽林军，斩将军韦璿、韦播及中郎将高崇于寝帐。遂斩关而入，至太极殿。后惶骇遁入殿前飞骑营。为乱兵所杀。

同书八六《节愍太子重俊传》（《新唐书》八一《节愍太子重俊传》同）略云：

时武三思得幸中宫，深忌重俊。三思子崇训尚安乐公主，常教公主凌忽重俊，以其非韦氏所生，常呼之为"奴"。或劝公主请废重俊为王，自立为皇太女，重俊不胜忿恨。〔神龙〕三年七月，〔重俊〕率左羽林大将军李多祚等矫制发左右羽林兵及千骑三百余人，杀〔武〕三思及〔武〕崇训于其第。又令左金吾大将军成王千里分兵守宫城诸门，自率兵趋肃章门，斩关而入，求韦庶人及安乐公主所在。韦庶人及安乐公主遽拥帝（中宗）驰赴玄武门楼，召左羽林将军刘仁景等，令率留军飞骑及百余人于楼下列守。俄而多祚等兵至，欲突玄武门楼，宿卫者拒之，不得进。帝据槛呼多祚等所将千骑，谓曰："汝等并是我爪牙，何故作逆？若能归顺，斩多祚等，与汝富贵。"

于是千骑王欢喜等倒戈，斩多祚等于楼下，余党遂溃散。

《新唐书》八三《诸公主传》略云：

安乐公主，〔中宗〕最幼女。〔韦后所生，〕后尤爱之。下嫁武
崇训。帝（中宗）复位，光艳动天下，侯王柄臣多出其门。请
为皇太女，左仆射魏元忠谏不可。主曰："元忠，山东木强，
乌足论国事？阿武子尚为天子，天子女有不可乎？"崇训死。
主素与武延秀乱，即嫁之。临淄王（玄宗）诛〔韦〕庶人，
主方览镜作眉，闻乱，走至右延明门，兵及，斩其首。

又略云：

太平公主，则天皇后所生。帝（高宗）择薛绍尚之。绍死，更
嫁武承嗣，会承嗣小疾，罢婚。后杀武攸暨妻，以配主。韦
后、上官昭容用事，自以谋出主下远甚，惮之。玄宗将诛韦
氏，主与秘计，遣子崇简从。事定，将立相王，未有以发其端
者。主乃入见〔温〕王曰："天下事归相王（睿宗），此非儿
所坐。"乃掖王下，取乘舆服进睿宗。睿宗即位，主权由此震
天下。玄宗以太子监国，使宋王（宪）、岐王（范）总禁兵。
主恚权分，乘辇至光范门，召宰相，白废太子。时宰相七人，
五出主门下。又左羽林大将军常元楷、知羽林军李慈皆私谒
主。主内忌太子明，又宰相皆其党，乃有逆谋。太子得其奸，
前一日，率高力士叩虔化门，枭元楷、慈于北阙下，执〔宰相
岑〕羲、〔萧〕至忠至朝堂，斩之。主闻变，亡入南山，三日
乃出，赐死于第。

《旧唐书》八《玄宗纪上》（《新唐书》五《玄宗纪》及《通鉴》

〔唐隆元年六月〕庚子夜，〔上〕率〔刘〕幽求等数十人自苑南入，总监锺绍京又率丁匠百余以从。分遣万骑往玄武门，杀羽林将军韦播、高嵩，持首而至，众欢叫大集。攻白兽、玄德等门，斩关而进，左万骑自左入，右万骑自右入，合于凌烟殿前。时太极殿前有宿卫梓官万骑，闻噪声，皆披甲应之。韦庶人惶惑走入飞骑营，为乱兵所害。

同书一〇六《王毛仲传》（《新唐书》一二一《王毛仲传》同）云：

初太宗贞观中择官户蕃口中少年骁勇者百人，每出游猎，令持弓矢于御马前射生。令骑豹文鞯，着画兽文衫，谓之"百骑"。至则天时渐加其人，谓之"千骑"，分隶左右羽林营。孝和谓之"万骑"，亦置使以领之。玄宗在藩邸时，常接其豪俊者，或赐饮食财帛，以此尽归心焉。毛仲亦悟玄宗之旨，待之甚谨，玄宗益怜其敏慧。及〔景龙〕四年六月，中宗遇弑，韦后称制，令韦播、高嵩为羽林将军，令押千骑营（寅恪案：《通鉴》"千"作"万"，是。盖中宗已改千骑为万骑矣，温公之精密有如是者），榜棰以取威。其营长葛福顺、陈玄礼等相与见玄宗诉冤。会玄宗已与刘幽求、麻嗣宗、薛崇简等谋举大计，相顾益欢，令幽求讽之，皆愿决死从命。及二十日夜，玄宗入苑中。乙夜，福顺等至，玄宗曰："与公等除大逆，安社稷，各取富贵，在于俄顷，何以取信？"福顺等请号而行，斯须斩韦播、韦璿、高嵩等头来，玄宗举火视之。又召锺绍京领总监丁匠刀锯百人至，因斩关而入，后及安乐公主等皆为乱兵所杀。

同书一八四《宦官传·高力士传》略云：

> 内官高延福收为假子，延福出自武三思家，力士遂往来三思第。则天召入禁中。

同书一○六《李林甫传》略云：

> 武惠妃爱倾后宫，二子寿王、盛王以母爱特见宠异，太子瑛益疏薄。林甫多与中贵人善，乃因中官干惠妃云："愿保护寿王。"惠妃德之。初，侍中裴光庭妻武三思女，诡谲有材略，与林甫私。中官高力士本出三思家，及光庭卒，武氏衔哀，祈于力士，请林甫代其夫位，力士未敢言。玄宗使中书令萧嵩择相，嵩久之以右丞韩休对，玄宗然之，乃令草诏。力士遽漏于武氏，乃令林甫白休。休既入相，甚德林甫，与嵩不和，乃荐林甫堪为宰相，惠妃阴助之，因拜黄门侍郎。〔开元二十三年〕为礼部尚书、同中书门下三品。

《唐会要》三《皇后门》（参《通鉴》二一三"开元十四年上欲以武惠妃为皇后"条《考异》）略云：

> 〔玄宗贞顺〕皇后武氏，恒安王攸止女。攸止卒后，后尚幼，随例入宫。及王皇后废，赐号惠妃，宫中礼秩一同皇后。初，〔开元〕十四年四月，侍御史潘好礼闻上欲以惠妃为皇后，进疏谏曰："臣闻《礼记》曰：'父母之仇，不共戴天。'《公羊传》曰：'子不复父仇，不子也。'陛下岂得欲以武氏为国母，当何以见天下之人乎？不亦取笑于天下乎？又，惠妃再从叔三思、从父延秀等，并干乱朝纲，递窥神器，豺狼同穴，枭獍同

林。至如恶木垂阴，志士不息，盗泉飞液，正夫莫饮，良有旨哉。伏愿陛下慎择华族之女，必在礼义之家。且惠妃本是左右执巾栉者也，不当参立之。又见人间盛言，尚书左丞相张说自被停知政事之后，每谄附惠妃，诱荡上心，欲取立后之功，更图入相之计。且太子本非惠妃所生，惠妃复自有子，若惠妃一登宸极，则储位实恐不安。臣职参宪府，感激怀愤，陛下留神省察。"（苏冕驳曰：此表非潘好礼所作。且好礼先天元年为侍御史，开元十二年为温州刺史致仕。表是十四年献，而云"职参宪府"，若题年恐错，即武惠妃先天元年始年十四，王皇后有宠未衰，张说又未为右丞相，竟未知此表是谁献之。）

《旧唐书》五二《后妃传下·玄宗元献皇后传》（参《次柳氏旧闻》中第一事）略云：

玄宗元献皇后杨氏，弘农华阴人。曾祖士达，天授中以则天母族，追封士达为郑王。后景云元年八月选入太子宫。时太平公主用事，尤忌东宫。宫中左右持两端，而潜附太平者，必阴伺察，事虽纤芥，皆闻于上，太子心不自安。后时方娠，太子密谓张说曰："用事者不欲吾多息胤，恐祸及此妇人，其如之何？"密令说去胎药而入。太子于曲室躬自煮药，醺然似寐，梦神人覆鼎。既寤如梦，如是者三。太子异之，告说。说曰："天命也，无宜他虑。"既而太平诛，后果生肃宗。开元中，肃宗为忠王，后为妃，又生宁亲公主。张说以旧恩特承宠异，说亦奇忠王仪表，必知运历所钟，故宁亲公主降说子坰。开元十七年后薨。

《新唐书》七六《后妃传上·杨贵妃传》（参《旧唐书》五一《后妃传上·玄宗杨贵妃传》）略云：

> 玄宗贵妃杨氏，隋梁郡通守汪四世孙。徙籍蒲州，遂为永乐人。始为寿王妃。开元二十四（寅恪案："四"应作"五"，详见拙著《元白诗笺证稿·长恨歌章》）年，武惠妃薨，后廷无当帝意者。或言妃资质天挺，宜充掖廷，遂召内禁中，异之，即为自出妃意者，丐籍女官，号"太真"，更为寿王聘韦昭训女，而太真得幸，遂专房宴，宫中号"娘子"，仪体与皇后等。天宝初，进册贵妃。

《白氏长庆集》一二《长恨歌传》略云：

> 玄宗在位岁久，倦于旰食宵衣，政无小大始委于右丞相（李林甫），深居游宴，以声色自娱。先是，元献皇后、武淑妃（即武惠妃）皆有宠，相次即世，宫中虽良家子千数，无可悦目者，上心忽忽不乐。（中略）诏高力士潜搜外宫，得弘农杨玄琰女于寿邸。

《杨太真外传上》（参拙著《元白诗笺证稿·长恨歌章》）云：

> 开元二十二年十一月〔杨妃〕归于寿邸。二十八年十月玄宗幸温泉宫，使高力士取杨氏女于寿邸，度为女道士，号"太真"，住内太真宫。天宝四载七月，册左卫中郎将韦昭训女配寿邸。是月于凤凰园册太真宫女道士杨氏为贵妃。

《新唐书》七一下《宰相世系表》"杨氏"条云：

> 太尉震，子奉，八世孙结，二子：珍、继。至顺，徙居河中永乐。

十三　安史之乱

姚汝能《安禄山事迹》上略云：

> 安禄山，营州杂种胡也，小名轧荦山，母阿史德氏，为突厥巫，无子，祷轧荦山，神应而生焉。其母以为神，遂命名轧荦山。（突厥呼斗战神为"轧荦山"。）少孤，随母在突厥中，母后嫁胡将军安波注兄延偃。开元初，延偃族落破，胡将军安道买男孝节并波注男思顺文贞俱逃出突厥中，道买次男贞节为岚州别驾收之。禄山年十余岁，贞节与其兄孝节相携而至，遂与禄山及思顺并为兄弟，乃冒姓安氏，（郭汾阳《请雪安思顺表》云："本姓康。"亦不具本末。）名禄山焉。解九蕃语，为诸蕃互市牙郎。

巴黎国民图书馆藏敦煌写本伯希和三五五九号背面天宝十载丁籍：

康氏	羯师范	者羯	羯师忿	羯槎
安氏	胡数芬	沙厄		
米氏	褐厄			
石氏	阿禄山	羯槎		
罗氏	阿了黑山	特勤		
何氏	莫贺咄			

《史通·邑里篇》自注云：

> 今西域胡人多有姓明及卑者，如加五等爵，或称"平原公"，或号"东平子"，为明氏出于平原，卑氏出于东平故也。

寅恪案：唐霍山祈雨碑文，称安禄山为"长乐公"，盖长乐乃敦煌旧名（见《魏书·地形志》），而以安氏出于敦煌，如刘知几所言明氏称"平原公"之例也。

《唐会要》六一《御史台》中"弹劾"条有：

> 永徽元年十月二十四日，中书令褚遂良抑买中书译语人史诃担宅。

《旧唐书》一〇《肃宗纪》云：

> 是日（天宝十五载七月甲子），御灵武南门，下《制》曰："乃者羯胡乱常，京阙失守。"（参同书一二〇《郭子仪传》"建中二年诏"。）

《旧唐书》一〇四《封常清传》略云：

> 〔临终时表曰〕昨者与羯胡接战。（参考《颜鲁公集》六《康金吾碑》。）

《玄奘西域记》一"飒秣建国（即康国）"条云：

> 兵马强盛，多诸赭羯。赭羯之人，其性勇烈，视死如归。

《新唐书》二二一下《西域传·康国传》云：

> 本月氏人，始居祁连山昭武城，为突厥（寅恪案："突厥"应作"匈奴"，《唐会要》九九"康国"条云："其人土著役属于突厥，先居祁连之北昭武城，为匈奴所破。"宋子京盖涉上文突厥之语致误也）所破，稍南依葱岭，即有其地。枝庶分王：曰安，曰曹，曰石，曰米，曰何，曰火寻，曰戊地，曰史，世谓九姓，皆氏昭武。

《新唐书》二二一下《安国传》云：

> 募勇健者为柘羯。柘羯，犹中国言战士也。（寅恪案：上引《西域记》之文有"赭羯之人"一语，然则赭羯乃种族之名，此云"犹中国言战士"，若非宋景文误会，即后来由专名引申

为公名耳。）

《新唐书》二二一下《石国传》云：

> 石，或曰柘支，曰柘折，曰赭时。

《安禄山事迹》上略云：

> 〔禄山〕养同罗及降奚、契丹曳落河（原注：蕃人健儿为曳落河）八千余人为假子，又畜单于、护真大马习战斗者数万匹，牛羊五万余头，总〔平卢、范阳、河东〕三道以节制。潜于诸道，商胡兴贩，每岁输异方珍货计百万数，将为叛逆之资，已八九年矣。

> 〔天宝〕十一载三月，禄山引蕃奚步骑二十万直入契丹以报去秋之役。朔方节度副使奉信王阿布思率同罗数万以会之，布思与禄山不协，遂拥众归漠北。（寅恪案：同书同卷"同罗阿布思等"句下原注云：阿布思，九姓首领也。开元初为默啜所破，请降附。天宝元年朝京师，玄宗甚礼焉。布思美容貌，多才略，代为蕃首，禄山恃宠，布思不为之下。禄山因请为将，共讨契丹。虑其见害，乃率其部以叛。后为回鹘所破，禄山诱其部落降之，自是禄山精兵无敌于天下。）

> 十四载五月，禄山遣副将何千年请以蕃将三十二人以代汉将，宰相杨国忠、韦见素相谓曰："流言禄山蓄不臣之心，今又请蕃将以代汉将，其反明矣。"

同书下略云：

> 〔高〕鞠仁令范阳城中杀胡者重赏，于是羯胡尽殪，高鼻类胡而滥死者甚众。

《新唐书》二二五上《逆臣传·史思明传》云：

> 史思明，宁夷州突厥种，与安禄山共乡里，通六蕃译，亦为互市郎。

《旧唐书》二〇〇《史思明传》云：

> 史思明，宁夷州突厥杂种胡人也。

同书一八五下《良吏传·宋庆礼传》（《新唐书》一三〇《宋庆礼传》同）略云：

> 初，营州都督府置在柳城，控带奚、契丹。则天时，都督赵文翙政理乖方，两蕃反叛，攻陷州城。其后移于幽州东二百里渔阳城安置。开元五年，奚、契丹各款塞归附，玄宗欲复营州于旧城，乃诏庆礼等更于柳州筑营州城。俄拜庆礼御史中丞兼检校营州都督，开屯田八十余所，追拔幽州及渔阳、淄青等户，并招辑商胡，为立店肆。

《新唐书》二二五上《安禄山传》略云：

> 凡降蕃夷皆接以恩，禄山通夷语，躬自尉抚，皆释俘囚为战士，故其下乐输死，所战无前。

又云：

> 广平王东讨，回纥叶护以兵从。〔张〕通儒等哀兵十万阵长安中，贼皆奚，素畏回纥，既合，惊且嚣。大败，王师入长安。

《旧唐书》一二〇《郭子仪传》略云：

> 〔天宝十五载〕七月，肃宗即位，以贼据两京，方谋收复，诏子仪班师。八月，子仪与李光弼率步骑五万至自河北，时朝廷初立，兵众寡弱，虽得牧马，军容缺然，及子仪、光弼全师赴

行在，军声遂振，兴复之势，民有望焉。诏以子仪为兵部尚书、同中书门下平章事，依前灵州大都督府长史、朔方军节度使，〔房琯败于陈涛，〕万事讨除，而军半殛，唯倚朔方军为根本。

《新唐书》二一七下《回鹘传·同罗传》略云：

请内属，置龟林都督府，安禄山反，劫其兵用之，号"曳落河"者也。曳落河，犹言健儿云。

同书四三下《地理志·关内道》"安北都护府龟林都督府"条注云：

贞观二年，以同罗部落置。

《旧唐书》一二一《仆固怀恩传》略云：

仆固怀恩，铁勒部落仆骨歌滥拔延之曾孙，语讹谓之"仆固"。贞观二十年，铁勒九姓大首领率其部落来降，分置瀚海、燕然、金微、幽陵等九都督府于夏州，别为蕃州以御边，授歌滥拔延为金微都督。怀恩世袭都督，历事〔朔方〕节度王忠嗣、安思顺，皆委之心腹。肃宗即位于灵武，怀恩从郭子仪赴行在所。时同罗部落自西京叛贼，北寇朔方，子仪与怀恩击之，遂破同罗千余骑于河上（参《通鉴》二一八"至德元载九月"条）。肃宗虽仗朔方之众，将假蕃兵以张形势，乃遣怀恩与敦煌王承寀使于回纥，请兵结好，回纥可汗遂以女妻承寀，兼请公主，遣首领随怀恩入朝。肃宗乃遣广平为元帅，以子仪为副，而怀恩领回纥兵从之。

姚汝能《安禄山事迹上》云：

禄山恩宠浸深，上前应对，杂以谐谑，而贵妃常在座，诏杨氏三夫人约为兄弟。由是禄山心动。（及动兵，闻马嵬之事，不觉数叹。虽〔李〕林甫养育之，〔杨〕国忠激怒之，然其他肠亦可知也。）

《旧唐书》一〇四《哥舒翰传》略云：

哥舒翰，突骑施首领哥舒部落之裔也。翰素与〔安〕禄山、〔安〕思顺不协，上每和解之，为兄弟。其（天宝十一载）冬，禄山、思顺、翰并来朝，上使内侍高力士及中贵人于京城东驸马崔惠童池亭宴会。翰母尉迟氏，于阗族也。禄山以思顺恶翰，尝衔之。至是，忽谓翰曰："我父是胡，母是突厥；公父是突厥，母是胡，与公族类同，何不相亲乎？"翰应之曰："古人云，野狐向窟嗥，不祥，以其忘本也。敢不尽心焉。"禄山以为讥其胡也，大怒，骂翰曰："突厥敢如此耶？"翰欲应之，高力士目翰，翰遂止。

《新唐书》一三五《哥舒翰传》略云：

翰素与安禄山、安思顺不平，帝每欲和解之。会三人俱来朝，帝使高力士宴城东，翰等皆集。诏尚食生击鹿，取血瀹肠为热洛何以赐之。翰母于阗王女也，禄山谓翰曰："我父胡，母突厥；公父突厥，母胡。族类本同，安得不亲爱。"翰曰："谚言'狐向窟嗥，不祥'，以忘本也。兄既见爱，敢不尽心。"禄山以翰讥其胡，怒骂曰："突厥敢尔！"翰欲应之，力士目翰，翰托醉去。

《旧唐书》一一〇《李光弼传》略云：

李光弼，营州柳城人。其先契丹之酋长。父楷洛，朔方节度副使。〔光弼〕天宝初累迁朔方都虞候。八载，充〔朔方〕节度副使。十三载，朔方节度安思顺奏为副使、知留后事。禄山之乱，以朔方兵五千会郭子仪军。史朝义寇申光等十三州，自领精骑围李岑于宋州，将士皆惧，请南保扬州。光弼径赴徐州以镇之，遣田神功击败之，浙东贼首袁晁攻剽郡县，浙东大乱，光弼分兵除讨，克定江左，人心乃安。

《新唐书》一九二《张巡传》略云：

〔安〕庆绪遣尹子琦将同罗、突厥、奚劲兵凡十余万攻睢阳。

赞曰：张巡、许远可谓烈丈夫矣。以疲卒数万，婴孤墉，抗方张不制之虏，鲠其喉牙，使不得搏食东南；牵制首尾，阸溃梁、宋间。大小数百战，虽力尽乃死，而唐全得江淮财用，以济中兴。

同书二一六上《吐蕃传》略云：

是岁（长寿元年），又诏王孝杰〔等〕击吐蕃，大破其众，更置安西都护府于龟兹，以兵镇守。议者请废四镇勿有也。崔融献议曰："太宗文皇帝践汉旧迹，并南山，抵葱岭，剖裂府镇，烟火相望，吐蕃不敢内侮。高宗时有司无状，弃四镇不能有，而吐蕃遂张，入焉耆之西，长鼓右驱，逾高昌，历车师，钞常乐，绝莫贺延碛，以临敦煌。今孝杰一举而取四镇，还先帝旧封，若又弃之，是自毁成功而破完策也。夫四镇无守，胡兵必临西域，西域震则威憺南羌，南羌连衡，河西必危。且莫贺延碛衺二千里，无水草，若北接虏，唐兵不可度而北，则伊西、北庭、安西诸蕃悉亡。"议乃格。〔开元〕十年攻小勃律国，其王没谨忙诣书北庭节度使张孝嵩曰："勃律，唐西门。失之，则西方诸国皆堕吐蕃。"始，勃律来朝，父事帝（玄宗）。还国，置绥远军以捍吐蕃，故岁常战。吐蕃每曰："我非利若国，我假道攻四镇尔。"

同书一三五《高仙芝传》略云：

其（小勃律）王为吐蕃所诱，妻以女，故西北二十余国皆羁属吐蕃。天宝六载，诏仙芝以步骑一万出讨。八月，仙芝以小勃律王及妻自赤佛道还连云堡，与〔监军边〕令诚俱班师。于是，拂林、大食诸胡七十二国皆震摄降附。

同书二二二上《南蛮传·南诏传》略云：

〔贞元〕十七年康、黑衣大食等兵及吐蕃大酋皆降，〔于韦皋〕获甲二万首。

《唐会要》一〇〇"大食"条（参《旧唐书》一九八《西戎传·大食传》、《新唐书》二二一下《西域传·大食传》）略云：

又案贾耽《四夷述》云：贞元二年（寅恪案：《旧传》作"贞元中"，《新传》作"贞元时"，此"二年"两字当有衍误）与吐蕃为劲敌，蕃兵大半西御大食，故鲜为边患，其力不足也。

《旧唐书》一四〇《韦皋传》略云：

皋以云南蛮众数十万，与吐蕃和好，蕃人入寇，必以蛮为前锋。〔贞元〕四年，皋遣判官崔佐时入南诏蛮，说令向化，以离吐蕃之助。

《新唐书》二二二上《南蛮传·南诏传》略云：

〔贞元〕五年，〔异牟寻〕遣〔韦〕皋帛书曰："愿竭诚日新，归款天子，请加戍剑南西山、泾原等州，安西镇守扬兵四临，委回鹘诸国所在侵掠，使吐蕃势分力散，不能为强，此西南隅不烦天兵可以立功云。"

《旧唐书》一二九《韩滉传》略云：

滉上言："吐蕃盗有河湟，为日已久。大历已前，中国多难，所以肆其侵轶。臣闻近岁已来，兵众浸弱，西迫大食之强，北病回纥之众，东有南诏之防，计其分镇之外，战兵在河陇五六万而已。"

《资治通鉴》二三二"贞元三年七月"条略云：

〔李〕泌曰："臣能不用中国之兵，使吐蕃自困。"上（德宗）曰："计将安出？"对曰："臣未敢言之。"上固问，不对。泌意欲结回纥、大食、云南，与共图吐蕃，令吐蕃所备者多。知上素恨回纥，故不肯言。

同书二三三"贞元三年九月"条略云：

〔李泌〕对曰："愿陛下北和回纥，南通云南，西结大食、天竺，如此，则吐蕃自困。"上（德宗）曰："三国当如卿言，至于回纥则不可。"泌曰："臣固知此，所以不敢早言。为今之计，当以回纥为先，三国差缓耳。"上曰："所以招云南、大食、天竺奈何？"对曰："回纥和，则吐蕃已不敢轻犯塞矣。次招云南，则是断吐蕃之右臂也。大食在西域为最强，自葱岭尽西海，地几半天下，与天竺皆慕中国，代与吐蕃为仇，臣故知其可招也。"

十四　唐前期财政

《册府元龟》五一〇《邦计部·希旨门》云：

> 杨国忠天宝中为户部侍郎、判度支，谄谀以利阴中，为己之功。玄宗幸左藏库，赐文武百官缣帛有差。时国忠征夫丁租地税，皆变为布帛，用实京库，屡奏帑藏充牣，有逾汉制，帝是观焉。又贱贸天下义仓，易以布帛，于左藏库列造数百间屋，以示羡余，请与公卿就观之。又诈言凤凰集于库。

《新唐书》二〇六《外戚传·杨国忠传》略云：

> 天宝七载擢给事中、兼御史中丞，专判度支。时海内丰炽，州县粟帛举巨万，国忠因言：古者二十七年耕，余九年食。今天置太平，请在所出滞积，变轻赍，内富京师。又悉天下义仓及丁租、地课易布帛，以充天子禁藏。明年，帝诏百官观库物，积如丘山，赐群臣各有差，锡国忠紫衣、金鱼，知太府卿事。

《旧唐书》一〇五《韦坚传》略云：

> 坚预于东京、汴、宋，取小斛底船三二百只置于〔广运〕潭侧，其船皆署牌表之。若广陵郡船，即于楸背上堆积广陵所出锦、镜、铜器、海味；丹阳郡船，即京口绫衫段；晋陵郡船，即折造官端绫绣；会稽郡船，即铜器、罗、吴绫、绛纱；南海郡船，即瑇瑁、真珠、象牙、沉香；豫章郡船，即名瓷、酒器、茶釜、茶铛、茶碗；宣城郡船，即空青石、纸笔、黄连；始安郡船，即蕉葛、蚺蛇胆、翡翠。船中皆有米，吴郡即三破糯米、方丈绫。凡数十郡。驾船人皆大笠子、宽袖衫、芒屦，如吴楚之制。

同书同卷《杨慎矜传》略云：

拜监察御史，知太府出纳。慎矜于诸州纳物者有水渍、伤破及色下者，皆令本州征折估钱，转市轻货，州县征调，不绝于岁月矣。

《魏书》六八《甄琛传》（《北史》四〇《甄琛传》同）云：

〔于世宗时〕上表曰：今伪弊相承，仍崇关鄽之税；大魏恢博，唯受谷帛之输。

《隋书》二《高祖纪下》（《北史》一一《隋本纪上》略同）云：

开皇十四年八月辛未，关中大旱，人饥，上率户口就食于洛阳。十五年三月己未，至自东巡狩。

《资治通鉴》二〇九《唐纪二十五》"景龙三年"末云：

是年关中饥，米斗百钱，运山东、江淮谷输京师，牛死什八九。群臣多请车驾幸东都。韦后家本杜陵，不乐东迁，乃使巫觋彭君卿等说上（中宗）云："今岁不利东行。"后复有言者，上怒曰："岂有逐粮天子耶？"乃止。

《旧唐书》九八《裴耀卿传》（《通典》一〇《食货典·漕运门》同）略云：

明年（开元二十一年）秋，霖雨害稼，京城谷贵。上将幸东都，独召耀卿，问救人之术。耀卿对曰："今既大驾东巡，百司扈从，太仓及三辅先所积贮，且随见在重臣分道赈给，计可支一二年。从东都更广漕运，以实关辅。待稍充实，车驾西还，即事无不济。臣以国家帝业，本在京师，万国朝宗，百代不易之所。但为秦中地狭，收粟不多，倘遇水旱，即使匮乏。往者贞观、永徽之际，禄廪数少，每年转运不过一二十万石，所用便足，以此车驾久得安居。今国用渐广，漕运数倍于前，支犹不给。陛下数幸东都，以就贮积，为国家大计，不惮劬劳，只为忧人而行，岂是故欲来往。若能更广陕运，支粟入京，仓廪常有三二年粮，即无忧水旱。今天下输丁约有四百万人，每丁支出钱百文，五十文充营窖等用，贮纳司农及河南府、陕州，以充其费。租米则各随远近，任自出脚，送纳东都。从东至陕，河路艰险，既用陆脚，无由广致。若能开通河漕，变陆为水，则所支有余，动盈万计。且河南租船候水始进，吴人不便河漕，由是所在停留，日月既淹，遂生隐盗。臣望沿流相次置仓。"上深然其言，寻拜黄门侍郎、同中书门下平章事，充转运使，语在《食货志》。凡三年运七百万石，省脚钱三十万贯。

同书四九《食货志下》（参考《通典》一〇《食货典·漕运门》等）略云：

〔开元〕十八年，宣州刺史裴耀卿上便宜事条曰："江南户口稍广，仓库所资，惟出租庸，更无征防。缘水陆遥远，转运艰辛，功力虽劳，仓储不益。今若且置武牢、洛口等仓，江南船至河口，即却还本州，更得其船充运。并取所减脚钱，更运江淮变造义仓，每年剩得一二百万石。即望数年之外，仓廪转加。其江淮义仓，下湿不堪久贮，若无船可运，三两年色变，即给贷费散，公私无益。"疏奏不省（至二十一年始施用其言）。

《新唐书》五三《食货志》（参《通鉴》二一四《唐纪》"开元二

十五年"条）云：

> 贞观、开元后，西举高昌、龟兹、焉耆、小勃律，北抵薛延陀
> 故地，缘边数十州戍重兵，营田及地租不足以供军，于是初有
> 和籴。牛仙客为相，有彭果者献策，广关辅之籴，京师粮廪益
> 羡，自是玄宗不复幸东都。天宝中，岁以钱六十万缗赋诸道和
> 籴，斗增三钱，每岁短递输京仓者百余万斛。米贱则少府加估
> 而籴，贵则贱价而粜。

《旧唐书》一〇三《牛仙客传》（《新唐书》一三三《牛仙客传》
略同）略云：

> 牛仙客，泾州鹑觚人也。初为县小吏，县令傅文静甚重之。文
> 静后为陇右营田使，引仙客参预其事，遂以军功累转洮州司
> 马。开元初，王君㚟为河西节度使，以仙客为判官，甚委信
> 之。萧嵩代君㚟为河西节度，又以军政委于仙客。及嵩入知政
> 事，数称荐之。稍迁太仆少卿，判凉州别驾事，仍知节度留后
> 事。竟代嵩为河西节度使，判凉州事。开元二十四年秋，代信
> 安王祎为朔方行军大总管，右散骑常侍崔希逸代仙客知河西节
> 度事。初，仙客在河西节度时，省用所积巨万，希逸以其事奏
> 闻，上令刑部员外郎张利贞驰传往覆视之，仙客所积仓库盈
> 满，器械精劲，皆如希逸之状。上大悦，以仙客为尚书。中书
> 令张九龄执奏不可，乃加实封二百户。其年十一月，九龄等罢
> 知政事，遂以仙客为工部尚书、同中书门下三品，仍知门下
> 事。仙客既居相位，独善其身，唯诺而已。百司有所谘决，仙
> 客曰："但依令式可也。"不敢措手裁决。

《隋书》二四《食货志》(参《通典》一二《食货典·轻重门》"义仓"条）略云：

〔开皇〕五年五月，工部尚书、襄阳县公长孙平奏令诸州百姓及军人，劝课当社，共立义仓。收获之日随其所得，劝课出粟及麦，于当社造仓窖贮之。即委社司，执帐检校，每年收积，勿使损败。若时或不熟，当社有饥馑者，即以此谷赈给。十四年，关中大旱，人饥，上幸洛阳，因令百姓就食。从官并准见口赈给，不以官位为限。是时义仓贮在人间，多有费损。十五年二月，诏曰："本置义仓，止防水旱，百姓之徒，不思久计，轻尔费损，于后乏绝。又北境诸州，异于余处，云、夏、长、灵、盐、兰、丰、鄯、凉、甘、瓜等州，所有义仓杂种，并纳本州。若人有旱俭少粮，先给杂种及远年粟。"十六年正月，又诏秦、叠、成、康、武、文、芳、宕、旭、洮、岷、渭、纪、河、廓、豳、陇、泾、宁、原、敷、丹、延、绥、银、扶等州社仓，并于当县安置。二月，又诏社仓，准上、中、下三等税，上户不过一石，中户不过七斗，下户不过四斗。

《唐会要》八八《仓及常平仓》（参《通典》一二《食货典》及《两唐书·食货志》等）略云：

贞观二年四月，尚书左丞戴胄上言，请立义仓。上曰："既为百姓先作储贮，官为举掌，以备凶年。深是可嘉，宜下有司，议立条制。"户部尚书韩仲良奏："王公以下，垦田亩纳二升。贮之州县，以备凶年。"制可之。永徽二年闰九月六日敕："义仓据地收税，实是劳烦，宜令率户出粟，上下户五石，余各有差。"

同书九〇《和籴门》云：

> 〔贞元〕四年八月，诏京兆府于时价外，加估和籴。先是京畿
> 和籴，多被抑配，百姓苦之。

《白氏长庆集》四一《论和籴状》略云：

> 凡曰和籴，则官出钱，人出谷，两和商量，然后交易也。比来
> 和籴，事则不然，但令府县散配户人，促立程限，严加征催。
> 苟有稽迟，则被追捉，甚于税赋，号为和籴，其实害人。若有
> 司出钱，开场自籴，比于时价，稍有优饶，利之诱人，人必情
> 愿。臣久处村间，曾为和籴之户，亲被迫蹙，实不堪命。臣近
> 为畿尉，曾领和籴之司，亲自鞭挞，所不忍睹。

《通典》一二《食货典·轻重门》"义仓"条（参《旧唐书》九三
及《新唐书》一一一《薛讷传》）云：

> 高宗武太后数十年间，义仓不许杂用，其后公私窘迫，贷义仓
> 支用。自中宗神龙之后，义仓费用向尽。

《通鉴》二一四《唐纪》三十"开元二十五年九月"条（参前引
《新唐书·食货志》）云：

> 先是，西北数十州多宿重兵，地租营田皆不能赡，始用和籴之
> 法。有彭果者，因牛仙客献策，请行籴法于关中。〔九月〕戊
> 子，敕以岁稔谷贱伤农，命增时价什二三，和籴东西畿粟各数
> 百万斛。自是，关中蓄积羡溢，车驾不复幸东都矣。癸巳，敕
> 河南、北租应输含嘉、太原仓者皆留输本州。

《通鉴》二一六《唐纪》三十二"天宝十二载以哥舒翰兼河西节度

使"条述当日河西之盛况（寅恪案：此采自《明皇杂录》，又《元氏长庆集》二四《和李校书新题乐府·西凉伎》一诗亦可参考）云：

> 是时中国盛强，自安远门西尽唐境万二千里，闾阎相望，桑麻翳野，天下称富庶者无如陇右。

《旧唐书》九《玄宗本纪下》（参考前引《通鉴》"开元二十五年"条，及《唐会要》八三《租税下》所载开元二十五年三月三日敕文）云：

> 〔开元二十五年二月〕戊午，罢江淮运，停河北运。

《通典》六《食货典·赋税下》略云：

> 〔开元二十五年定令，〕其江南诸州租，并回造纳布。

Sir M.A.Stein 著 *Innermost Asia*，vol.Ⅲ，Plate CⅩⅩⅦ载其在 Astana Cemetery 所发见之布二端，其一端之文为：

> 婺州信安县显德乡梅山里祝伯亮租布一端。
>
> 光宅元年十一月　日。

《颜鲁公文集》附载殷亮所撰《行状》（参《全唐文》五一四）略云：

> 时清河郡寄客李华（寅恪案：《通鉴考异》依《旧传》作"萼"）为郡人来乞师于公曰："国家旧制江淮郡租布贮于清河，以备北军费用，为日久矣。相传〔谓〕天下北库。今所贮者有江东布三百余万匹，河北租调绢七十余万，当郡彩绫十余万，累年税钱三十余万，仓粮三十万，讨默啜甲仗藏于库内，五十余万。"

《南齐书》三《武帝纪》云：

> 永明四年五月癸巳，诏："扬、南徐二州今年户租，三分二取见布，一分取钱。来岁以后远近诸州输钱处，并减布直，匹准四百，依旧折半，以为永制。"

同书四〇《竟陵王子良传》云：

> 诏折租布二分取钱。

《通典》六《食货典》六《赋税下》略云：

> 〔武德〕二年制，每一丁租二石。若岭南诸州则税米，上户一石二斗，次户八斗，下户六斗。若夷獠之户，皆从半输。蕃人内附者，上户丁税钱十文，次户五文，下户免之，附经二年者，上户丁输羊二口，次户一口，下户三户共一。（《旧唐书》卷四八《食货志上》同。）

又云：

> 〔开元〕二十五年定令，诸课户一丁租调，准武德二年之制。其调绢、绝、布并随乡土所出，绢、绝各二丈，布则二丈五尺，输绢、绝者绵三两，输布者麻三斤。

《新唐书》卷五一《食货志》略云：

> 凡民始生为黄，四岁为小，十六为中，二十一为丁，六十为老。授田之制，丁及男年十八以上者，人一顷，其八十亩为口分，二十亩为永业；老及笃疾、废疾者，人四十亩，寡妻妾三十亩，当户者增二十亩，皆以二十亩为永业，其余为口分。永业之田，树以榆、枣、桑及所宜之木，皆有数。田多可以足其人者为宽乡，少者为狭乡。狭乡授田减宽乡之半。其地有薄

厚，岁一易者倍授之。宽乡三易者不倍授。工商者宽乡减半，狭乡不给。凡庶人徙乡及贫无以葬者，得卖世业田。自狭乡而徙宽乡者，得并卖口分田。已卖者不复授。死者收之，以授无田者。凡收授皆以岁十月。授田先贫及有课役者。凡田，乡有余以给比乡，县有余以给比县，州有余以给近州。凡授田者，丁岁输粟二斛，稻三斛，谓之"租"。丁随乡所出，岁输绢二匹，绫𬘓二丈，布加五之一，绵三两，麻三斤，非蚕乡则输银十四两，谓之"调"。用人之力，岁二十日，闰加二日，不役者日为绢三尺，谓之"庸"。有事而加役二十五日者免调，三十日者租、调皆免。通正役不过五十日。

杜甫《自京赴奉先县咏怀五百字》略云（原注天宝十四载十一月初作）：

岁暮百草零，疾风高冈裂。天衢阴峥嵘，客子中夜发。霜严衣带断，指直不得结。凌晨过骊山，御榻在嵽嵲。蚩尤塞寒空，蹴踏崖谷滑。瑶池气郁律，羽林相摩戛。君臣留欢娱，乐动殷樛嶱。赐浴皆长缨，与宴非短褐。彤庭所分帛，本自寒女出。鞭挞其夫家，聚敛贡城阙。圣人筐篚恩，实欲邦国活。臣如忽至理，君岂弃此物。多士盈朝廷，仁者宜战栗。况闻内金盘，尽在卫霍室。中堂舞神仙，烟雾散玉质。暖客貂鼠裘，悲管逐清瑟。劝客驼蹄羹，霜橙压香橘。朱门酒肉臭，路有冻死骨。荣枯咫尺异，惆怅难再述。老妻寄异县，十口隔风雪。谁能久不顾？庶往共饥渴。入门闻号咷，幼子饥已卒。吾宁舍一哀，里巷亦呜咽。所愧为人父，无食致夭折。岂知秋禾登，贫窭有仓卒。生常免租税，名不隶征伐。抚迹犹酸辛，平人固骚屑。默思失业徒，因念远戍卒。忧端齐终南，顊洞不可掇。

杜甫《兵车行》略云：

道傍过者问行人，行人但云点行频。或从十五北防河，便至四十西营田。去时里正与裹头，归来头白还戍边。边亭流血成海水，武皇开边意未已。君不闻，汉家山东二百州，千村万落生荆杞。纵有健妇把锄犁，禾生陇亩无东西。况复秦兵耐苦战，被驱不异犬与鸡。长者虽有问，役夫敢申恨？且如今年冬，未休关西卒。县官急索租，租税从何出？信知生男恶，反是生女好。生女犹得嫁比邻，生男埋没随百草。

杜甫《忆昔诗》之二略云：

忆昔开元全盛日，小邑犹藏万家室。稻米流脂粟米白，公私仓廪俱丰实。九州道路无豺虎，远行不劳吉日出。齐纨鲁缟车班班，男耕女桑不相失。岂闻一绢直万钱，有田种谷今流血。

《通典》七《食货典》七"历代盛衰户口"条略云：

〔隋〕炀帝大业二年，户八百九十万七千五百三十六，口四千六百零一万九千九百五十六，此隋之极盛也。

〔唐开元〕二十年，户七百八十六万一千二百三十六，口四千五百四十三万一千二百六十五。天宝元年，户八百三十四万八千三百九十五，口四千五百三十一万一千二百七十二。十四载，管户总八百九十一万四千七百九，管口总五千二百九十一万九千三百九，此国家之极盛也。

《通典》六《食货典》六《赋税下》云：

按天宝中天下计帐，户约有八百九十余万，其税钱约得二百余万贯。（原注：大约高等少，下等多，今一例为八等以下户计之，其八等户所税四百五十二，九等户则二百二十二，今通以二百五十为率，自七载至十四载六七年间，与此大数，或多少加减不同，所以言约，他皆类此。）其地税约得千二百四十余万石。（西汉每户所垦田不过七十亩，今亦准此约计数。）课丁八百二十余万。其庸调租等约出丝绵郡县计三百七十余万丁。庸调输绢约七百四十余万匹（每丁计两匹），绵则百八十五万余屯（每丁三两，六两为屯，则两丁合成一屯）。租粟则七百四十余万石（每丁两石），约出布郡县计四百五十余万丁，庸调输布约千三十五万余端。（每丁两端一丈五尺，十丁则二十三端也。）其租约百九十余万丁，江南郡县折纳布约五百七十余万端。（大约八等以下户计之，八等折租，每丁三端一丈，九等则二端二丈，今通以三端为率。）二百六十余万丁，江北郡县纳粟约五百二十余万石。

大凡都计租税庸调，每岁钱粟绢绵布约得五千二百二十余万端匹屯贯石，诸色资课及句剥所获不在其中。（据天宝中度支每岁所入端屯匹贯石都五千七百余万，计税钱地税庸调折租得五千三百四十余万端匹屯，其资课及句剥等当合得四百七十余万。）

其度支岁计，粟则二千五百余万石，（三百万折充绢布添入两京库。三百万回充米豆，供尚食及诸司官厨等料，并入京仓。四百万江淮回造米，转入京，充官禄及诸司粮料。五百万留当州官禄及递粮。一千万诸道节度军粮及贮备当州仓。）布绢绵则二千七百余万端屯匹，（千三百万入西京，一百万入东京。千三百万诸道兵赐及和籴，并远小州便，充官料邮驿等费。）钱则二百余万贯。（百四十万诸道州官课料及市驿马，六十余万添充诸军州和籴军粮。）

自开元中及于天宝，开拓边境，多立功勋，每岁军用日增，其费籴米粟则三百六十万匹段。（朔方、河西各八十万，陇右百万，伊西北庭八万，安西十二万，河东节度及群牧使各四十万。）给衣则五百三十万。（朔方百二十万，陇右百五十万，河西百万，伊西北庭四十万，安西三十万，河东节度四十万，群牧五十万。）别支计则二百一十万。（河东五十万，幽州、剑南各七十万。）馈军食则百九十万石。（河东五十万，幽州、剑南各七十万。）大凡一千二百六十万。（开元以前每岁边夷戎所用不过二百万贯，自后经费日广，以至于此。）而赐赉之费，此不与焉。

十五　藩镇

《资治通鉴》二二四《唐纪》四〇"代宗大历八年"条云：

> 魏博节度使田承嗣为安、史父子立祠堂，谓之"四圣"，且求为相；上令内侍孙知古因奉使讽令毁之。冬，十月，甲辰，加承嗣同平章事以褒之。

《新唐书》一二七《张嘉贞传》附弘靖传略云：

> 充卢龙节度使。始入幽州，俗谓禄山、思明为"二圣"，弘靖惩始乱，欲变其俗，乃发墓毁棺，众滋不悦。幽、蓟初效顺，不能因俗制变，故范阳复乱。

《资治通鉴》二二二"上元二年三月"条略云：

> 〔史〕朝义泣曰："诸君善为之，勿惊圣人！"（寅恪案：此圣人指思明言。）

胡《注》云：

> 当时臣子谓其君父为圣人。

《新唐书》二二四上《叛臣传·仆固怀恩传》略云：

> 〔史〕朝义自经死，河北平。怀恩与诸将皆罢兵。以功迁河北副元帅、朔方节度使。初，帝有诏，但取朝义，其他一切赦之。故薛嵩、张忠志、李怀仙、田承嗣见怀恩皆叩头，愿效力行伍。怀恩自见功高，且贼平则势轻，不能固宠，乃悉请裂河北分大镇以授之，潜结其心以为助，嵩等卒据以为患云。

同书二一〇《藩镇传序》略云：

> 遂使其人由羌狄然，讫唐亡百余年，率不为王土。

《旧唐书》一九四上《北突厥传》（《新唐书》二一五上《突厥传》同）略云：

骨咄禄，颉利之疏属，自立为可汗，以其弟默啜为杀，骨咄禄天授中病卒。

骨咄禄死时其子尚幼，默啜遂篡其位，自立为可汗。

默啜立其弟咄悉匐为左厢察，骨咄禄子默矩为右厢察，各主兵马二万余人。又立其子匐俱为小可汗，仍主处木昆等十姓。（寅恪案：《旧唐书》一九四下《西突厥传》云："其国分为十部，每部仍令一人统之，号为十设，每设赐以一箭，故称'十箭'焉。又分十箭为左右厢，其左厢号为五咄陆，其右厢号为五弩失毕。五咄陆部落居于碎叶以东，五弩失毕部落居于碎叶以西，自是都号为十姓部落。其咄陆有五啜，一曰处木昆啜云云。"）兵马四万余人，又号拓西可汗。

初，默啜景云中率兵西击娑葛，破灭之。契丹及奚自神功之后，常受其征役，其地东西万余里，控弦四十万，自颉利之后最为强盛，自恃兵威，虐用其众。默啜既老，部落渐多逃散。〔开元〕四年，默啜又北讨九姓拔曳固，战于独乐河，拔曳固大败。默啜负胜轻归，而不设备，遇拔曳固迸卒颉质略于柳林中，突出击默啜，斩之。

杜牧《樊川集》六《唐故范阳卢秀才墓志》略云：

秀才卢生名霈，字子中，自天宝后，三代或仕燕，或仕赵，两地皆多良田畜马。生年二十，未知古有人曰周公、孔夫子者，击毬饮酒，马射走兔，语言习尚，无非攻守战斗之事。

《通典》四〇《职官典》末载杜佑建中时所上《省用议》（参《新唐书》一六六《杜佑传》）略云：

今田悦之徒，并是庸琐，繁刑暴赋，唯恤军戎，衣冠仕（士）人，遇如奴虏。

韩愈《昌黎集》二〇《送董召南游河北序》略云：

燕赵古称多感慨悲歌之士。董生举进士，连不得志于有司，怀抱利器，郁郁适兹土。吾知其必有合也。董生勉乎哉！

夫以子之不遇时，苟慕义强仁者皆爱惜焉。矧燕赵之士出乎其性者哉？然吾尝闻风俗与化移易，吾恶知其今不异于古所云邪？聊以吾子之行卜之也。董生勉乎哉！

吾因子有所感矣。为我吊望诸君之墓，而观于其市，复有昔时屠狗者乎？为我谢曰：明天子在上，可以出而仕矣。

《全唐诗》第五函《李益小传》略云：

李益字君虞，姑臧人，大历四年登进士第，授郑县尉。久不调，益不得意，北游河朔，幽州刘济辟为从事，尝与济诗，有怨望语。宪宗时召为秘书少监、集贤殿学士，自负才地，多所凌忽，为众不容。谏官举幽州诗句，降居散秩。

同书同函李益《献刘济》诗云：

草绿古燕州，莺声引独游。雁归天北畔，春尽海西头。向日花偏落，驰年水自流。感恩知有地，不上望京楼。

《旧唐书》一四一《田承嗣传》略云：

承嗣不习教义，沉猜好勇，虽外受朝旨，而阴图自固，重加税率，修缮兵甲，计户口之众寡，而老弱事耕稼，丁壮从征役，故数年之间，其众十万。仍选其魁伟强力者万人以自卫，谓之衙兵。

《新唐书》二一〇《藩镇魏博·罗弘信附绍威传》略云：

> 魏牙军，起田承嗣募军中子弟为之，父子世袭，姻党盘互，悍骄不顾法令，〔史〕宪诚等皆所立，有不慊，辄害之无噍类，厚给廪，姑息不能制。时语曰："长安天子，魏府牙军。"谓其势强也。

袁郊《甘泽谣·红线传》略云：

> 田承嗣募军中武勇十倍者，得三千人，号"外宅男"，而厚恤养之，常令三百人夜直州宅。

十六　宦官

《新唐书》一三九《房琯传》附启传云：

> 启自陈献使者南口十五，帝怒，杀宦人，贬启虔州长史，死。
> 始诏五管、福建、黔中道不得以口馈遗、博易，罢腊口等使。
> （参《唐会要》八六《奴婢门》"元和八年九月"诏。）

《旧唐书》一五《宪宗纪下》云：

> 〔元和八年夏四月〕乙酉，以邕管经略使房启为桂管观察使。

《樊川集》三《张保皋郑年传》（参《新唐书》二二〇《新罗传》）云：

> 〔新罗人张〕保皋归新罗，谒其王曰："遍中国以新罗人为奴婢，愿得镇清海，（新罗海路之要。）使贼不得掠人西去。"其王与万人，如其请。自大和后海上无鬻新罗人者。

《唐会要》八六《奴婢门》略云：

> 大足元年五月三日敕："西北缘边州县，不得畜突厥奴婢。"天宝八载六月十八日敕："京畿及诸郡百姓，有先是给使在私家驱使者，限敕到五日内，一切送付内侍省。其中有是南口及契券分明者，各作限约，定数驱使。其南口请禁蜀蛮及五溪、岭南夷獠之类。"

《旧唐书》九七《郭元振传》云：

> 郭元振，魏州贵乡人。举进士，授通泉尉。任侠使气，不以细务介意，前后掠卖所部千余人，以遗宾客，百姓苦之。

柳宗元《河东集》一七《童区寄传》云：

> 柳先生曰，越人少恩，生男女，必货视之。自毁齿以上，父兄鬻卖以觊其利。不足，则盗取他室，束缚钳梏之，至有须鬣

者，力不胜，皆屈为僮。当道相贼杀以为俗。幸得壮大，则缚取么弱者。汉官，因为己利，苟得僮恣所为，不问。以是越中户口滋耗，少得自脱，惟童区寄以十一岁胜，斯亦奇矣。

《资治通鉴》二三七《唐纪》"元和四年三月上（宪宗）以久旱欲降德音翰林学士李绛白居易上言"条云：

"岭南、黔中、福建风俗，多掠良人卖为奴婢，乞严禁止。"（参《李相国论事集》四，及《唐会要》八六《奴婢门》"元和四年闰三月敕"。）

《旧唐书》二〇下《哀帝纪》云：

〔天祐二年六月〕丙申，敕："福建每年进橄榄子，比因闽竖出自闽中，牵于嗜好之间，遂成贡奉之典。虽嘉忠荩，伏恐烦劳。今后只供蜡面茶，其进橄榄子宜停。"

《新唐书》二〇七《宦者传·吐突承璀传》云：

是时，诸道岁进阉儿，号"私白"，闽、岭最多，后皆任事，当时谓闽为中官区薮。咸通中，杜宣猷为观察使，每岁时遣吏致祭其先，时号"敕使墓户"。宣猷卒用群宦力，徙宣歙观察使。

杜牧《樊川集》一七《吐突士煜妻封邑号制》略云：

敕，《诗》美夫人，《礼》称内子，允膺腹心之任，宜崇家室之荣。弓箭军器等使、特进、行右领军卫大将军、知内侍省事、上柱国、阴山县开国公、食邑一千五百户吐突士煜妻田氏可封雁门郡夫人。

《全唐诗》第十函顾况《古诗》云：

囝一章。

囝，哀闽也。（原注：囝音蹇。闽俗呼子为囝，父为郎罢。）

囝生闽方，闽吏得之，乃绝其阳。为臧为获，致金满屋。为髡为钳，视如草木。天道无知，我罹其毒。神道无知，彼受其福。郎罢别囝，吾悔生汝。及汝既生，人劝不举。不从人言，果获是苦。囝别郎罢，心摧血下。隔地绝天，及至黄泉，不得在郎罢前。

《旧唐书》一八四《宦官传》云：

杨思勖本姓苏，罗州石城人。为内官杨氏所养，以阉从事内侍省。

高力士潘州人，本姓冯。少阉，与同类金刚二人，圣历元年岭南讨击使李千里进入宫。则天嘉其黠慧，令给事左右。后因小过，挞而逐之。内官高延福收为假子。延福出自武三思家，力士遂往来三思第。岁余，则天复召入禁中。

《新唐书》二〇七《宦者传上》云：

鱼朝恩，泸州泸川人。天宝末，以品官给事黄门。

刘贞亮，本俱氏，名文珍，冒所养宦父，故改焉。

吐突承璀，闽人也。以黄门值东宫。

仇士良，循州兴宁人。顺宗时得侍东宫。

杨复光，闽人也，本乔氏。少养于内常侍杨玄价家。

同书二〇八《宦者传下》云：

田令孜，蜀人也，本陈氏。咸通时，历小马坊使。

同书二〇七《宦者传上·刘贞亮（即俱文珍）传》（《旧唐书》一八四《宦官传·俱文珍传》略同）略云：

> 贞元末，宦人领兵，附顺者益众。会顺宗立，淹痼弗能朝，惟〔宦者〕李忠言、牛美人侍。美人以帝旨付忠言，忠言授之王叔文，叔文与柳宗元等裁定，然后下中书。然未得纵欲，遂夺神策兵以自强，即用范希朝为京西北禁军都将，收宦者权。而忠言素懦谨，每见叔文与论事，无敢异同，唯贞亮乃与之争。又恶朋党炽结，因与中人刘光琦、薛文珍、尚衍、解玉、吕如全等同劝帝立广陵王为太子监国，帝纳其奏。元和八年卒。宪宗思其翊戴之功，赠开府仪同三司（此十五字《旧传》之文）。

《旧唐书》一五九《路随传》（《新唐书》一四二《路随传》同）略云：

> 初，韩愈撰《顺宗实录》，说禁中事颇切直，内官恶之，往往于上前言其不实，累朝有诏改修。及随进《宪宗实录》后，文宗复令改正永贞时事，随奏曰：“伏望条示旧记最错误者，宣付史官，委之修定。”诏曰：“其《实录》中所书德宗、顺宗朝禁中事，宜令史官详正刊去，其他不要更修。”

刘禹锡《梦得外集》九《子刘子自传》述永贞内禅事云：

> 时太上（顺宗）久寝疾，宰臣用事者都不得召对。宫掖事秘，而建桓立顺，功归贵臣。

《旧唐书》一五九《崔群传》略云：

> 群臣议上尊号，皇甫镈欲加“孝德”两字，群曰：“有睿圣则孝德在其中矣。”竟为镈所构，宪宗不乐，出为湖南观察都团

练使。

同书一六四《李绛传》略云：

> 吐突承璀恩宠莫二，是岁（元和六年），将用绛为宰相，前一日，出承璀为淮南监军。翌日，降制，以绛为中书侍郎、同中书门下平章事。同列李吉甫便僻，善逢迎上意，绛梗直，多所规谏，故与吉甫不协。时议以吉甫通于承璀，故绛尤恶之。

同书一四八《李吉甫传》略云：

> 刘辟反，帝（宪宗）命诛讨之，计未决，吉甫密赞其谋，兼请广征江淮之师，由三峡路入，以分蜀寇之力。事皆允从，由是甚见亲信。淮西节度使吴少阳卒，其子元济请袭父位。吉甫以淮西内地，不同河朔，且四境无党援，国家常宿数十万兵以为守御，宜因时而取之。颇叶上旨，始为经度淮西之谋。

《新唐书》二〇一《文艺传上·元万顷传》附义方传（《通鉴》二三八"元和七年正月辛未"条同）云：

> 历虢商二州刺史、福建观察使。中官吐突承璀，闽人也，义方用其亲属为右职。李吉甫再当国，阴欲承璀奥助，即召义方为京兆尹。（寅恪案：《新唐书》及《通鉴》俱采自《李相国论事集》。）

《旧唐书》一八四《宦官传·吐突承璀传》略云：

> 惠昭太子薨，承璀建议请立澧王宽为太子，宪宗不纳，立遂王宥。穆宗即位，衔承璀不佑己，诛之。

《新唐书》八《宣宗纪》云：

> 大中十二年二月废穆宗忌日，停（穆宗）光陵朝拜及守陵

宫人。

裴廷裕《东观奏记》上云：

> 宪宗皇帝晏驾之夕，上（宣宗）虽幼，颇记其事，追恨光陵商臣之酷，即位后，诛锄恶党无漏网者。郭太后以上英察孝果，且怀惭惧。时居兴庆宫，与一二侍儿同升勤政楼，倚衡而望，便欲殒于楼下，欲成上过。左右急持之，即闻于上，上大怒。其夕，太后暴崩，上志也。

《新唐书》一七九《李训传》略云：

> 宦人陈弘志时监襄阳军，训启帝（文宗）召还，至青泥驿，遣使者杖杀之。复以计白罢〔王〕守澄观军容使，赐鸩死。又逐西川监军杨承和、淮南韦元素、河东王践言于岭外，已行，皆赐死。而崔潭峻前物故，诏剖棺鞭尸。元和逆党几尽。

《旧唐书》一七上《敬宗纪》略云：

> 〔宝历二年十二月〕辛丑，帝夜猎还宫，与中官刘克明、田务成（成，《通鉴》作"澄"）、许文端打球，军将苏佐明、王嘉宪、石定宽等二十八人饮酒。帝方酣，入室更衣，殿上烛忽灭，刘克明等同谋害帝，即时殂于室内。

《新唐书》八《文宗纪》略云：

> 文宗讳昂（初名"涵"），穆宗第二子也，始封江王。宝历二年十二月敬宗崩，刘克明等矫诏，以绛王悟勾当军国事。壬寅，内枢密使王守澄、杨承和，神策护军中尉魏从简、梁守谦奉江王而立之，率神策六军、飞龙兵诛克明，杀绛王。

《旧唐书》一六九《李训传》略云：

文宗以宦者权宠太过，继为祸胎，元和末弑逆之徒尚在左右，虽外示优假，心不堪之。思欲芟落本根，以雪仇耻，九重深处，难与将相明言。前与侍讲宋申锡谋，谋之不臧，几成反噬。（寅恪案：事见《旧唐书》一六七《新唐书》一五二《宋申锡传》。）自是巷伯尤横。因郑注得幸〔王〕守澄，俾之援引，冀黄门不疑也。训既秉权衡，即谋诛内竖。中官陈弘庆者，自元和末负弑逆之名，忠义之士无不扼腕，时为襄阳监军，乃召自汉南，至青泥驿，遣人封杖决杀。王守澄自长庆已来知枢密，典禁军，作威作福。训既作相，以守澄为六军十二卫观军容使，罢其禁旅之权，寻赐鸩杀之。训愈承恩顾，黄门禁军迎拜戢敛。

同书同卷《郑注传》略云：

是时，〔李〕训、〔郑〕注之权，赫于天下。既得行其志，生平恩仇，丝毫必报。因杨虞卿之狱，挟忌李宗闵、李德裕，心所恶者，目为二人之党。朝士相继斥逐，班列为之一空。（寅恪案：此事可参考《旧唐书》一七下《文宗纪下》大和九年八月九月有关诸条，及同书一七四《李德裕传》、一七六《李宗闵传》，《新唐书》一七四《李宗闵传》、一八〇《李德裕传》等。）注自言有金丹之术，可去痿弱重腿之疾。始李愬自云得效，乃移之〔王〕守澄，亦神其事。由是中官视注皆怜之，卒以是售其狂谋。而守澄自贻其患。

《旧唐书》一八四《宦官传·王守澄传》略云：

时仇士良有翊上之功，为守澄所抑，位未通显。〔李〕训奏用士良分守澄之权。乃以士良为左军中尉，守澄不悦，两相矛盾。训因其恶。大和九年，帝（文宗）令内养李好古赍鸩赐守澄，秘而不发，守澄死，仍赠扬州大都督。其弟守涓为徐州监军，召还，至中牟，诛之。守澄荐养训、〔郑〕注，反罹其祸，人皆快其受佞而恶训、注之阴狡。

《资治通鉴》二四五"大和九年六月"条略云：

左神策中尉韦元素、枢密使杨承和、王践言居中用事，与王守澄争权不叶，李训、郑注因之出承和于西川，元素于淮南，践言于河东，皆为监军。

《新唐书》一七九《李训传》略云：

〔训〕出〔郑〕注使镇凤翔，外为助援，擢所厚善分总兵柄，于是王璠为太原节度使，郭行余为邠宁节度使，罗立言权京兆尹，韩约金吾将军，李孝本权御史中丞。阴许璠、行余多募士及金吾台府卒，劫以为用。〔太和九年〕十一月壬戌（二十一日），帝（文宗）御紫宸殿，约奏甘露降金吾左仗树，〔帝〕辇如含元殿，诏宰相群臣往视，还，训奏言："非甘露。"帝顾中尉仇士良、鱼志弘等验之，训因欲闭止诸宦人，使无逸者。时璠、行余皆辞赴镇，兵列丹凤门外，训传呼曰："两镇军入受诏旨！"闻者趋入，邠宁军不至。宦人至仗所，会风动庑幕，见执兵者，士良等惊，走出，阍者将阖扉，为宦侍叱争，不及闭。训急，连呼金吾兵曰："卫乘舆者，人赐钱百千！"于是有随训入者。宦人曰："急矣！"即扶辇，决罘罳下殿趋，训攀辇曰："陛下不可去！"士良曰："李训反。"帝曰："训不反。"

士良手搏训而踬，训压之，将引刀靴中，救至，士良免。立言、孝本领众四百东西来，上殿与金吾士纵击，宦官死者数十人。训持辇愈急，至宣政门，宦人郗志荣搤训仆之，辇入东上阁，即闭，宫中呼万岁。会士良遣神策副使刘泰伦、陈君奕等率卫士五百挺兵出，所值辄杀。杀诸司史六七百人。复分兵屯诸宫门，捕训党千余人，斩四方馆，流血成渠。

赞曰：李德裕尝言天下有常势，北军是也。训因王守澄以进，此时出入北军，若以上意说诸将，易如靡风，而反以台、府抱关游徼抗中人，以搏精兵，其死宜哉！文宗尝称："训天下奇才。"德裕曰："训曾不得齿徒隶，尚何才之云！"世以德裕言为然。（寅恪案：李德裕语见其著《穷愁志奇才论》。）

《资治通鉴·唐纪》二四五"太和九年十一月壬戌（即二十一日）甘露事变"，其结论有云：

自是天下事皆决于北司，宰相行文书而已。

《唐语林》七《补遗》云：

宣宗崩，内官定策立懿宗，入中书商议，命宰臣署状，宰相将有不同者。夏侯孜曰："三十年前外大臣得与禁中事，三十年以来外大臣固不得知，但是李氏子孙，内大臣定，外大臣即北面事之，安有是非之说？"

张固《幽闲鼓吹》云：

朱崖（李德裕）在维扬，监军杨钦义追入，必为枢近，而朱崖（德裕）致礼皆不越寻常，钦义心衔之。一日邀中堂饮，更无余宾，而陈设宝器、图书数床，皆殊绝，一席只奉亦竭情礼。

宴罢，皆以赠之，钦义大喜过望。行至汴州，有诏令监淮南军。钦义至，即具前时所获归之，朱崖曰："此无所直，奈何相拒？"悉却与之。钦义感悦数倍。后竟作枢密使，武皇一朝之柄用皆钦义所致也。

《资治通鉴》二四七"会昌三年五月壬寅以翰林学士承旨崔铉为中书侍郎同平章事"条云：

> 上（武宗）夜召学士韦琮，以铉名授之，令草制，宰相、枢密皆不之知。时枢密使刘行深、杨钦义皆愿悫，不敢预事，老宦者尤之曰："此由刘、杨懦怯，堕败旧风故也。"

同书二四八"会昌六年三月"条云：

> 上（武宗）疾笃，旬日不能言。诸宦者密于禁中定策。辛酉，下诏称："皇子冲幼，须选贤德，光王怡可立为皇太叔，更名忱，一应军国政事令权勾当。"甲子，上崩。丁卯，宣宗即位。

胡《注》：

> 以武宗之英达，李德裕之得君，而不能定后嗣，卒制命于宦竖，北司掌兵，且专宫禁之权也。

《唐语林》二《政事类下》（参《新唐书》一六九《韦贯之传》附澳传）云：

> 宣宗暇日召翰林学士韦澳入。上曰："要与卿款曲，少间出外，但言论诗！"上乃出诗一篇。有小黄门置茶床讫，亟屏之。乃问："朕于敕使如何？"澳曰："威制前朝无比。"上闭目摇手曰："总未。依前怕他。在卿如何？计将安出？"澳既不为之备，率意对曰："谋之于外廷，即恐有大和事（寅恪案：大和

事指甘露事变），不若就其中拣拔有才者，委以计事。”上曰：“此乃末策，朕行之，初擢其少者，至黄，至绿，至绯，皆感恩，若紫衣挂身，即合为一片矣。”澳惭汗而退。

《北梦琐言》五“令狐公密状”条云：

唐大和中，阉官恣横，因甘露事，王涯等皆罹其祸，竟未昭雪。宣宗即位，深抑其权，末年尝授旨于宰相令狐公（绹），欲尽诛之，〔绹〕虑其冤，乃密奏榜子曰：“但有罪莫舍，有阙莫填，自然无遗类矣。”后为宦者所见，于是南（衙）北（司）益相水火。洎昭宗末崔侍中（胤）得行其志，然而玉石俱焚也。

《通鉴》二五〇“咸通二年二月”条云：

是时士大夫深疾宦官，事有小相涉，则众共弃之。建州进士叶京尝预宣武军宴，识监军之面。既而及第，在长安与同年出游，遇之于涂，马上相揖。因之，谤议喧然，遂沈废终身。其不相悦如此。

寅恪案：《昌黎外集》三有《送汴州监军俱文珍序（并诗）》，备极谄谀之词。夫文珍亦宣武军监军也，而退之与叶京之遭遇乃迥不相似，据是可知贞元及咸通时，士大夫与阉寺关系之异同矣。

《旧唐书》一八四《宦官传·杨复恭传》略云：

李茂贞收兴元，进复恭前后与〔杨〕守亮私书六十纸，诉致仕之由云：“吾于荆榛中援立寿王，有如此负心门生天子，既得尊位，乃废定策国老。”

同书同卷同传末略云：

是月（光化三年正月），〔朱〕全忠迎驾长安，诏以崔胤为宰相，兼判六军诸卫。胤奏曰：“高祖、太宗时，无内官典军旅。自天宝已后，宦官浸盛。贞元、元和，分羽林卫为左右神策军，使卫从，令宦官主之，自是参掌枢密。由是内务百司，皆归宦者，不翦其本根，终为国之蟊贼。内诸司使务宦官主者，望一切罢之，诸道监军使，并追赴阙廷。”诏曰：“其第五可范已下并宜赐死。其在畿甸同华、河中，并尽底处置讫，诸道监军使已下，及管内经过并居停内使，敕到并仰随处诛夷讫闻奏。其左右神策军，并令停废。”

《新唐书》五○《兵志》略云：

其后京畿之西，多以神策军镇之，皆有屯营。军司之人，散处甸内，皆恃势凌暴，民间苦之。自德宗幸梁还，以神策兵有劳，皆号“兴元元从奉天定难功臣”，恕死罪。中书、御史府、兵部乃不能岁比其籍，京兆又不敢总举名实。三辅人假比于军，一牒至十数。长安奸人多寓占两军，身不宿卫，以钱代行，谓之“纳课户”。益肆为暴，吏稍禁之，辄先得罪，故当时京尹、赤令皆为之敛屈。〔贞元〕十年，京兆尹杨於陵请置挟名敕，五丁许二丁居军，余差以条限，繇是豪强少畏。十二年，以监勾当左神策军、左监门卫大将军、知内侍省事窦文场为左神策军护军中尉，监勾当右神策军、右监门卫将军、知内侍省事霍仙鸣为右神策军护军中尉，监右神威军使、内侍兼内谒者监张尚进为右神威军中护军，监左神威军使、内侍兼内谒者监焦希望为左神威军中护军。护军中尉、中护军皆古官，帝既以禁卫假宦官，又以此宠之。十四年，又诏左右神策置统军，以崇亲卫，如六军。时边兵衣饷多不赡，而戍卒屯防，药茗蔬酱之给最厚。诸将务为诡辞，请遥隶神策军，禀赐遂赢旧三倍，繇是塞上往往称"神策行营"，皆内统于中人矣，其军乃至十五万。故事，京城诸司、诸使、府、县，皆季以御史巡囚。后以北军地密，未尝至。十九年，监察御史崔薳不知近事，遂入右神策，中尉奏之，帝怒，杖薳四十，流崖州。顺宗即位，王叔文用事，欲取神策兵柄，乃用故将范希朝为左右神策、京西诸城镇行营兵马节度使，以夺宦者权而不克。昭宗召朱全忠兵入诛宦官，宦官觉，劫天子幸凤翔。全忠围之岁余，天子乃诛中尉韩全海、张弘彦等二十余人，以解梁兵，乃还长安。于是悉诛宦官，而神策左右军繇此废矣。

《白氏长庆集》一《宿紫阁山北村》诗云：

晨游紫阁峰，暮宿山下村。村老见予喜，为予开一樽。举杯未及饮，暴卒来入门。紫衣挟刀斧，草草十余人。夺我席上酒，掣我盘中餐。主人退后立，敛手反如宾。中庭有奇树，种来三十春。主人惜不得，持斧断其根。口称采造家，身属神策军。主人慎勿语，中尉正承恩。

十七　唐后期财政

《唐会要》八三《租税上》云：

> 建中元年正月五日敕文："宜委黜陟使与观察使及刺史、转运所由，计百姓及客户，约丁产、定等第，均率作年支两税。如当处土风不便，更立一限。其比来征科色目，一切停罢。"至二月二十一日起请条请，令黜陟观察使及州县长官据旧征税数及人户土客定等第钱数多少，为夏秋两税。其鳏寡茕独不支济者，准制放免。其丁租庸调并入两税，州县常存丁额，准式申报。其应科斛斗，请据大历十四年见佃青苗地额均税。夏税六月内纳毕，秋税十一月内纳毕。其黜陟使每道定税讫，具当州府应税都数，及征纳期限，并支留合送等钱物斛斗，分析闻奏，并报度支、金部、仓部、比部。其月，大赦天下，遣黜陟使观风俗，仍与观察使、刺史计人产等级，为"两税法"。此外敛者，以枉法论。

> 其年八月，宰相杨炎上疏奏曰："国家初定令式，有租赋庸调之法。至开元中，玄宗修道德，以宽仁为治本，故不为版籍之书。人户浸溢，堤防不禁。丁口转死，非旧名矣；田亩移换，非旧额矣；贫富升降，非旧第矣。户部徒以空文，总其故书，盖非得当时之实。旧制，人丁戍边者，蠲其租庸，六岁免归。玄宗方事夷狄，戍者多死不返，边将怙宠而讳败，不以死申，故其贯籍之名不除。至天宝中，王铁为户口使，方务聚敛，以丁籍且存，则丁身焉往，是隐课而不出耳。遂按旧籍计除六年之外，积征其家三十年租庸。天下之人，苦而无告，则租庸之法弊久矣。迫至德之后，天下兵起，始以兵役，因之饥疠，征

求运输，百役并作，人户凋耗，版图空虚。军国之用，仰给于度支、转运二使；四方大镇，又自给于节度、团练使；赋敛之司，增数而莫相统摄。于是纲目大坏，朝廷不能覆诸使，诸使不能覆诸州，四方贡献悉入内库，权臣猾吏缘以为奸，或公托进献私为赃盗者，动以万计。有重兵处，皆厚自奉养，正赋所入无几。吏之职名，随人署置，俸给厚薄由其增损。故科敛之名凡数百，废者不削，重者不去，新旧仍积，不知其涯。百姓受命而供之，旬输月送，无有休息。吏因其苛，蚕食于人。凡富人多丁，率为官为僧，以色役免；贫人无所入，则丁存，故课免于上，而赋增于下。是以天下残瘁，荡为浮人，乡居地著者，百不四五，如是者迨三十年。"炎遂请作两税法，以一其名，曰："凡百役之费，一钱之敛，先度其数。而赋于人，量出以制入，户无土客，以见居为簿；人无丁中，以贫富为差。不居处而行商者，在所州县税三十之一。度所取与居者均，使无侥幸。居人之税，秋夏两征之。俗有不便者，正之。其租庸杂徭悉省，而丁额不废，申报出入如旧式。其田亩之税，率以大历十四年垦田之数为准，而均征之。夏税无过六月，秋税无过十一月。逾岁之后，有户增而税减轻，及人散而失均者，进退长吏，而以度支总统之。"德宗善而行之。

同书八八《仓及常平仓门》略云：

贞观二年四月三日，尚书左丞戴胄上言曰："今请自王公已下，爰及众庶，计所垦田，稼穑顷亩，每至秋熟，准其见苗，以理劝课，尽令出粟。麦稻之乡，亦同此税。各纳所在，立为义仓。"上（太宗）曰："宜下有司，议立条制。"户部尚书韩仲良奏："王公已下，垦田亩纳二升。其粟麦粳稻之属，各依土地，贮之州县，以备凶年。"制可之。

永徽二年闰九月六日敕："义仓据地收税，实是劳烦，宜令率户出粟。上下户五石，余各有差。"

《通典》一二《轻重门》云：

开元二十五年定式："王公以下，每年户别据所种田，亩别税粟二升，以为义仓。其商贾户若无田及不足者，上上户税五石，上中以下递减各有差。诸出给杂种准粟者，稻谷一斗五升当粟一斗。其折纳糙米者，稻三石折纳糙米一石四斗。"

《旧唐书》一四八《裴垍传》（参《通鉴》二三七"宪宗元和三年九月"条）云：

先是，天下百姓输赋于州府：一曰上供，二曰送使，三曰留州。建中初定两税时，货重钱轻；是后货轻钱重，齐人所出，固已倍其初征。而其留州、送使，所在长吏又降省估，使就实估，以自封殖而重赋于人。及垍为相，奏请："天下留州、送使物，一切令依省估。其所在观察使仍以其所莅之郡，租赋自给，若不足，然后征于支郡。"其诸州送使额，悉变为上供。故江淮稍息肩。

《唐会要》八七《转运盐铁总叙》云：

〔宪宗〕元和二年三月，以李巽代之。（杜佑判度支盐铁转运使。）先是，李锜判使，天下榷酤漕运，由其操割，专事贡献，牢其宠渥。中朝秉事者悉以利交，盐铁之利，积于私室，而国用日耗。巽既为盐铁使，大正其事，其堰埭先隶浙西观察使者，悉归之，因循权置者，尽罢之。增置河阴敖仓，置桂阳监，铸平阳铜山为钱。又奏："江淮、河南、峡内、兖郓、岭南盐法监院，去年收盐价缗钱七百二十七万，比旧法张其估二千七百八十余万，非实数也。今请以其数除为煮盐之外，付度支收其数。"盐铁使煮盐，利系度支，自此始也。又以程异为扬子留后。四年四月五日，巽卒。自榷管之兴，惟刘晏得其术，而巽次之。然初年之利，类晏之季年，季年之利，则三倍于晏矣。旧制，每岁运江淮米五十万斛，至河阴留十万，四十万送渭仓。晏殁，久不登其数，惟巽掌使三载，无升斗之缺焉。六月，以河东节度使李鄘代之。五年，鄘为淮南节度使，以宣州观察使卢坦代之。六年，坦奏："每年江淮运糙米四十万石到渭桥，近日欠阙大半，详旋收籴、递年贮备。"从之。坦改户部侍郎，以京兆尹王播代之。播遂奏："元和五年，江淮、河南、岭南、峡中、兖郓等盐利钱六百九十八万贯。比量改法已前旧盐利时价，四倍虚估，即此钱当为千七百四十余万贯矣。请付度支收管。"从之。其年诏曰："两税法悉委郡国，初极便人，但缘约法之时，不定物估，今度支盐铁，泉货是司，各有分巡，置于都会。爰命帖职，周视四方，简而易从，庶叶权便。政有所弊，事有所宜，皆得举闻，副我忧寄。"以扬子盐铁留后为江淮已南两税使，江陵留后为荆衡汉沔东界、彭蠡南及日南两税使，度支山南西道分巡院官充三川两税使。峡内煎盐五监先属盐铁使，今宜割属度支，便委山南西道两税使兼知粜卖。峡内盐属度支，自此始也。

〔元和〕七年，王播奏："去年盐利，除割峡内井盐，收钱六百八十五万。"从实估也。又奏："商人于户部、度支、盐铁三司飞钱，谓之便换。"

《颜鲁公文集》附殷亮撰《行状》云：

〔李〕华于是复诣平原，与公相见，公因问以足用之计，华遂与公数日参议，以定钱收景城盐，沿河置场，令诸郡略定一价，节级相输，而军用遂赡。时北海郡录事参军第五琦随刺史贺兰进明招讨于河北，睹其事，遂窃其法，乃奏肃宗于凤翔，至今用之不绝，然犹未得公本策之妙旨焉。

《新唐书》一四九《刘晏传》云：

领东都、河南、江淮转运、租庸、盐铁常平使。时大兵后，京师米斗千钱，禁膳不兼时，旬农授穗以输。晏乃自桉行，浮淮、泗，达于汴，入于河。右循底柱、砥石，观三门遗迹；至河阴、巩、洛，见宇文恺梁公堰，厮河为通济渠，视李杰新堤，尽得其病利。然畏为人牵制，乃移书于宰相元载，以为："大抵运之利与害各有四：京师三辅，苦税入之重，淮、湖粟至，可减徭赋半，为一利。东都凋破，百户无一存，若漕路流通，则聚落邑廛渐可还定，为二利。诸将有不廷，戎虏有侵盗，闻我贡输错入，军食丰衍，可以震耀夷夏，为三利。若舟车既通，百货杂集，航海梯峤，可追贞观、永徽之盛，为四利。起宜阳、熊耳、虎牢、成皋五百里，见户才千余，居无尺椽，爨无盛烟，兽游鬼哭，而使转车挽漕，功且难就，为一病。河、汴自寇难以来，不复穿治，崩岸灭木（水），所在庳淤，涉泗（洄）千里，如冈水行舟，为二病。东垣、底柱、澠池、北河之间六百里，戍逻久绝，夺攘奸宄，夹河为薮，为三病。淮阴去蒲坂，亘三千里，屯壁相望，中军皆鼎司元侯，每言衣无纩，食半菽，挽漕所至，辄留以馈军，非单车使者折简书所能制，为四病。"载方内擅朝权，既得书，即尽以漕事委晏，故晏得尽其才。岁输始至，天子大悦，遣卫士以鼓吹迓东渭桥，驰使劳曰："卿，朕酂侯也。"凡岁致四十万斛，自是关中虽水旱，物不翔贵矣。

同书五四《食货志》云：

自兵起，流庸未复，税赋不足供费，盐铁使刘晏以为因民所急而税之，则国足用。于是上盐法轻重之宜，以盐吏多则州县扰，出盐乡因旧监置吏，亭户粜商人，纵其所之。江、岭去盐远者，有常平盐，每商人不至，则减价以粜民，官收厚利而人不知贵。晏又以盐生霖潦则卤薄，暵旱则土溜坋，乃随时为令，遣吏晓导，倍于劝农。吴、越、扬、楚盐廪至数千，积盐二万余石。有涟水、湖州、越州、杭州四场，嘉兴、海陵、盐城、新亭、临平、兰亭、永嘉、大昌、候官、富都十监，岁得钱百余万缗，以当百余州之赋。自淮北置巡院十三，曰扬州、陈许、汴州、庐寿、白沙、淮西、甬桥、浙西、宋州、泗州、岭南、兖郓、郑滑，捕私盐者，奸盗为之衰息。然诸道加榷盐钱，商人舟所过有税。晏奏罢州县率税，禁堰埭邀以利者。晏之始至也，盐利岁才四十万缗，至大历末，六百余万缗。天下之赋，盐利居半，宫闱服御、军饷、百官禄俸皆仰给焉。

《旧唐书》一四《宪宗纪上》（参《通鉴》二三七"元和二年"此条胡《注》，及《唐会要》六三"修撰"条）云：

〔元和二年十二月〕己卯，史官李吉甫撰《元和国计簿》，总计天下方镇凡四十八，管州府二百九十五，县一千四百五十三，户二百四十四万二百五十四，其凤翔、鄜坊、邠宁、振武、泾原、银夏、灵盐、河东、易定、魏博、镇冀、范阳、沧景、淮西、淄青十五道，凡七十一州，不申户口。每岁赋入倚办，止于浙江东西、宣歙、淮南、江西、鄂岳、福建、湖南等八道，合四十九州，一百四十四万户。比量天宝供税之户，则四分有一。天下兵戎仰给县官者八十三万余人，比量天宝士马，则三分加一，率以两户资一兵。其他水旱所损，征科发敛，又在常役之外。吉甫都纂其事，成书十卷。

同书一九下《僖宗纪》云：

〔光启元年三月〕丁卯，车驾〔自蜀〕至京师。时李昌符据凤翔，王重荣据蒲、陕，诸葛爽据河阳、洛阳，孟方立据邢、洺，李克用据太原、上党，朱全忠据汴、滑，秦宗权据许、蔡，时溥据徐、泗，朱瑄据郓、齐、曹、濮，王敬武据淄、青，高骈据淮南八州，秦彦据宣、歙，刘汉宏据浙东，皆自擅兵赋，迭相吞噬，朝廷不能制。江淮转运路绝，两河、江淮赋不上供，但岁时献奉而已。国命所能制者，河西、山南、剑南、岭南西道数十州，大约郡将自擅，常赋殆绝，藩侯废置，不自朝廷，王业于是荡然。

十八　黄巢　沙陀

《旧唐书》一九下《僖宗纪》"广明元年六月"条云：

〔吐浑赫连〕铎遣人说高文集令归国，文集与沙陀首领李友金、萨葛都督米海万、安庆都督史敬存以前蔚州归款于李琢。时〔李〕克用率众御燕军于雄武军。七月，沙陀三部落李友金等开门迎大军。

《新唐书》二一八《沙陀传》云：

〔黄〕巢攻潼关，入京师，诏河东监军陈景思发代北军。时沙陀都督李友金屯兴唐军，萨葛首领米海万、安庆都督史敬存屯感义军。

《资治通鉴》二五三"唐僖宗广明元年六月"条略云：

李克用遣大将高文集守朔州，自将其众拒〔李〕可举于雄武军。〔赫连〕铎遣人说文集归国，文集执克用将傅文达，与沙陀酋长李友金、萨葛都督米海万、安庆都督史敬存皆降于〔李〕琢，开门迎官军。

《新唐书》一四八《康日知传》附承训传（参《旧唐书》一九上《懿宗纪》咸通四年、五年、九年、十年诸条，及《新唐书》一一四《崔融传》附彦曾传等）略云：

咸通中，南诏复盗边。武宁兵七百戍桂州。（寅恪案：《新唐书》六五《方镇表》武宁军节度使治徐州。）六岁不得代，列校许佶、赵可立因众怒杀都将，诣监军使丐粮铠北还，不许，即擅斧库，劫战械，推粮料判官庞勋为长，勒众上道。懿宗遣中人张敬思部送，诏本道观察使崔彦曾慰安之。次潭州，监军诡夺其兵，勋畏必诛，篡舟循江下。益裒兵，招亡命，遂入徐州，据之。帝遣中人康道隐宣慰徐州，道隐还，固求节度，帝乃拜承训徐泗行营都招讨使，率魏博、鄜延、义武、凤翔、沙陀、吐浑兵二十万讨之。勋以其父举直守徐州，（承训使降将张玄稔破徐州。）勋闻徐已拔，自石山而西，所在焚掠。承训悉兵八万逐北，沙陀将朱邪赤衷急追至宋州；勋焚南城，为刺史郑冲所破；将南趋亳，承训兵循涣而东；贼走蕲县，官兵断桥，不及济，承训乃纵击之，斩首万级，余皆溺死，阅三日，得勋尸。

同书二二二中《南蛮传·南诏传》云：

会西川节度使陈敬瑄申和亲议，时卢携复辅政，与豆卢琢皆厚（主和之高）骈，乃谲说帝（僖宗）曰："宣宗皇帝收三州七关，平江、岭以南，至大中十四年，内库赀积如山，户部延资充满，故宰相〔白〕敏中领西川，库钱至三百万缗，诸道亦然。咸通以来，蛮始叛命，再入安南、邕管，一破黔州，四盗西川，遂围卢耽，召兵东方，戍海门，天下骚动，十有五年，赋输不内京师者过半，中藏空虚，士死瘴疠，燎骨传灰，人不念家，亡命为盗，可为痛心。"

赞曰：唐亡于黄巢，而祸基于桂林。

同书二二五下《黄巢传》略云：

黄巢，曹州冤句人。世鬻盐，富于赀。善击剑骑射，稍通书记，辩给，喜养亡命。咸通末，仍岁饥，盗兴河南。乾符二年，濮名贼王仙芝乱长垣，有众三千，残曹、濮二州，俘万人，势遂张。所在肆掠，而巢喜乱，即与群从八人，募众得数千人，以应仙芝。

《资治通鉴》二五二《僖宗纪》"乾符二年六月"条云：

> 〔黄〕巢少与〔王〕仙芝皆以贩私盐为事。

同书二五四《僖宗纪》"中和元年八月"条略云：

> 武宁节度使支详遣牙将时溥、陈璠将兵五千入关讨黄巢。溥至东都，矫称详命，召师还与璠合兵，屠河阴，掠郑州而东。

《旧唐书》二〇〇下《黄巢传》云：

> 时京畿百姓皆砦于山谷，累年废耕耘，贼坐空城，赋输无入，谷食腾踊，米斗三十千。官军皆执山砦百姓，鬻于贼为食，人获数十万。朝士皆往来同、华，或以卖饼为业。

同书一九下《僖宗纪》（参《旧唐书》一六一《李光颜传》，《新唐书》一六五《郑余庆传》附从谠传、一六七《王播传》附式传、一七一《李光颜传》、一八八《杨行密传》、一八九《高仁厚传》、二〇八《宦者传下·田令孜传》、二一四《藩镇泽潞·刘悟传》，又同书四三下《地理志》羁縻州回纥州"鸡田州"条、六四《方镇表》兴凤陇栏"大中五年"条等）略云：

> 〔乾符四年〕十二月，（黄巢）贼陷江陵之郛，〔荆南节度使杨〕知温求援于襄阳，山南东道节度使李福悉其师援之。时沙陀军五百骑在襄阳，军次荆门，骑军击贼，败之。贼尽焚荆南郛郭而去。
>
> 〔中和三年〕四月庚辰，收复京城。天下行营兵马都监杨复光上章告捷，曰："雁门节度使李克用杀贼无非手刃，入阵率以身先。忠武黄头军使庞从等三十二都，随李克用自光泰门先入

京师，力摧凶逆。伏自收平京国，三面皆立大功，若破敌摧锋，雁门实居其首。"五月，王铎罢行营都统。时中尉田令孜用事，自负帷幄之功，以铎用兵无功，而由杨复光建策召沙陀，成破贼之效，欲权归北司，乃黜王铎而悦复光也。

十九　唐代文学

今开六门，略论韩愈之思想学术及当时政治社会之情况如下：

一曰：建立道统，证明传授之渊源；

二曰：直指人伦，扫除章句之繁琐；

三曰：排斥佛老，匡救政俗之弊害；

四曰：呵诋释迦，申明夷夏之大防；

五曰：改进文体，广收宣传之效用；

六曰：奖掖后进，期望学说之流传。

《韩昌黎集》一一《原道》略云：

古之为民者四，今之为民者六。古之教者处其一，今之教者处其三。农之家一，而食粟之家六。工之家一，而用器之家六。贾之家一，而资焉之家六。奈之何民不穷且盗也？

是故君者，出令者也；臣者，行君之令而致之民者也；民者，出粟米麻丝，作器皿，通货财，以事其上者也。君不出令，则失其所以为君；臣不行君之令而致之民，则失其所以为臣；民不出粟米麻丝，作器皿，通货财，以事其上，则诛。

传曰，古之欲明明德于天下者，先治其国；欲治其国者，先齐其家；欲齐其家者，先修其身；欲修其身者，先正其心；欲正其心者，先诚其意。然则古之所谓正心而诚意者，将以有为也。今也欲治其心，而外天下国家，灭其天常，子焉而不父其父，臣焉而不君其君，民焉而不事其事。

曰：斯道也，何道也？曰：斯吾所谓道也，非向所谓老与佛之道也。尧以是传之舜，舜以是传之禹，禹以是传之汤，汤以是传之文武周公，文武周公传之孔子，孔子传之孟轲，轲之死，不得其传焉。

人其人，火其书，庐其居，明先王之道以道之，鳏寡孤独废疾者有养也，其亦庶乎其可也。

同书二《送灵师诗》略云：

佛法入中国，尔来六百年。齐民逃赋役，高士著幽禅。官吏不之制，纷纷听其然。耕桑日失隶，朝署时遗贤。

同书三九《论佛骨表》略云：

臣某言，伏以佛者，夷狄之一法耳。自后汉时流入中国，上古未尝有也。假如其身至今尚在，奉其国命，来朝京师，陛下容而接之，不过宣政一见，礼宾一设，赐衣一袭，卫而出之于境，不令惑众也。

同书二三《祭十二郎文》略云：

呜呼！吾少孤，及长，不省所怙，惟兄嫂是依。中年，兄殁南方，吾与汝俱幼，从嫂归葬河阳。既又与汝就食江南。零丁孤苦，未尝一日相离也。

《全唐诗》一二函韩愈一〇《赠译经僧》诗云：

万里休言道路赊，有谁教汝度流沙。只今中国方多事，不用无端更乱华。

《新唐书》一〇九《王玙传》（参《旧唐书》一三〇《王玙传》）略云：

玄宗在位久，推崇老子道，好神仙事，广修祠祭，靡神不祈。玙上言，请筑坛东郊祀青帝，天子入其言，擢太常博士、侍御史，为祠祭使。玙专以祠解中帝意，有所禳祓，大抵类巫觋。汉以来葬丧皆有瘗钱，后世里俗稍以纸寓钱为鬼事，至是玙乃用之。肃宗立，累迁太常卿，又以祠祷见宠。乾元三年，拜蒲、同、绛等州节度使，俄以中书侍郎同中书门下平章事。时大兵后，天下愿治，玙望轻，无它才，不为士议谐可，既骤得政，中外怅骇。乃奏置太一坛，劝帝身见九宫祠。帝由是专意，它议不能夺。帝尝不豫，太卜建言，祟在山川。玙遣女巫乘传分祷天下名山大川，巫皆盛服，中人护领，所至干托州县，赂遗狼藉。时有一巫美而蛊，以恶少年数十自随，尤恣狡不法。驰入黄州，刺史左震晨至馆请事，门镝不启。震怒，破镝入，取巫斩廷下，悉诛所从少年，籍其赃得十余万，因遣还中人。既以闻，玙不能诘，帝亦不加罪。明年，罢玙为刑部尚书，又出为淮南节度使，犹兼祠祭使。始，玙托鬼神致位将相，当时以左道进者纷纷出焉。

《旧唐书》一三〇《李泌传》云：

泌颇有谠直之风，而谈神仙诡道，或云尝与赤松子、王乔、安期、羡门游处，故为代所轻，虽诡道求容，不为时君所重。德宗初即位，尤恶巫祝怪诞之士。初，肃宗重阴阳祠祝之说，用妖人王玙为宰相，或命巫媪乘驿行郡县以为厌胜。凡有所兴造功役，动牵禁忌。而黎幹用左道位至尹京，尝内集众工，编刺珠绣为御衣，既成而焚之，以为禳祓，且无虚月。德宗在东宫，颇知其事，即位之后，罢集僧于内道场，除巫祝之祀。有司言宣政内廊坏，请修缮，而太卜云："孟冬为魁冈，不利穿筑，请卜他月。"帝曰："《春秋》之义，启塞从时，何魁冈之有？"卒命修之。又代宗山陵灵驾发引，上号送于承天门，见辒辌不当道，稍指午未间。问其故，有司对曰："陛下本命在午，故不敢当道。"上号泣曰："安有枉灵驾而谋身利？"卒命直午而行。及建中末，寇戎内梗，桑道茂有城奉天之说，上稍以时日禁忌为意，而雅闻泌长于鬼道，故自外征还，以至大用，时论不以为惬。

《国史补》上"李泌任虚诞"条（参《太平广记》二八九《妖妄类》"李泌"条）云：

> 李相泌以虚诞自任。尝对客曰："令家人速洒扫，今夜洪崖先生来宿。"有人遗美酒一榼，会有客至，乃曰："麻姑送酒来，与君同倾。"倾之未毕，阍者云："某侍郎取榼子。"泌命倒还之，略无怍色。

《唐会要》四七《议释教上》（参《旧唐书》一二七《彭偃传》）略云：

> 大历十三年四月，剑南东川观察使李叔明奏请澄汰佛、道二教，下尚书省集议。都官员外郎彭偃献议曰："王者之政，变人心为上，因人心次之，不变不因，循常守故者为下，故非有独见之明，不能行非常之事。今陛下以维新之政，为万代法，若不革旧风，令归正道者，非也。当今道士，有名无实，时俗鲜重，乱政犹轻，惟有僧尼，颇为秽杂。自西方之教，被于中国，去圣日远，空门不行五浊，比邱但行粗法，爰自后汉，至于陈隋，僧之教灭，其亦数四，或至坑杀，殆无遗余，前代帝

王，岂恶僧道之善如此之深耶？盖其乱人亦已甚矣。且佛之立教，清净无为，若以色见，即是邪法，开示悟入，惟有一门，所以三乘之人，比之外道。况今出家者，皆是无识下劣之流，纵其戒行高洁，在于王者，已无用矣。今叔明之心甚善，然臣恐其奸吏诋欺，而去者未必非，留者不必是，无益于国，不能息奸，既不变人心，亦不因人心，强制力持，难致远耳。臣闻天生蒸民，必将有职，游行浮食，王制所禁。故有才者受爵禄，不肖者出租税，此古之常道也。今天下僧道不耕而食，不织而衣，广作危言险语，以惑愚者。一僧衣食，岁计约三万有余，五丁所出，不能致此。举一僧以计天下，其费可知。陛下日旰忧勤，将去人害，此而不救，奚其为政？臣伏请僧道未满五十者，每年输绢四匹；尼及女道士未满五十者，输绢二匹；其杂色役，与百姓同；有才智者，令入仕。请还俗为平人者听，但令就役输课，为僧何伤？臣窃料其所出，不下今之租赋三分之一，然则陛下之国富矣，苍生之害除矣。其年过五十者，请皆免之。夫子曰：五十而知天命。列子曰：不斑白，不知道。人年五十岁，嗜欲已衰，纵不出家，心已近道，况戒律检其性情哉？臣以为此令既行，僧尼规避还俗者固已大半，其年老精修者，必尽为人师，则道释二教益重明矣。"上深嘉之。

《新唐书》一七六《韩愈传》略云：

愈成就后进士，往往知名。经愈指授，皆称"韩门弟子"。

《旧唐书》一六〇《韩愈传》略云：

大历、贞元之间，文字多尚古学，效扬雄、董仲舒之述作，而独孤及、梁肃最称渊奥，儒林推重。愈从其徒游，锐意钻仰，欲自振于一代。

《新唐书》一七六《韩愈传》略云：

愈生三岁而孤，随伯兄会贬官岭表。

《韩昌黎集》一《复志赋》略云：

当岁行之未复兮，从伯氏以南迁。凌大江之惊波兮，过洞庭之漫漫。至曲江而乃息兮，逾南纪之连山。嗟日月其几何兮，携孤嫠而北旋。值中原之有事兮，将就食于江之南。

李汉《昌黎先生集序》略云：

先生生于大历戊申，幼孤，随兄播迁韶岭。

元白诗证史讲义　附：《长恨歌传》详略两本对照

《才调集》五

梦游春七十韵

昔岁梦游春，梦游何所遇。梦入深洞中，果遂平生趣。清冷浅漫流，画舫兰篙渡。过尽万株桃，盘旋竹林路。长廊抱小楼，门牖相回互。楼下杂花丛，丛边绕鹓鹭。池光漾霞影，晓日初鸣煦。未敢上阶行，频移曲池步。乌龙不作声，碧玉曾相慕。渐到帘幕间，徘徊意犹惧。闲窥东西阁，奇玩参差布。隔子碧油糊，驼钩紫金镀。逡巡日渐高，影响人将寤。鹦鹉饥乱鸣，娇娃（寅恪案："娃"疑当作"狂"）睡犹怒。帘开侍儿起，见我遥相谕。铺设绣红茵，施张钿装具。潜褰翡翠帷，瞥见珊瑚树。不辨花貌人，空惊香若雾。身回夜合偏，态敛晨霞聚。睡脸桃破风，汗妆莲委露。丛梳百叶髻（时势头），金蠆重台履（踏殿样）。纰软钿头裙（瑟瑟色），玲珑合欢袴（夹缬名）。鲜妍脂粉薄，暗澹衣裳故。最似红牡丹，雨来春欲暮。梦魂良易惊，灵境难久寓。夜夜望天河，无由重沿溯。结念心所期，返如禅顿悟。觉来八九年，不向花回顾。杂合两京春，喧阗众禽护。我到看花时，但作怀仙句。浮生转经历，道性尤坚固。近作梦仙诗，亦知劳肺腑。一梦何足云，良时事婚娶。当年二纪初，嘉节三星度。朝蕣玉佩迎，高松女萝附。韦门正全盛，出入多欢裕。甲第涨清池，鸣驺引朱辂。广榭舞萋萋，长筵宾杂厝。青春讵几日，华实潜幽蠹。秋月照潘郎，空山怀谢傅。红楼嗟坏壁，金谷迷荒戍。石压破阑干，门摧旧楗柜。

虽云觉梦殊，同是终难驻。惊绪竟何如，梦丝不成绚。卓女白头吟，阿娇金屋赋。重璧盛姬台，青冢明妃墓。尽委穷尘骨，皆随流波注。幸有古如今，何劳缣比素。况余当盛时，早岁谐如（"如"一作"时"）务。诏册冠贤良，谏垣陈好恶。三十再登朝，一登还一仆。宠荣非不早，遭回亦云屡。直气在膏肓，氤氲日沉痼。不言意不快，快意言多忤。忤诚人所贼，性亦天之付。乍可沉为香，不能浮作瓠。诚为坚所守，未为明所措。事事身已经，营营计何误。美玉琢文珪，良金填武库。徒谓自坚贞，安知受砻铸。长丝羁野马，密网罗阴兔。物外各迢迢，谁能远相锢。时来既若飞，祸速当如骛。曩意自未精，此行何所诉（"诉"一作"愬"）。努力去江陵，笑言谁与晤。江花纵可怜，奈非心所慕。石竹逞奸黠，蔓菁夸亩数。一种薄地生，浅深何足妒。荷叶水上生，团团水中住。泻水置叶中，君看不相污。

汪立名本《白香山诗集》一二

和梦游春诗一百韵　并序

　　微之既到江陵，又以《梦游春》诗七十韵寄予，且题其序曰："斯言也，不可使不知吾者知，知吾者亦不可使不知，乐天知吾也，吾不敢不使吾子知。"予辱斯言，三复其旨，大抵悔既往而悟将来也。然予以为苟不悔不痛则已，若悔于此，则宜悟于彼也。反于彼而悟于妄，则宜归于真也。况与足下外服儒风，内宗梵行者，有日矣。而今而后，非觉路之返也，非空门之归也，将安反乎？将安归乎？今所和者，其章旨卒归于此。夫感不甚则悔不熟，感不至则悟不深。故广足下七十韵为一百韵，重为足下陈梦游之中所以甚感者，叙婚仕之际所以至感者，欲使曲尽其妄，周知其非，然后返乎真，归乎实。亦犹《法华经》序火宅、偈化城，《维摩经》入淫舍、过酒肆之义也。微之！微之！予斯文也，尤不可使不知吾者知，幸藏之云耳。

昔君梦游春，梦游仙山曲。恍若有所遇，似惬平生欲。因寻菖蒲水，渐入桃花谷。到一红楼家，爱之看不足。池流渡清沚，草嫩蹋绿蓐。门柳暗全低，檐樱红半熟。转行深深院，过尽重重屋。乌龙卧不惊，青鸟飞相逐。渐闻玉佩响，始辨朱履躅。遥见窗下人，娉婷十五六。霞光抱明月，莲艳开初旭。缥缈云雨仙，氛氲兰麝馥。风流薄梳洗，时世宽妆束。袖软异文绫，裾轻单丝縠。裙腰银线压，梳掌金筐蹙。带缬紫蒲萄，袴花红石竹。凝情都未语，付意微相瞩。眉敛远山青，鬟低片云绿。帐牵翡翠带，被解鸳鸯袱。秀色似堪餐，秾华如可掬。半卷锦头席，斜铺绣腰褥。朱唇素指匀，粉汗红绵扑。心惊睡易觉，梦断魂难续。笼委独栖禽，剑分连理木。存诚期有感，誓志贞无黩。京洛八九春，未曾花里宿。壮年徒自弃，佳会应无复。鸾歌不重闻，凤兆从兹卜。韦门女清贵，裴氏甥贤淑。罗扇夹花灯，金鞍攒绣毂。既倾南国貌，遂坦东床腹。刘阮心渐忘，潘杨意方睦。新修履信第，初食尚书禄。九酝备圣贤，八珍穷水陆。秦家重萧史，彦辅怜卫叔。朝馔馈独盘，夜醀倾百斛。亲宾盛辉赫，妓乐纷晔煜。宿醉才解酲，朝欢俄枕麴。饮过君子争，令甚将军酷。酩酊歌鹠鹠，颠狂舞鹬鹬。月流春夜短，日下秋天速。谢傅隙过驹，萧娘风过（一作"送"）烛。全凋藓花折，半死梧桐秃。暗镜对孤鸾，哀弦留寡鹄。凄凄隔幽显，冉冉移寒燠。万事此时休，百身何处赎。提携小儿女，将领旧姻族。再入朱门行，一傍青楼哭。枥空无厩马，水涸失池鹜。摇落废井梧，荒凉故篱菊。莓苔上几阁，尘土生琴筑。舞榭缀蟏蛸，歌梁聚蝙蝠。嫁分红粉妾，卖散苍头仆。门客思彷徨，家人泣呀喥。心期正萧索，宦序仍拘跼。怀策入崤函，驱车辞郏鄏。逢时念既济，聚学思大畜。端详筮仕蓍，磨拭穿杨镞。始从雠校职，首中贤良目。一拔侍瑶墀，再升纡绣服。誓酬君王宠，愿使朝廷肃。密勿奏封章，清明遭宪牍。鹰鞲中病下，豸角当邪触。纠缪尽（一作"静"）东周，申冤动南蜀。危言诋阉寺，直气忤钧轴。不忍曲作钩，乍能折为玉。扪心无愧畏，腾口有谤讟。只要明是非，何曾虞祸福。车摧太行路，剑落酆城狱。襄汉问修途，荆蛮指殊俗。谪为江府掾，遣事荆州牧。趋走谒麾幢，喧烦视鞭扑。簿书常自领，缧囚每亲鞠。竟日坐官曹，经旬旷休沐。宅荒渚宫草，马瘦畬田粟。薄俸等涓毫，微官同桎梏。月中照形影，天际辞骨肉。鹤病翅羽垂，兽穷爪牙缩。行看须间白，谁劝杯中绿。时伤大野麟，命问长沙鵩。夏梅山雨渍，秋瘴海（一作"江"）云毒。巴水白茫茫，楚山青簇簇。吟君七十韵，是我心所蓄。既去诚莫追，将来幸前勖。欲除忧恼病，当取禅经读。须悟事皆空，无令念将属。请思游春梦，此梦何闪倏。艳色即空花，浮生乃焦谷。良姻在嘉偶，顷刻为单独。入仕欲荣身，须臾成黜辱。合者离之始，乐兮忧所伏。愁恨僧祇长，欢荣刹那速。觉悟因傍喻，迷执由当局。膏明诱暗蛾，阳焰奔痴鹿。贪为苦聚落，爱是悲林麓。水荡无明波，轮回死生辐。尘应甘露洒，垢待醍醐浴。障要智灯烧，魔须慧刀戮。外熏性易染，内战心难蚁。法句与心王，期君日三复。（微之常以《法句》及《心王头陀经》相示，故申言以卒其志也。）

长恨歌

《长恨歌传》：开元中，泰阶平，四海无事。玄宗在位岁久，倦于旰食宵衣，政无大小，始委于右丞相，深居游宴，以声色自娱。先是元献皇后、武淑妃皆有宠，相次即世，宫中虽良家子千数，无可悦目者。上心忽忽不乐。每岁十月，驾幸华清宫，内外命妇，熠耀景从，浴日余波，赐以汤沐。春风灵液，澹荡其间。上心油然，若有顾遇。左右前后，粉色如土。诏高力士潜搜外宫，得弘农杨玄琰女于寿邸，既笄矣。鬓发腻理，纤秾中度，举止闲冶，如汉武帝李夫人。别疏汤泉，诏赐澡莹。既出水，体弱力微，若不任罗绮。光彩焕发，转动照人。上甚悦。进见之日，奏《霓裳羽衣曲》以导之；定情之夕，授金钗钿合以固之。又命戴步摇，垂金珰。明年册为贵妃，半后服用。

繇是冶其容，敏其词，婉娈万态，以中上意。上益嬖焉。时省风九州，泥金五岳，骊山雪夜，上阳春朝，与上行同室，宴专席，寝专房，虽有三夫人、九嫔、二十七世妇、八十一御妻，暨后宫才人、乐府妓女，使天子无顾眄意。自是六宫无复进幸者。非徒殊艳尤态致是，盖才智明慧，善巧便佞，先意希旨，有不可形容者。叔父昆弟，皆列在清贯，爵为通侯。姊妹封国夫人，富埒王室，车服邸第，与大长公主侔。而恩泽势力，则又过之。出入禁门不问，京师长吏，为之侧目。故当时谣咏有云："生女勿悲酸，生男勿喜欢。"又曰："男不封侯女作妃，看女却为门上楣。"其人心羡慕如此！天宝末，兄国忠盗丞相位，愚弄国柄。及安禄山引兵向阙，以讨杨氏为辞，潼关不守，翠华南幸，出咸阳，道次马嵬亭，六军徘徊，持戟不进。从官郎吏伏上马前，请诛错以谢天下。国忠奉牦缨盘水，死于道周。左右之意未快。上问之，当时敢言者，请以贵妃塞天下怒。上知不免，而不忍见其死，反袂掩面，使牵之而去。苍黄展转，竟就绝于尺组之下。既而玄宗狩成都，肃宗受禅灵武。明年，大凶归元，大驾还都，尊玄宗为太上皇，就养南宫，迁于西内。时移事去，乐尽悲来，每至春之日，冬之夜，池莲夏开，宫槐秋落，梨园子弟，玉琯发音，闻《霓裳羽衣》一声，则天颜不怡，左右歔欷。三载一意，其念不衰。求之梦魂，杳不能得。适有道士自蜀来，知上皇心念贵妃如是，自言有李少君之术。玄宗大喜，命致其神。方士乃竭其术以索之，不至。又能游神驭气，出天界没地府以求之，不见。又旁求四虚上下，东极天海，跨蓬壶，见最高仙山，上多楼阙，西厢下有洞户，东向，阖其门，署曰"玉妃太真院"。方士抽簪扣扉，有双鬟童女出应门，方士造次未及言，而双鬟复入。俄有碧衣侍女又至，诘其所从。方士因称唐天子使者，且致其命。碧衣云："玉妃方寝，请少待之。"于时云海沉沉，洞天日晚，琼户重阖，悄然无声。方士屏息敛足，拱手门下。久之，而碧衣延入，且曰："玉妃出。"见一人冠金莲，披紫绡，佩红玉，曳凤舄，左右侍者七八人，揖方士问皇帝安否？次问天宝十四年已还事。言讫悯默。指碧衣取金钗钿合，各析其半，授使者，曰："为谢太上皇，谨献是物，寻旧好也。"方士受辞与信。将行，色有不足。玉妃固征其意，复前跪致词，请当时一事，不为他人闻者，验于太上皇。不然，恐钿合金钗，负新垣平之诈也。玉妃茫然退立，若有所思。徐而言之曰："昔天宝十载，侍辇避暑骊山宫。秋七月，牵牛织女相见之夕，秦人风俗，是夜张锦绣，陈饮食，树瓜华，焚香于庭，号为'乞巧'。宫掖间尤尚之。夜始半，休侍卫于东西厢，独侍上。上凭肩而立，因仰天感牛女事，密相誓心，愿世世为夫妇，言毕执手各呜咽，此独君王知之耳。"因自悲曰："由此一念，又不得居此，复堕下界，且结后缘。或为天，或为人，决再相见，好合如旧。"因言太上皇亦不久人间，幸唯自安，无自苦耳。使者还，奏太上皇，皇心震悼，日日不豫，其年夏四月，南宫晏驾。元和元年冬十二月，太原白乐天自校书郎尉于盩厔，鸿与琅邪王质夫家于是邑，暇日相携游仙游寺，话及此事，相与感叹。质夫举酒于乐天前曰："夫希代之事，非遇出世之才润色之，则与时消没，不闻于世。乐夫深于诗多于情者也，试为歌之，如何？"乐天因为《长恨歌》。意者不但感其事，亦欲惩尤物，窒乱阶，垂于将来也。歌既成，使鸿传焉。世所不闻者，予非开元遗民，不得知。世所知者，有《玄宗本纪》在，今但传《长恨歌》云尔。前进士陈鸿撰。

汉皇重色思倾国，御宇多年求不得。杨家有女初长成，养在深闺人未识。天生丽质难自弃，一朝选在君王侧。回眸一笑百媚生，六宫粉黛无颜色。春寒赐浴华清池，温泉水滑洗凝脂。侍儿扶起娇无力，始是新承恩泽时。云鬓花颜（一作"冠"）金步摇，芙蓉帐暖度春宵（一作"帐里暖春宵"）。春宵苦短日高起，从此君王不早朝。承欢侍宴（一作"寝"）无闲暇，春从春游夜专夜。后（一作"汉"）宫佳丽三千人，三千宠爱在一身。金屋妆成娇侍夜，玉楼宴罢醉和春。姊妹弟兄皆列土，可怜光彩生门户。遂令天下父母心，不重生男重生女。骊宫高处入青云，仙乐风飘处处闻。缓歌慢舞凝丝竹，尽日君王看（一作"听"）不足。渔阳鼙鼓动地来，惊破霓裳羽衣曲。九重城阙烟尘生，千乘万骑西南行。翠华摇摇行复止，西出都门百余里。六军不发无奈何，宛转蛾眉马前死。花钿委地无人收，翠翘金雀玉搔头。君王掩面救不得，回看血泪相和流。黄埃散漫风萧索，云栈萦纡登剑阁。峨嵋山下少人行，旌旗无光日色薄。蜀江水碧蜀山青，圣主朝朝暮暮情。行宫见月伤心色，夜雨闻铃肠断声。天旋地转回龙驭，到此踌躇不能去。马嵬坡下泥（一作"尘"）土中，不见玉颜空死处。君臣相顾尽沾衣，东望都门信马归。归来池苑皆依旧，太液芙蓉未央柳。芙蓉如面柳如眉，对此如何不泪垂。春风桃李花开日（一作"夜"），秋雨梧桐叶落时。西宫南内多秋草，宫华满阶红不扫。梨园弟子白发新，椒房阿监青娥老。夕殿萤飞思悄然，孤（一作"秋"）灯挑尽未成眠。迟迟钟鼓初长夜，耿耿星河欲曙天。鸳鸯瓦冷霜华重，翡翠衾寒谁与共（一作"旧枕故衾谁与共"）。悠悠生死别经年，魂魄不曾来入梦。临邛道士鸿都客，能以精诚致魂魄。为感君王展转思（一作"恩"），遂教方士殷勤觅。排云驭气奔如电，升天入地求之遍。上穷碧落下黄泉，两处茫茫皆不见。忽闻海上有仙山，山在虚无缥缈间。楼阁（一作"殿"）玲珑五云起，其中绰约多仙子。中有一人字太真（一作"字玉真"，又作"名玉妃"），雪肤花貌参差是。金阙西厢叩玉扃，转教小玉报双成。闻道汉家天子使，九华帐里梦魂惊。揽衣推枕起徘徊，珠箔银钩迤逦开。云髻半偏新睡觉，花冠不整下堂来。风吹仙袂飘飘举，犹似霓裳羽衣舞。玉容寂寞泪阑干，梨花一枝春带雨。含情凝涕（一作"睇"）谢君王，一别音容两渺茫。昭阳殿里恩爱绝，蓬莱宫中日月长。回头下望人寰处，不见长安见尘雾。唯将（一作

"空持")旧物表深情，钿合金钗寄将去。钗留一股合一扇，钗擘黄金合分钿。但教心似金钿坚，天上人间会相见。临别殷勤重寄词，词中有誓两心知。七月七日长生殿，夜半无人私语时。在天愿作比翼鸟，在地愿为连理枝。天长地久有时尽，此恨绵绵无尽期。

《全唐诗》第十六函白居易二一

霓裳羽衣（一有"舞"字）歌（和微之）

我昔元和侍宪皇，曾陪内宴宴昭阳。千歌百（一作"万"）舞不可数，就中最爱霓裳舞。舞时寒食春风天，玉钩栏下香案前。案前舞者颜如玉，不着人家（一作"间"）俗衣服。虹裳霞帔步摇冠，钿璎累累佩珊珊。娉婷似不任罗绮，顾听乐悬行复止。磬箫筝笛递相搀，击抙弹吹声逦迤。（凡法曲之初，众乐不齐，唯金石丝竹次第发声。《霓裳》序初亦复如此。）散序六奏未动衣，阳台宿云慵不飞。（散序六遍无拍，故不舞也。）中序擘騞初入拍，秋竹竿裂春冰拆。（中序始有拍，亦名"拍序"。）飘然转旋（去声）回雪轻，嫣然纵送游龙惊。小垂手后柳无力，斜曳裾时云欲生。（四句皆《霓裳》舞之初态）烟蛾敛略不胜态，风袖低昂如有情。上元点鬟招萼绿，王母挥袂别飞琼。（许飞琼、萼绿华皆女仙也。）繁音急节十二遍，跳珠撼玉何铿铮。（《霓裳》破凡十二遍而终。）翔鸾舞了却收翅，唤鹤曲终长引声。（凡曲将毕，皆声拍促速。唯霓裳之末，长引一声也。）当时乍见惊心目，凝视谛听殊未足。一落人间八九年，耳冷不曾闻此曲。溢城但听山魈语，巴峡唯闻杜鹃哭。（予自江州司马转忠州刺史。）移领钱唐第二年，始有心情问（一作"闻"）丝竹。玲珑箜篌谢好筝，陈宠觱栗沈平笙。清弦脆管纤纤手，教得霓裳一曲成。（自玲珑以下皆杭之妓名。）虚白亭前湖水畔，前后祗应三度按。便除庶子抛却来，闻道如今各星散。今年五月至苏州，朝钟暮角催白头。贪看案牍常侵夜，不听笙歌直到秋。秋来无事多闲闷，忽忆霓裳无处问。闻君部内多乐徒，问有霓裳舞者无。答云七县十（一作"州千"）万户，无人知有霓裳舞。唯寄长歌与我来，题作霓裳羽衣谱。四幅花笺碧间红，霓裳实录在其中。千姿万状分明见，恰与朝（寅恪案：铁琴铜剑楼本及汪立名本"朝"均作"昭"，是。）阳舞者同。眼前仿佛睹形质，昔日今朝想如一。疑从魂梦呼召来，似着丹青图写出。我爱霓裳君合知，发于歌咏（一作"引"）形于诗。君不见我歌云，惊破霓裳羽衣曲。（《长恨歌》云。）又不见我诗云，曲爱霓裳未拍时。（钱唐诗云。）由来能事皆有主，杨氏创声君造谱。（开元中西凉府节度杨敬述造。）君言此舞难得（一作"其"）人，须是（一作"得"）倾城可怜女。吴妖小玉飞作烟（夫差女小玉死后形见于王，其母抱之，霏微若烟雾散空），越艳西施化为土。娇花巧笑久寂寥，娃馆苎萝空处所。如君所言诚有是，君试从容听我语。若求国色始翻传，但恐人间废此舞。妍媸优劣宁相远，大都只在人抬举。李娟（一作"婵"）张态君莫嫌，亦拟随宜（一作"时"）且教取。（娟、态，苏妓之名。）

《元氏长庆集》二四

连昌宫词

连昌宫中满宫竹，岁久无人森似束。又有墙头千叶桃，风动落花红蔌蔌。宫边老人为予泣，小年进食曾因入。上皇正在望仙楼，太真同凭栏干立。楼上楼前尽珠翠，炫转荧煌照天地。归来如梦复如痴，何暇备言宫里事。初过寒食一百六，店舍无烟宫树绿。夜半月高弦索鸣，贺老琵琶定场屋。力士传呼觅念奴，念奴潜伴诸郎宿。须臾觅得又连催，特敕街中许燃烛。春娇满眼睡红绡，掠削云鬟旋装束。飞上九天歌一声，二十五郎吹管逐。逡巡大遍凉州彻，色色龟兹轰录续。李謩擪笛傍宫墙，偷得新翻数般曲。（念奴，天宝中名倡，善歌。每岁楼下酺宴累日之后，万众喧隘，严安之、韦黄裳辈辟易不能禁，众乐为之罢奏。玄宗遣高力士大呼于楼上曰："欲遣念奴唱歌，邠二十五郎吹小管逐，看人能听否?"未尝不悄然奉诏。其为当时所重也如此。然而玄宗不欲夺侠游之盛，未尝置在宫禁。或岁幸汤泉，时巡东洛，有司潜遣从行而已。又玄宗尝于上阳宫夜后按新翻一曲。属明夕正月十五日，潜游灯下。忽闻酒楼上有笛奏前夕新曲，大骇之。明日密遣捕捉笛者，诘验之。自云：其夕窃于天津桥玩月，闻宫中度曲，遂于桥柱上插谱记之。臣即长安少年善笛者李謩也。玄宗异而遣之。）平明大驾发行宫，万人歌舞途路中。百官队仗避岐薛，杨氏诸姨车斗风。明年十月东都破，御路犹存禄山过。驱令供顿不敢藏，万姓无声泪潜堕。两京定后六七年，却寻家舍行宫前。庄园烧尽有枯井，行宫门闭树宛然。尔后相传六皇帝，不到离宫门久闭。往来年少说长安，玄武楼前（寅恪案："前"一作"成"，是）花萼废。去年敕使因斫竹，偶值门开暂相逐。荆榛栉比塞池塘，狐兔骄痴缘树木。舞榭敧倾基尚在，文窗窈窕纱犹绿。尘埋粉壁旧花钿，鸟啄风筝碎珠玉。上皇偏爱临砌花，依然御榻临阶斜。蛇出燕巢盘斗拱，菌生香案正当衙。寝殿相连端正楼，太真梳洗楼上头。晨光未出帘影黑，至今反挂珊瑚钩。指似傍人因恸哭，却出宫门泪相续。自从此后还闭门，夜夜狐狸上门屋。我闻此语心骨悲，太平谁致乱者谁。翁言野父何分别，耳闻眼见为君说。姚崇宋璟作相公，劝谏上皇言语切。燮理阴阳禾黍丰，调和中外无兵戎。长官清平太守好，拣选皆言由相公。开元之末姚宋死，朝廷渐渐由妃子。禄山宫里养作儿，虢国门前闹如市。弄权宰相不记名，依稀忆得杨与李。庙谟颠倒四海摇，五十年来作疮痏。今皇神圣丞相明，诏书才下吴蜀平。官军又取淮西贼，此贼亦除天下宁。年年耕种宫前道，今年不遣子孙耕。老翁此意深望幸，努力庙谋休用兵。

《元氏长庆集》二六

琵琶歌（寄管儿兼诲铁山）

琵琶宫调八十一，旋宫三调弹不出。玄宗偏许贺怀智，段师此艺还相匹。自后流传指拨衰，昆仑善才徒尔为。顽声少得似雷吼，缠（去声）弦不敢弹羊皮。人间奇事会相续，但有卞和无有玉。段师弟子数十人，李家管儿称上足。管儿不作供奉儿，抛在东都双鬓丝。逢人便请送杯盏，著尽功夫人不知。李家兄弟皆爱酒，我是酒徒为密友。著作曾邀连夜宿，中碾春溪华新绿。平明船载管儿行，尽日听弹无限曲。曲名无限知者鲜，霓裳羽衣偏宛转。凉州大遍最豪嘈，六么散序多笼撚。我闻此曲深赏奇，赏著奇处惊管儿。管儿为我双泪垂，自弹此曲长自悲。泪垂捍拨朱弦湿，冰泉呜咽流莺涩。因兹弹作雨霖铃，风雨萧条鬼神泣。一弹既罢又一弹，珠幢夜静风珊珊。低徊慢弄关山思，坐对燕然秋月寒。月寒一声深殿磬，骤弹曲破音繁并。百万金铃旋（去声）玉盘，醉容满船皆暂醒。自兹听后六七年，管儿在洛我朝天。游想慈恩杏园里，梦寐仁风花树前。去年御史留东台，公私蹙促颜不开。今春制狱正撩乱，昼夜推囚心似灰。暂辍归时寻著作，著作南园花坼萼。烟脂耀眼桃正红，雪片满溪梅已落。是夕青春值三五，花枝向月云含吐。著作施樽命管儿，管儿久别今方睹。管儿还为弹六么，六么依旧声迢迢。猿鸣雪岫来三峡，鹤唳晴空闻九霄。逡巡弹得六么彻，霜刀破竹无残节。幽关鸦轧胡雁悲，断弦砉騞层冰裂。我为含凄叹奇绝，许作长歌始终说。艺奇思寡尘事多，许来寒暑又经过。如今左降在闲处，始为管儿歌此歌。歌此歌，寄管儿。管儿管儿忧尔衰，尔衰之后继者谁。继之无乃在铁山，铁山已近曹穆（二善才姓）间。性灵甚好功犹浅，急处未得臻幽闲。努力铁山勤学取，莫遣后来无所祖。

汪立名本《白香山诗集》一二

琵琶引 并序

> 元和十年，予左迁九江郡司马。明年秋，送客湓浦口，闻舟中夜弹琵琶者，听其音铮铮然，有京都（一作"邑"）声。问其人，本长安倡女，尝学琵琶于穆、曹二善才，年长色衰，委身为贾人妇。遂命酒，使快弹数曲，曲罢悯默。自叙少小时欢乐事，今漂沦憔悴，转徙于江湖间。予出官二年，恬然自安，感斯人言，是夕始觉有迁谪意。因为长句，歌以赠之，凡六百一十二言，命曰《琵琶行》。

浔阳江头夜送客，枫叶荻花秋瑟瑟。主人下马客在船，举酒欲饮无管弦。醉不成欢惨将别，别时茫茫江浸月。忽闻水上琵琶声，主人忘归客不发。寻声暗问弹者谁，琵琶声停欲语迟。移船相近邀相见，添酒回灯重开宴。千呼万唤始出来，犹抱（一作"把"）琵琶半遮面。转轴拨弦三两声，未成曲调先有情。弦弦掩抑声声思，似诉平生不得志（一作"意"）。低眉信手续续弹，说尽心中无限事。轻拢慢捻抹复挑，初为霓裳后六幺（一作"绿腰"）。大弦嘈嘈如急雨，小弦切切如私语。嘈嘈切切错杂弹，大珠小珠落玉盘。间关莺语花底滑，幽咽泉流水（一作"冰"）下滩（一作"难"）。冰泉冷涩弦疑绝，疑绝不通声暂歇。别有幽情暗恨生，此时无声胜有声。银瓶乍破水浆迸，铁骑突出刀枪鸣。曲终收拨当心画，四弦一声如裂帛。东船西舫悄无言，唯见江心秋月白。沉吟放拨插弦中，整顿衣裳起敛容。自言本是京城女，家在虾蟆陵下住。十三学得琵琶成，名属教坊第一部。曲罢曾教善才伏，妆成每被秋娘妒。五陵年少争缠头，一曲红绡不知数。钿头云篦击节碎，血色罗裙翻酒污。今年欢笑复明年，秋月春风等闲度。弟走从军阿姨死，暮去朝来颜色故。门前冷落鞍马稀，老大嫁作商人妇。商人重利轻别离，前年浮梁买茶去。去来江口守空船，绕船月明江水寒。夜深忽梦少年事，梦啼妆泪红阑干（一作"啼妆泪落红阑干"）。我闻琵琶已叹息，又闻此语重唧唧。同是天涯沦落人，相逢何必曾相识。我从去年辞（一作"离"）帝京，谪居卧病浔阳城。浔阳地僻（一作"小处"）无音乐，终岁不闻丝竹声。住近湓江地低湿，黄芦苦竹绕宅生。其间旦暮闻何物，杜鹃啼血猿哀鸣。春江花朝秋月夜，往往取酒还独倾。岂无山歌与村笛，呕哑嘲哳难为听。今夜闻君琵琶语，如听仙乐耳暂明。莫辞更坐弹一曲，为君翻作琵琶行。感我此言良久立，却坐促弦弦转急。凄凄不似向前声，满座重闻皆掩泣。座（一作"就"）中泣下（一作"湿泪"）谁最多，江州司马青衫湿。

《全唐诗》第十八函李绅一

悲善才

余守郡日，有客游者，善弹琵琶。问其所传，乃善才所授。顷在内庭日，别承恩顾，赐宴曲江，敕善才等二十人备乐。自余经播迁，善才已没，因追感前事，为悲善才。

穆王夜幸蓬池曲，金銮殿开高秉烛。东头弟子曹善才，琵琶请进（一作"奏"）新翻曲。翠娥列坐层城女，笙笛（一作"歌"）参差齐笑语。天颜静听朱丝弹，众乐寂然无敢举。衔花金凤当承拨，转腕拢（一作"笼"）弦促挥抹（一作"霍"）。花翻凤啸（一作"扶花翻凤"）天上来，裴回满殿飞春雪。抽弦度曲新声发，金铃玉佩相瑳切。流莺子母飞上林，仙鹤雌雄唳明月。此时奉诏侍金銮，别殿承恩许召弹（一作"看"）。三月曲江春草绿，九霄天乐下云端。紫髯供奉前屈膝，尽弹妙曲当春日。寒泉注射陇水开，胡雁翻飞向（一作"朔"）天没。日曛尘暗车马散，为惜新声有余叹。明年冠剑闭桥山，万里孤臣投海畔。笼（一作"离"）禽铩翮（一作"羽"）尚还（一作"强回"）飞，白首生徒五岭归。闻道善才成朽骨，空余弟子奉音（一作"宣"）徽。南谯寂寞三春晚，有客弹弦独凄怨。静听深奏楚月光，忆昔初闻曲江宴。心悲不觉泪阑干，更为调弦反覆弹。秋吹动摇神女佩，月珠敲击水晶盘。自怜淮海同泥滓，恨魄凝心未能死。惆怅追怀万事空，雍门感慨（一作"琴瑟"）徒为尔。

汪立名本《白香山诗集》二

秦中吟十首　并序

> 贞元、元和之际，予在长安，闻见之间，有足悲者。因直歌其事，命为《秦中吟》。

议婚（按：韦縠《才调集》作"贫家女"。）

> 天下无正声，悦耳即为娱。人间无正色，悦目即为姝。颜色非相远，贫富则有殊。贫为时所弃，富为时所趋。红楼富家女，金缕绣罗襦。见人不敛手，娇痴二八初。母兄未开口，已嫁不须臾。绿窗贫家女，寂寞二十余。荆钗不直钱，衣上无真珠。几回人欲聘，临日又踟蹰。主人会良媒，置酒满玉壶。四座且勿饮，听我歌两途：富家女易嫁，嫁早轻其夫。贫家女难嫁，嫁晚孝于姑。闻君欲娶妇，娶妇意何如？

重赋（按：《才调集》作"无名税"。）

> 厚地植桑麻，所用济生民。生民理布帛，所求活一身。身外充征赋，上以奉君亲。国家定两税，本意在爱（一作"忧"）人。厥初防其淫，明敕内外臣：税外加一物，皆以枉法论。奈何岁月久，贪吏得因循。浚我以求宠，敛索无冬春。织绢未成匹，缲丝未盈斤。里胥迫（一作"逼"）我纳，不许暂逡巡。岁暮天地闭，阴风生破村。夜深烟火尽，霰雪白纷纷。幼者形不蔽，老者体无温。悲喘与寒气，并入鼻中辛。昨日输残税，因窥官库门。缯帛如山积，丝絮似云屯。号为羡余物，随月献至尊。夺我身上暖，买尔眼前恩。进入琼林库，岁久化为尘。

伤宅（按：《才调集》作"伤大宅"。）

> 谁家起甲第，朱门大道边。丰屋中栉比，高墙外回环。累累六七堂，栋宇相连延。一堂费百万，郁郁起青烟。洞房温且清，寒暑不能干。高堂虚且迥，坐卧见南山。绕廊紫藤架，夹砌红药栏。攀枝摘樱桃，带花移牡丹。主人此中坐，十载为大官。厨有臭败肉，库有贯朽钱。谁能将我语，问尔骨肉间。岂无穷贱者，忍不救饥寒。如何奉一身，直欲保千年。不见马家宅，今作奉诚园。

伤友（又云"伤苦节士"，按：《才调集》作"胶漆契"。）

> 陋巷孤寒士，出门苦恓恓。虽云志气高，岂免颜色低。平生同门（一作"袍"）友，通籍在金闺。曩者胶漆契，迩来云雨睽。正逢下朝归，轩骑五门西。是时天久阴，三日雨凄凄。蹇驴避路立，肥马当风嘶。回头忘相识，占道上沙堤。昔年洛阳社，贫贱相提携；今日长安道，对面隔云泥。近日多如此，非君独惨凄。死生不变者，唯闻任与黎（任公叔、黎逢）。

不致仕（按：《才调集》作"合致仕"。）

> 七十而致仕，礼法有明文。何乃贪荣者（一作"贵"），斯言如不闻！可怜八九十，齿堕双眸昏。朝露贪名利，夕阳忧子孙。挂冠顾翠緌，悬车惜朱轮。金章腰不胜，伛偻入君门。谁不爱富贵？谁不恋君恩？年高须告老，名遂合退身。少时共嗤诮，晚岁多因循。贤哉汉二疏，彼独是何人！寂寞东门路，无人继去尘。

立碑（按：《才调集》作"古碑"。）

勋德既下衰，文章亦陵夷。但见山中石，立作路旁碑。铭勋悉太公，叙德皆仲尼。复以多为贵，千言直万赀。为文彼何人？想见下笔时。但欲愚者悦，不思贤者嗤。岂独贤者嗤，仍传后代疑。古石苍苔字，安知是愧词！我闻望江县，麹令抚茕嫠。（麹令名信陵。）在官有仁政，名不闻京师。身殁欲归葬，百姓遮路歧。攀辕不得归，留葬此江湄。至今道其名，男女涕皆垂；无人立碑碣，唯有邑人知。

轻肥（按：《才调集》作“江南旱”。）

意气骄满路，鞍马光照尘。借问何为者，人称是内臣。朱绂皆大夫，紫绶或（一作“悉”）将军。夸赴军中宴，走马去如云。樽罍溢九酝，水陆罗八珍。果擘洞庭橘，脍切天池鳞。食饱心自若，酒酣气益振。是岁江南旱，衢州人食人。

五弦（按：《才调集》作“五弦琴”。）

清歌且罢（一作“停”）唱，红袂亦停舞。赵叟抱五弦，宛转当胸抚。大声粗若散，飒飒风和雨。小声细欲绝，切切鬼神语。又如鹊报喜，转作猿啼苦。十指无定音，颠倒宫徵羽。坐客闻此声，形神若无主。行客闻此声，驻足不能举。嗟嗟俗人耳，好今不好古。所以绿窗琴，日日生尘土。

歌舞（按：《才调集》作“伤阌乡县囚”。）

秦中岁云暮，大雪满皇州。雪中退朝者，朱紫尽公侯。贵有风云兴，富无饥寒忧。所营唯第宅，所务在追游。朱门车马客，红烛歌舞楼。欢酣促密坐，醉暖脱重裘。秋官为主人，廷尉居上头。日中为乐饮（一作“一乐”），夜半不能休。岂知阌乡狱，中有冻死囚。

买花（按：《才调集》作"牡丹"。）

　　帝城春欲暮，喧喧车马度。共道牡丹时，相随买花去。贵贱无
常价，酬直看花数。灼灼百朵红，戋戋五束素。上张幄幕庇，
旁织笆篱护。水洒复泥封，移来色如故。家家习为俗，人人迷
不悟。有一田舍翁，偶来买花处。低头独长叹，此叹无人喻。
一丛深色花，十户中人赋。

《元氏长庆集》二四

和李校书新题乐府十二首　并序

　　予友李公垂贶予《乐府新题》二十首，雅有所谓，不虚为
文。予取其病时之尤急者，列而和之，盖十二而已。昔三
代之盛也，士议而庶人谤。又曰：世理则词直，世忌则词
隐。予遭理世而君盛圣，故直其词以示后，使夫后之人谓
今日为不忌之时焉。

上阳白发人

　　天宝年中花鸟使，（天宝中密号采取艳异者，为花鸟使。）撩花
狎鸟含春思。满怀墨诏求嫔御，走上高楼半酣醉。醉酣直入卿
士家，闺闱不得偷回避。良人顾妾心死别，小女呼爷血垂泪。
十中有一得更衣，永配深宫作宫婢。御马南奔胡马蹙，宫女三
千合宫弃。宫门一闭不复开，上阳花草青苔地。月夜闲闻洛水

声，秋池暗度风荷气。日日长看提象门，终身不见门前事。近年又送数人来，自言兴庆南宫至。我悲此曲将彻骨，更想深冤复酸鼻。此辈贱嫔何足言，帝子天孙古称贵。诸王在阁四十年，七宅六宫门户闷。随炀枝条袭封邑，（近古封前代子孙为二王三恪。）肃宗血胤无官位。（肃宗已后诸王并未出阁。）王无妃媵主无婿，阳亢阴淫结灾累。何如决壅顺众流，女遣从夫男作吏。

华原磬（《李传》云：天宝中始废泗滨磬，用华原石。）

泗滨浮石裁为磬，古乐疏音少人听。工师小贱牙旷稀，不辨邪声嫌雅正。正声不屈古调高，钟律参差管弦病。铿金戛瑟徒相杂，投玉敲冰杳然震。华原软石易追琢，高下随人无雅郑。弃旧美新由乐胥，自此黄钟不能竞。玄宗爱乐爱新乐，梨园弟子承恩横。霓裳才彻胡骑来，云门未得蒙亲定。我藏古磬藏在心，有时激作南风咏。伯夔曾抚野兽驯，仲尼暂和春雷盛。何时得向笋虡悬，为君一吼君心醒。愿君每听念封疆，不遣犲狼剿人命。

五弦弹

赵璧五弦弹徵调，微声巉绝何清峭。辞雄皓鹤警露啼，失子哀猿绕林啸。风入春松正凌乱，莺含晓舌怜娇妙。呜呜暗溜咽冰泉，杀杀霜刀涩寒鞘。促节频催渐繁拨，珠幢斗绝金铃掉。千鞦鸣镝发胡弓，万片清球击虞庙。众乐虽同第一部，德宗皇帝常偏召。旬休节假暂归来，一声狂杀长安少。主第侯家最难见，挼（苏雷反）歌按曲皆承诏。水精帘外教贵嫔，玳瑁筵心伴中要。臣有五贤非此弦，或在拘囚或屠钓。一贤得进胜累百，两贤得进同周邵。三贤事汉灭暴强，四贤镇岳宁边徼。五贤并用调五常，五常既序三光曜。赵璧五弦非此贤，九九何劳设庭燎。

西凉伎

吾闻昔日西凉州，人烟扑地桑柘稠。蒲萄酒熟恣行乐，红艳青旗朱粉楼。楼下当垆称卓女，楼头伴客名莫愁。乡人不识离别苦，更卒多为沉滞游。哥舒开府设高宴，八珍九酝当前头。前头百戏竞撩乱，丸剑跳掷霜雪浮。师子摇光毛彩竖，胡姬醉舞筋骨柔。大宛来献赤汗马，赞普亦奉翠茸裘。一朝燕贼乱中国，河湟忽尽空遗丘。开远门前万里堠，今来蹙到行原州。（平时开远门外立堠云："去安西九千九百里。"以示戍人不为万里行，其实就盈数也。）去京五百而近何其逼，天子县内半没为荒陬。西京之道尔阻修。连城边将但高会，每说此曲能不羞。

法曲

吾闻黄帝鼓清角，弭伏熊罴舞玄鹤。舜持干羽苗革心，尧用咸池凤巢阁。大夏护武皆象功，功多已讶玄功薄。汉祖过沛亦有歌，秦王破阵非无作。作之宗庙见艰难，作之军旅传糟粕。明皇度曲多新态，宛转侵淫易沉著。赤白桃李取花名，霓裳羽衣号天落。雅弄虽云已变乱，夷音未得相参错。自从胡骑起烟尘，毛毳腥膻满咸洛。女为胡妇学胡妆，伎进胡音务胡乐（音"洛"）。火凤声沉多咽绝，春莺啭罢长萧索。胡音胡骑与胡妆，五十年来竞纷泊。

驯犀（《李传》云：贞元丙子岁南海来贡，至十三年冬，苦寒死于苑中。）

> 建中之初放驯象，远归林邑近交广。兽返深山鸟构巢，鹰雕鹑
> 鹊无羁鞚。贞元之岁贡驯犀，上林置圈官司养。玉盆金栈非不
> 珍，虎唉狴牢鱼食网。渡江之橘逾汶貉，反时易性安能长。腊
> 月北风霜雪深，蜷局鳞身遂长往。行地无疆费传驿，通天异物
> 罹幽枉。乃知养兽如养人，不必人人自敦奖。不扰则得之于
> 理，不夺有以多于赏。脱衣推食衣食之，不若男耕女令纺。尧
> 民不自知有尧，但见安闲聊击壤。前观驯象后观犀，理国其如
> 指诸掌。

立部伎（《李传》云：太常选坐部伎无性灵者，退入立部伎。又选立部伎
无性灵者，退入雅乐部。则雅乐可知矣。李君作歌以讽焉。）

> 胡部新声锦筵坐，中庭汉振高音播。太宗庙乐传子孙，取类群
> 凶阵初破。戢戢攒抢霜雪耀，腾腾击鼓风雷磨。初疑遇敌身启
> 行，终象由文士宪左。昔日高宗常立听，曲终然后临玉座。如
> 今节将一掉头，电卷风收尽摧挫。宋晋郑友歌声发，（寅恪案：
> "晋"疑当作"音"；"友"疑当作"女"。）满堂会客齐喧呵。
> 珊瑚佩玉动腰身，一一贯珠随咳唾。顷向圜丘见郊祀，亦曾正
> 旦亲朝贺。太常雅乐备宫悬，九奏未终百寮惰。恓惶难令季札
> 辨，迟回但恐文侯卧。工师尽取聋昧人，岂是先王作之过。宋
> 沈尝传天宝季，法曲胡音忽相和。明年十月燕寇来，九庙千门
> 虏尘涴。（太常丞宋沈传汉中王旧说云：玄宗虽雅好度曲，然
> 而未尝使蕃汉杂奏。天宝十三载，始诏道调法曲与胡部新声合

作。识者异之。明年禄山叛。）我闻此语叹复泣，古来邪正将谁奈。奸声入耳佞入心，侏儒饱饭夷齐饿。

骠国乐（《李传》云：贞元辛巳岁始来献。）

骠之乐器头象驼，音声不合十二和。促舞跳趫筋节硬，繁词变乱名字讹。千弹万唱皆咽咽，左旋右转空佶佶。俯地呼天终不会，曲成调变当如何。德宗深意在柔远，笙镛不御停嫔娥。史馆书为朝贡传，太常编入鞮鞻科。古时陶尧作天子，逊遁亲听康衢歌。又遣道人持木铎，遍采讴谣天下过。万人有意皆洞达，四岳不敢施烦苛。尽令区中击壤块，燕及海外覃恩波。秦霸周衰古官废，下堙上塞王道颇。共矜异俗同声教，不念齐民方荐瘥。传称鱼鳖亦咸若，苟能效此诚足多。借如牛马未蒙泽，岂在抱瓮滋鼃黾。教化从来有源委，必将泳海先泳河。是非倒置自古有，骠兮骠兮谁尔诃。

胡旋女（《李传》云：天宝中西国来献。）

天宝欲末胡欲乱，胡人献女能胡旋。旋得明王不觉迷，妖胡奄到长生殿。胡旋之义世莫知，胡旋之容我能传。蓬断霜根羊角疾，竿戴朱盘火轮炫。骊珠迸珥逐龙星，虹（音"降"）晕轻巾掣流电。潜鲸暗噏笡（残谢反）海波，回风乱舞当空霰。万过其谁辨终始，四座安能分背面。才人观者相为言，承奉君恩在圆变。是非好恶随君口，南北东西逐君盼。柔软依身看珮带，徘徊绕指同环钏。佞臣闻此心计回，惑乱君心君眼眩。君言似曲屈如钩，君言好直舒为箭。巧随清影触处行，妙学春莺百般啭。倾天侧地用君力，抑塞周遮恐君见。翠华南幸万里桥，玄宗始悟坤维转。（《纬书》云：僧一行尝奏玄宗曰："陛下行幸万里，圣祚无疆。"故天宝中，岁幸洛阳，冀充盈数。及上幸蜀，至万里桥。乃叹谓左右曰："一行之奏，其是乎？"）寄言旋目与旋心，有国有家当共谴。

蛮子朝（《李传》云：贞元末蜀川始通蛮酋。）

西南六诏有遗种，僻在荒陬路寻壅。部落支离君长贱，比诸夷狄为幽冗。犬戎强盛频侵削，降有愤心战无勇。夜防钞盗保深山，朝望烟尘上高冢。鸟道绳桥来款附，非因慕化因危悚。清平官击金呿嵯，求天叩地持双珙。益州大将韦令公，顷实遭时定汧陇。自居剧镇无他绩，幸得蛮来固恩宠。为蛮开道引蛮朝，接蛮送蛮常继踵。天子临轩四方贺，朝廷无事唯端拱。漏天走马春雨寒，泸水飞蛇瘴烟重。椎头丑类除忧患，瘴足役夫劳汹涌。匈奴互市岁不供，云蛮通好碜长骎。戎王养马渐多年，南人耗悴西人恐。

缚戎人（近制西边每擒蕃囚，例皆传置南方，不加剿戮，故李君作歌以讽焉。）

边头大将差健卒，入抄擒生快于鹘。但逢赪面即捉来，半是边人半戎羯。大将论功重多级，捷书飞奏何超忽。圣朝不杀谐至仁，远送炎方示微罚。万里虚劳肉食费，连头尽被毡裘暍。华茵重席卧腥臊，病犬愁鸱声咽喔。中有一人能汉语，自言家本长安窟。小年随父戍安西，河渭瓜沙眼看没。天宝末乱前数载，狼星四角光蓬勃。中原祸作边防危，果有豺狼四来伐。蕃马膘成正翘健，蕃兵肉饱争唐突。烟尘乱起无亭燧，主帅惊跳弃旄钺。半夜城摧鹅雁鸣，妻啼子叫曾不歇。阴森神庙未敢依，脆薄河冰安可越。荆棘深处共潜身，前困蒺藜后艰虺。平明蕃骑四面走，古墓深林尽株橛。少壮为俘头被髡，老翁留居足多刖。乌鸢满野尸狼藉，楼榭成灰墙突兀。暗水溅溅入旧池，平沙漫漫铺明月。戎王遣将来安慰，口不敢言心咄咄。供进脄脄（音"夜"）御叱般，岂料穹庐拣肥腯。五六十年消息绝，中间盟会又猖獗。眼穿东日望尧云，肠断正朝梳汉发。（延州镇李如暹，蓬子将军之子也。尝没西蕃。及归，自云：蕃法唯正岁一日，许唐人没蕃者服衣冠。如暹当此日，由是悲不自胜，遂与蕃妻密定归计。）近来如此思汉者，半为老病半埋骨。尚教孙子学乡音，犹话平时好城阙。老者傥尽少者壮，生长蕃中似蕃悖。不知祖父皆汉民，便恐为蕃心矻矻。缘边饱喂十万众，何不齐驱一时发。年年但捉两三人，精卫衔芦塞溟渤。

阴山道（《李传》云：元和二年有诏，悉以金银酬回鹘马价。）

年年买马阴山道，马死阴山帛空耗。元和天子念女工，内出金银代酬犒。臣有一言昧死进，死生甘分答恩焘。费财为马不独生，耗帛伤工有他盗。臣闻平时七十万匹马，关中不省闻嘶噪。四十八监选龙媒，时贡天庭付良造。如今坰野十无一，尽在飞龙相践暴。万束刍茭供旦暮，千钟菽粟长牵漕。屯军郡国百余镇，缣缃岁奉春冬劳。税户逋逃例摊配，官司折纳仍贪冒。挑纹变镂力倍费，弃旧从新人所好。越縠缭绫织一端，十四素缣功未到。豪家富贵逾常制，令族亲班无雅操。从骑爱奴丝布衫，臂鹰小儿云锦韬。群臣利己要差僭，天子深衷空闵悼。绰立花砖鹓凤行，雨露恩波几时报。

汪立名本《白香山诗集》三

新乐府　并序（元和四年，为左拾遗时作。）

　　序曰：凡九千二百五十二言，断为五十篇，篇无定句，句无定字，系于意，不系于文。首句标其目，卒章显其志，《诗》三百之义也。其辞质而径，欲见之者易谕也；其言直而切，欲闻之者深诫也；其事核而实，使采之者传信（一作"有征"）也；其体顺而律，可以播于乐章歌曲也。总而言之：为君为臣，为民为物，为事而作，不为文而作也。

七德舞　美拨乱陈王业也。（武德中，天子始作《秦王破陈乐》，以歌太宗之功业。贞观初，太宗重制《破陈乐舞图》，诏魏征、虞世南等为之歌词，名《七德舞》。自龙朔已后，诏郊庙享宴，皆先奏之。）

　　七德舞，七德歌，传自武德至元和。元和小臣白居易，观舞听歌知乐意，乐终稽首陈其事。太宗十八举义兵，白旄黄钺定两京。擒充戮窦四海清，二十有四功业成。二十有九即帝位，三十有五致太平。功成理定何神速，速在推心置人腹。亡卒遗骸散帛收，（贞观初，诏收天下陈死骸骨致祭而瘗埋之，寻又散帛以求之也。）饥人卖子分金赎。（贞观五年，大饥，人有鬻男女者，诏出御府金帛尽赎之，还其父母。）魏征梦见天子（一作"子夜")泣,(魏征疾亟,太宗梦与征别,既寤流涕,是夕征卒。故御制碑文云:昔殷宗得良弼于梦中,今朕失贤臣于觉后。)张谨哀闻辰日哭。(张公谨卒,太宗为之举哀,有司奏日在辰,阴阳所忌,不可哭。上曰:君臣义重,父子之情也。情发于中,安知辰日,遂哭之恸。)怨女三千放出宫,(太宗常谓侍臣曰:妇人幽闭深宫,情实可愍,今将出之,任求伉俪。于是令左丞戴胄、给事中杜正伦,于掖庭宫西门拣出数千人,尽放归。)死囚四百来归狱。(贞观六年,亲录囚徒死罪者三百九十人,放出归家,令明年秋来就刑,应期毕至,诏悉原之。)剪须烧药赐功臣,李勣呜咽思杀身。(李勣常疾,医云得龙须烧灰方可疗之,太宗自剪须烧灰赐之,服讫而愈,勣叩头泣涕而谢。)含血吮创抚战士,思摩奋呼乞效死。(李思摩尝中弩,太宗亲为吮血。)不独(一作"则知不独")善战善乘时,以心感人人心归。尔来一百九十载,天下至今歌舞之。歌七德,舞七德,圣人有作垂无极。岂徒耀神武,岂徒夸圣文。太宗意在陈王业,王业艰难示子孙。

法曲 美列圣正华声也。(元宗杂舞歌,不能无所刺焉。)

法曲法曲歌大定,积德重熙有余庆。永徽之人舞而咏,(永徽之时有贞观遗风,故高宗制《一戎大定》乐曲。)法曲法曲舞霓裳。政和世理音洋洋,开元之人乐且康。(《霓裳羽衣曲》,起于开元,盛于天宝也。)法曲法曲歌堂堂,堂堂之庆垂无疆。中宗肃宗复鸿业,唐祚中兴万万叶。(永隆元年太常丞李嗣贞善审音律,能知兴衰,云:近者乐府有《堂堂》之曲。再言之者，唐祚再兴之兆也。）法曲法曲杂（一作"合"）夷歌，夷声邪乱华声和。以乱干和天宝末，明年胡尘犯宫阙。（法曲虽似失雅音，盖诸夏之声也。故历朝行焉。明皇虽雅好度曲，然未尝使蕃汉杂奏。天宝十三载始诏诸道调法曲与胡部新声合作。识者深异之。明年冬，而安禄山反。）乃知法曲本华风，苟能审音与政通。一从胡曲相参错，不辨兴衰与哀乐。愿求牙旷正华音，不令夷夏相交侵。

二王后 明祖宗之意也。

二王后，彼何人？介公酅公为国宾，周武隋文之子孙。古人有言天下者，非是一人之天下。周亡天下传于隋，隋人失之唐得之。唐兴十叶岁二百，介公酅公世为客。明堂太庙朝享时，引居宾位备威仪。备威仪，助郊祭，高祖太宗之遗制。不独兴灭国，不独继绝世。欲令嗣位守文君，亡国子孙取为戒。

海漫漫 戒求仙也。

海漫漫，直下无底旁无边。云涛烟浪最深处，人传中有三神山。山上多生不死药，服之羽化为天仙。秦皇汉武信此语，方士年年采药去。蓬莱今古但闻名，烟水茫茫无觅处。海漫漫，风浩浩，眼穿不见蓬莱岛。不见蓬莱不敢归，童男丱女舟中老。徐福文成多诳诞，上元太一虚祈祷。君看骊山顶上茂陵头，毕竟悲风吹蔓草。何况玄元圣祖五千言。不言药，不言仙，不言白日升青天。

立部伎 刺雅乐之替也。（太常选坐部伎无性识者，退入立部伎，又选立部伎绝无性识者，退入雅乐部，则雅乐之声可知矣。）

立部伎，鼓笛喧。舞双剑，跳七丸。袅巨索，掉长竿。太常部伎有等级，堂上者坐堂下立。堂上坐部笙歌清，堂下立部鼓笛鸣。笙歌一曲（一作"声"）众侧耳，鼓笛万曲无人听。立部贱，坐部贵。坐部退为立部伎，击鼓吹笛和杂戏。立部又退何所任，始就乐悬操雅音。雅音替坏一至此，长令尔辈调宫徵。圆丘后土郊祀时，言将此乐感神祇。欲望凤来百兽舞，何异北辕将适楚。工师愚贱安足云，太常三卿尔何人！

华原磬　刺乐工非其人也。（天宝中，始废泗滨磬，用华原石代之。询之磬人，则曰：故老云：泗滨磬下，调之不能和，得华原石，考之乃和，由是不改。）

华原磬，华原磬，古人不听今人听。泗滨石，泗滨石，今人不击古人击。今人古人何不同，用之舍之由乐工。乐工虽在耳如壁，不分清浊即为聋。梨园弟子调律吕，知有新声不如（寅恪案："如"疑当作"知"。）古。古称浮磬出泗滨，立辨致死声感人。宫悬一听华原石，君心遂亡封疆臣。果然胡寇从燕起，武臣少肯封疆死。始知乐与时政通，岂听铿锵而已矣。磬襄入海去不归，长安市儿为乐师。华原磬与泗滨石，清浊两音谁得知。

上阳（一本有"白发"二字）人　愍怨旷也。（天宝五载以后，杨贵妃专宠，后宫人无复进幸矣。六宫有美色者，辄置别所，上阳是其一也，贞元中尚存焉。）

上阳人，上阳人，红颜暗老白发新。绿衣监使守宫门，一闭上阳多少春。玄宗末岁初选入，入时十六今六十。同时采择百余人，零落年深残此身。忆昔吞悲别亲族，扶入车中不教哭。皆云入内便承恩，脸似芙蓉胸似玉。未容君王得见面，已被杨妃遥侧目。妒令潜配上阳宫，一生遂向空房宿。宿空房（旧本皆作"床"），秋夜长，夜长无寐天不明。耿耿残灯背壁影，萧萧暗雨打窗声。春日迟，日迟独坐天难暮。宫莺百啭愁厌闻，梁燕双栖老休妒。莺归燕去长悄然，春往秋来不记年。唯向深宫望明月，东西四五百回圆。今日宫中年最老，大家遥赐尚书号。小头鞋履窄衣裳，青黛点眉眉细长。外人不见见应笑，天宝末年时世（一作"样"）妆。上阳人，苦最多。少亦苦，老亦苦。少苦老苦两如何！君不见昔时吕向美人赋？（天宝末有密采艳色者，当时号花鸟使。吕向献《美人赋》以讽之。）又不见今日上阳宫人白发歌？

胡旋女　戒近习也。（天宝末，康居国献之。）

胡旋女，胡旋女。心应弦，手应鼓。弦鼓一声双袖举，回雪飘飘（一作"风飘飘"）转蓬舞。左旋右转不知疲，千匝万周无已时。人间物类无可比，奔车轮缓旋风迟。曲终再拜谢天子，天子为之微启齿。胡旋女，出康居，徒劳东来万里余。中原自有胡旋者，斗妙争能尔不如。天宝季年时欲变，臣妾人人学圆转。中有太真外禄山，二人最道能胡旋。梨花园中册作妃，金鸡障下养为儿。禄山胡旋迷君眼，兵过黄河疑未反。贵妃胡旋惑君心，死弃马嵬念更深。从兹地轴天维转，五十年来制不禁。胡旋女，莫空舞，数唱此歌悟明主。

折臂翁（一作"新丰折臂翁"）　　戒边功也。

新丰老翁八十八，头鬓眉须皆似雪。玄孙扶向店前行，左（一作"右"）臂凭肩右（一作"左"）臂折。问翁臂折来几年，兼问致折何因缘。翁云贯属新丰县，生逢圣代无征战。惯听梨园歌管声（一作"唯听骊宫歌吹声"），不识旗枪与弓箭。无何天宝大征兵，户有三丁点一丁。点得驱将何处去，五月万里云南行。闻道云南有泸水，椒花落时瘴烟起。大军徒涉水如汤，未过（一作"战"）十人二三死。村南村北哭声哀（一作"悲"），儿别爷娘夫别妻。皆云前后征蛮者，千万人行无一回。是时翁年二十四，兵部牒中有名字。夜深不敢使人知，偷将（一作"自把"）大石槌折臂。张弓簸旗俱不堪，从兹始免征云南。骨碎筋伤非不苦，且图拣退归乡土。臂折来来六十年，一肢虽废一身全。至今风雨阴寒夜，直到天明痛不眠。痛不眠，终不悔，且喜老身今独在。不然当时泸水头，身死魂孤骨不收。应作云南望乡鬼，万人冢上哭呦呦。〔云南有万人冢，即鲜于仲通、李密（寅恪案："密"当作"宓"）曾覆军之所。今冢犹存。〕老人言，君听取。君（一作"何"）不闻开元宰相宋开府，不赏边功防黩武。〔开元初，突厥数犯边。时天武军牙将郝灵筌出使，因引特（寅恪案："特"疑当作"铁"）勒回鹘部落斩突厥默啜，献首于阙下，自谓有不世之功。时宋璟为相，以天子年少好武，恐徼功者生心，痛抑其党。（寅恪案："党"疑当作"赏"）逾年始授郎将。灵筌遂怏哭呕血而死。〕又不闻天宝宰相杨国忠，欲求恩幸立边功。边功未立生人怨，请问新丰折臂翁。（天宝末，杨国忠为相，重构阁罗凤之役，募人讨之。前后发二十余万众，去无返者。又捉人连枷赴役，天下怨哭，人不聊生，故禄山得乘人心而盗天下。元和初，而折臂翁犹存，因备歌之。）

太行路　借夫妇以讽君臣之不终也。

太行之路能摧车，若比君心（一作"人心"，下同）是坦途。巫峡之水能覆舟，若比君心是安流。君心好恶苦不常，好生毛羽恶生疮。与君结发未五载，岂期牛女为参商。古称色衰相弃背，当时美人犹怨悔。何况如今鸾镜中，妾颜未改君心改。为君薰衣裳，君闻兰麝不馨香。为君盛容饰，君看珠翠无颜色。行路难，难重陈。人生莫作妇人身，百年苦乐由他人。行路难，难于山，险于水。不独人家夫与妻，近代君臣亦如此。君不见，左纳言，右纳（寅恪案："纳"疑当作"内"。）史。朝承恩，暮赐死。行路难，不在水，不在山，只在人情反覆间。

司天台　引古以儆今也。

司天台，仰观俯察天人际。羲和死来职事废，官不求贤空取艺。昔闻西汉元成间，下陵上替谪见天。北辰微暗少光色，四星煌煌如火赤。耀芒动角射三台，上台半灭中台坼。是时非无太史官，眼见心知不敢言。明朝趋入明光殿，唯奏庆云寿星见。天文时变两如斯，九重天子不得知。不得知，安用台高百尺为。

捕蝗　刺长吏也。

捕蝗捕蝗谁家子，天热日长饥欲死。兴元兵久（一作"革"）伤阴阳，和气盅蠹化为蝗。始自两河及三辅，荐食如蚕飞似雨。雨飞蚕食千里间，不见青苗空赤土。河南长吏言忧农，课人昼夜捕蝗虫。是时粟斗钱三百，蝗虫之价与粟同。捕蝗捕蝗竟何利，徒使饥人重劳费。一蝗虽死百蝗来，岂将人力竞天灾。我闻古之良吏有善政，以政驱蝗蝗出境。又闻贞观之初道欲昌，文皇仰天吞一蝗。一人有庆兆民赖，是岁虽蝗不为害。（贞观二年太宗吞蝗虫，事具《贞观实录》。）

昆明春　思王泽之广被也。（贞元中始涨之。）

昆明春，昆明春，春池岸古春流新。影浸南山青滉瀁，波沉西日红蔫沦。往年因旱灵池竭，龟尾曳涂鱼喣沫。诏开八水注恩波，千介万鳞同日活。今来净绿水照天，游鱼鲅鲅莲田田。洲香杜若抽心短，沙暖鸳鸯铺翅眠。动植飞沉性皆遂，皇泽如春无不被。渔者仍丰网罟资，贫人又获菰蒲利。诏以昆明近帝城，官家不得收其征。菰蒲无租鱼无税，近水之人感君惠。感君惠，独何人。吾闻率土皆王民，远民何疏近何亲。愿推此惠及天下，无远无近同（一作"皆"）忻忻。吴兴山中罢榷茗，鄱阳坑里休税银。天涯地角无禁利，熙熙同似昆明春。

城盐州　美圣谟而诮边将也。（贞元壬申岁特诏城之。）

城盐州，城盐州，城在五原原上头。蕃东节度钵阐布，忽见新城当要路。金乌飞传赞普闻，建牙传箭集群臣。君臣赭面有忧色，皆言勿谓唐无人。自筑盐州十余载，左衽毡裘不犯塞。昼牧牛羊夜捉生，长去新城百里外。诸边急警劳戍人，唯此一道无烟尘。灵夏潜安谁复辩，秦原暗通何处见。邠州驿路好马来，长安药肆黄蓍贱。城盐州，盐州未城天子忧。德宗按图自定计，非关将略与庙谋。吾闻高宗中宗世，北虏猖狂最难制。韩公创筑受降城，三城鼎峙屯汉兵。东西亘绝数千里，耳冷不闻胡马声。如今边将非无策，心笑韩公筑城壁。相看养寇为身谋，各握强兵固恩泽。愿分今日边将恩，襃赠韩公封子孙。谁能将此盐州曲，翻作歌词闻至尊。

道州民　美贤臣遇明主也。

道州民，多侏儒，长者不过三尺余。市作矮奴年进奉，号为道州任土贡。任土贡，宁若斯？不闻使人生别离，老翁哭孙母哭儿。一自阳城来守郡，不进矮奴频诏问。城云臣按六典书，任土贡有不贡无。道州水土所生者，只有矮民无矮奴。吾君感悟玺书下，岁贡矮奴宜悉罢。道州民，老者幼者何欣欣。父兄子弟始相保，从此得作良人身。道州民，民到于今受其赐，欲说使君先下泪。仍恐儿孙忘使君，生男多以阳为字。

驯犀　感为政之难终也。（贞元丙戌岁，南海进驯犀，诏纳苑中，至十三年冬大寒，驯犀死矣。立名按：《李绅传》作贞元丙子，且贞元至甲申乙酉而止，无丙戌年，此注当属传写之误也。）

驯犀驯犀通天犀，躯貌骇人角骇鸡。海蛮闻有明天子，驱犀乘传来万里。一朝得谒大明宫，欢呼拜舞自论功。五年驯养始堪献，六译语言方得通。上嘉人兽俱来远，蛮馆四方犀入苑。秣以瑶刍锁以金，故乡迢递君门深。海鸟不知钟鼓乐，池鱼空结江湖心。驯犀生处南方热，秋无白露冬无雪。一入上林三四年，又逢今岁苦寒月。饮冰卧霰苦蜷局，角骨冻伤鳞甲缩。（犀有回纹毛如鳞身，项有肉甲。〔增〕）驯犀死，蛮儿啼，向阙再拜颜色低。奏乞生归本国去，恐身冻死似驯犀。君不见建中初，驯象生还放林邑。（建中元年诏尽出苑中驯象，放归南方也。）君不见贞元末，驯犀冻死蛮儿泣。所嗟建中异贞元，象生犀死何足言。

五弦弹　恶郑之夺雅也。

五弦弹，五弦弹，听者倾耳心寥寥。赵璧知君入骨爱，五弦一一为君调。第一第二弦索索，秋风拂松疏韵落。第三第四弦泠泠，夜鹤忆子笼中鸣。第五弦声最掩抑，陇水冻咽流不得。五弦并奏君试听，凄凄切切复铮铮。铁击珊瑚一两曲，冰写玉盘千万声。铁声杀，冰声寒。（今本遗此六字，不联贯矣。）杀声入耳肤血惨，寒气中人肌骨酸。曲终声尽欲半日，四座相对愁无言。座中有一远方士，唧唧咨咨声不已。自叹今朝初得闻，始知孤负平生耳。唯忧赵璧白发生，老死人间无此声。远方士，耳（一作"尔"）听五弦信为美，吾闻正始之音不如是。正始之音其若何，朱弦疏越清庙歌。一弹一唱再三叹，曲淡节稀声不多。融融曳曳召元气，听之不觉心平和。人情重今多贱古，古琴有弦人不抚。更从赵璧艺成来，二十五弦不如五。

蛮子朝　刺将骄而相备位也。（〔增〕《李传》云：贞元末，蜀中始通蛮酋。）

蛮子朝，泛皮船兮渡绳桥，来自巂州道路遥。入界先经蜀川（一作"道"）过，蜀将收功先表贺。臣闻云南六诏蛮，东连牂牁西接蕃。六诏星居初琐碎，合为一诏渐强大。开元皇帝虽圣神，唯蛮倔强不来宾。鲜于仲通六万卒，征蛮一阵全军没。至今西洱河岸边，箭孔刀痕满枯骨。（天宝十三载，鲜于仲通统兵六万，讨云南王阁罗凤于西洱河，全军覆没也。）谁知今日慕华风，不劳一人蛮自通。诚由陛下休明德，亦赖微臣诱谕功。德宗省表知如此，笑令中使迎蛮子。蛮子道从者谁何，摩挲俗羽双隈伽。清平官持赤藤杖，大军将系金呿嗟（皮带也）〔增〕。异牟寻男寻阁劝，特敕召对延英殿。上心贵在怀远蛮，引临玉座近天颜。冕旒不垂亲劳徕，赐衣赐食移时对。移时对，不可得，大臣相看有羡色。可怜宰相拖紫佩金章，朝日唯闻对一刻。

骠国乐　欲王化之先迩后远也。（贞元十七年来献。）

骠国乐，骠国乐，出自大海西南角。雍羌之子舒难陀，来献南音奉正朔。德宗立伏御紫庭，黇犷不塞为尔听。玉螺一吹椎髻耸，铜鼓一击文身踊。珠缨炫转星宿摇，花鬘斗薮龙蛇动。曲终王子启圣人，臣父愿为唐外臣。左右欢呼何翕习，至尊德广之所及。须臾百辟诣阁门，俯伏拜表贺至尊。伏见骠人献新乐，请书国史传子孙。时有击壤老农父，暗测君心闲独语。闻君政化甚圣明，欲感人心致太平。感人在近不在远，太平由实非由声。观身理国国可济，君如心兮民如体。体生疾苦心憯凄，民得和平君恺悌。贞元之民若未安，骠乐虽闻君不欢。贞元之民苟无病，骠乐不来君亦圣。骠乐骠乐徒喧喧，不如闻此刍荛言。

缚戎人　达穷民之情也。（元云：近制西边每擒蕃囚，例皆传置南方，不加剿戮。）

缚戎人，缚戎人，耳穿面破驱入秦。天子矜怜不忍杀，诏徙东南吴与越。黄衣小使录姓名，领出长安乘递行。身被金疮面多瘠，扶病徒行日一驿。朝餐饥渴费杯盘，夜卧腥臊污床席。忽逢江水忆交河，垂手齐声（一作"唱"）呜咽歌。其中一虏语诸虏，尔苦非多我苦多。同伴行人因借问，欲说喉中气愤愤。自云乡管（一作"贯"）本凉原，大历年中没落蕃。一落蕃中四十载，身（一作"遣"）着皮裘系毛带。唯许正朝（一作"朔"）服汉仪，敛衣整巾潜（一作"双"）泪垂。誓心密定归乡计，不使蕃中妻子知。（有李如暹者，蓬子将军之子也。尝没蕃中。自云：蕃法唯正岁一日许唐人之没蕃者，服唐衣冠。由是悲不自胜，遂密定归计也。）暗思幸有残筋骨（一作"力"），更恐年衰归不得。蕃侯严兵鸟不飞，脱身冒死奔逃归。昼伏宵行经大漠，云阴月黑风沙恶。惊藏青冢寒草疏，偷度黄河夜冰薄。忽闻汉军鼙鼓声，路旁走出再拜迎。游骑不听能汉语，将军遂缚作蕃生。配向江南卑湿地，定无存恤空防备。念此吞声仰诉天，若为辛苦度残年。凉原乡井不得见，胡地妻儿虚弃捐。没蕃被囚思汉土，归汉被劫为蕃虏。早知如此悔归来，两地宁如一处苦。缚戎人，戎人之中我苦辛。自古此冤应未有，汉心汉语吐蕃身。

骊宫高　美天子重惜人之财力也。

> 高高骊山上有宫，朱楼紫殿三四重。迟迟兮春日，玉甃暖兮温泉溢。袅袅兮秋风，山蝉鸣兮宫树红。翠华不来兮岁月久，墙有衣兮瓦有松。吾君在位已五载，何不一幸于（一作"乎"）其中。西去都门几多地，吾君不游有深意。一人出兮不容易，六宫从兮百司备。八十一车千万骑，朝有宴饫暮有赐。中人之产数百家，未足充君一日费。吾君修己人不知，不自逸兮不自嬉。吾君爱人人不识，不伤财兮不伤（一作"夺"）力。骊宫高兮高入云，君之来兮为一身，君之不来兮为（一本有"千"字）万人。

百炼镜　辨皇王鉴也。

> 百炼镜，镕范非常规，日辰置处灵且奇。江心波上舟中铸，五月五日日午时。琼粉金膏磨莹已，化为一片秋潭水。镜成将献蓬莱宫，扬州长史手自封（一作"钿函金匣锁几重"）。人间臣妾不合照（一作"用"），背有九五飞天龙。人人呼为天子镜，我有一言闻太宗。太宗常以人为镜，鉴古鉴今不鉴容。四海安危居掌内，百王治乱悬心中。乃知天子别有镜，不是扬州百炼铜。

青石　激忠烈也。

> 青石出自蓝田山，兼车运载来长安。工人磨琢欲何用？石不能言我代言。不愿作人家墓前神道碣，坟土未干名已灭。不愿作

官家道傍德政碑，不镌实录镌虚辞。愿为段氏颜氏碑，雕镂太尉与太师。刻此两片坚贞质，状彼二人忠烈姿。义心如石屹不转，死节如石确不移。如观奋击朱泚日，似见叱呵希烈时。各于其上题名谥，一置高山一沉水。陵谷虽迁碑独存，骨化为尘名不死。长使不忠不烈臣，观碑改节慕为人。慕为人，劝事君。

两朱阁　刺佛寺浸多也。

两朱阁，南北相对起。借问何人家？贞元双帝子。帝子吹箫双得仙，五云飘飘飞上天。第宅亭台不将去，化为佛寺在人间。妆阁妓楼何寂静，柳似舞腰池似镜。花落黄昏悄悄时，不闻歌吹闻钟磬。寺门敕榜金字书，尼院佛庭宽有余。青苔明月多闲地，比屋齐人无处居。忆昨平阳宅初置，吞并平人几家地。仙去双双作梵宫，渐恐人家尽为寺。

西凉伎　刺封疆之臣也。

西凉伎，假面胡人假狮子。刻木为头丝作尾，金镀眼睛银帖齿。奋迅毛衣摆双耳，如从流沙来万里。紫髯深目两胡儿，鼓舞跳梁前致辞。应似凉州未陷日，安西都护进来时。须臾云得新消息，安西路绝归不得。泣向狮子涕双垂，凉州陷没知不知？狮子回头向西望，哀吼一声观者悲。贞元边将爱此曲，醉坐笑看看不足。享（一作"娱"）宾犒士宴监军，狮子胡儿长在目。有一征夫年七十，见弄凉州低面泣。泣罢敛手白将军，主忧臣辱昔所闻。自从天宝兵戈起，犬戎日夜吞西鄙。凉州陷来四十年，河陇侵将七千里。平时安西万里疆，今日边防在凤翔。（平时开远门外立堠云"去安西九千九百里"。以示戍人不为万里行，其实就盈数也。今蕃汉使往来，悉在陇州交易也。）缘边空屯十万卒，饱食温衣闲过日。遗民肠断在凉州，将卒相看无意收。天子每思常痛惜，将军欲说合惭羞。奈何仍看西凉伎，取笑资欢无所愧。纵无智力未能收，忍取西凉弄为戏。

八骏图　诚奇物惩佚游也。

穆王八骏天马驹，后人爱之写为图。背如龙兮颈如象（一作"鸟"），骨竦筋高脂肉壮（一作"少"）。日行万里疾如飞，穆王独乘何所之？四荒八极踏欲遍，三十二蹄无歇时。属车轴折趁不及，黄屋草生弃若遗。瑶池西赴王母宴，七庙经年不亲荐。璧台南与盛姬游，明堂不复朝诸侯。白云黄竹歌声动，一人荒乐万人愁。周从后稷至文武，积德累功世勤苦。岂知才及五（一作"四"）代孙，心轻王业如灰土。由来尤物不在大，能荡君心即为害。文帝却之不肯乘，千里马去汉道兴。穆王得之不为戒，八骏驹来周室坏。至今此物世称珍，不知房星之精下为怪。八骏图，君莫爱。

涧底松　念寒儁也。

有松百尺大十围，生在涧底寒且卑。涧深山险人路绝，老死不逢工度之。天子明堂欠梁木，此求彼有两不知。谁谕苍苍造物意，但与之材不与地。金张世禄黄宪贤，牛衣寒贱貂蝉贵。貂蝉与牛衣，高下虽有殊。高者未必贤，下者未必愚。君不见沉沉海底生珊瑚，历历天上种白榆。（按：《英华辨证》：白居易

《涧底松》"金张世禄黄宪贤"，黄宪本牛衣儿，而集本作"原宪贤"，详上下句，黄宪贤是。）

牡丹芳　美天子忧农也。

牡丹芳，牡丹芳，黄金蕊绽红玉房。千片赤英霞烂烂，百枝绛焰灯煌煌。照地初开锦绣段，当风不结兰麝囊。仙人琪树白无色，王母桃花小不香。宿露轻盈泛紫艳，朝阳照耀生红光。红紫二色间深浅，向背万态随低昂。映叶多情隐羞面，卧丛无力含醉妆。低娇笑容疑掩口，凝思怨人如断肠。秾姿贵彩信奇绝，杂卉乱花无比方。石竹金钱何细碎！芙蓉芍药苦寻常。遂使王公与卿相，游花冠盖日相望。庳车软舆贵公子，香衫细马豪家郎。卫公宅静闭东院，西明寺深开北廊。戏蝶双舞看人久，残莺一声春（一作"娇"）日长。共愁日照芳难驻，仍张帷幕垂阴凉。花开花落二十日，一城之人皆若狂。三代以还文胜质，人心重华不重实。重华直至牡丹芳，其来有自非今日。元和天子忧农桑，恤下动天天降祥。去岁嘉禾生九穗，田中寂寞无人至。今年瑞麦分两歧，君心独喜无人知。无人知，可叹息。我愿暂求造化力，减却牡丹妖艳色。少回卿士爱花心，同似吾君忧稼穑。

红线毯　忧蚕桑之费也。

红线毯，择茧缲丝清水煮，练（一作"拣"）丝练线红蓝染。染为红线红于花，织作披香殿上毯。披香殿广十丈余，红线织成可殿铺。彩丝茸茸香拂拂，线软花虚不胜物。美人蹋上歌舞来，罗袜绣鞋随步没。太原毯涩毳缕硬，蜀都褥薄锦花冷。不如此毯温且柔，年年十月来宣州。宣州太守加样织，自谓为臣能竭力。百夫同担进宫中，线厚丝多卷不得。宣州太守知不知？一丈毯用（一本无"用"字）千两丝。地不知寒人要暖，少夺人衣作地衣。（贞元中，宣州进开样加丝毯。）

杜陵叟 伤农夫之困也。

杜陵叟，杜陵居，岁种薄田一顷余。三月无雨旱风起，麦苗不秀多黄死。九月降霜秋早寒，禾穗未熟皆青干。长吏明知不申破，急敛暴征求考课。典桑卖地纳官租，明年衣食将何如？剥我身上帛，夺我口中粟。虐人害物即豺狼，何必钩爪锯牙食人肉。不知何人奏皇帝，帝心恻隐知人弊。白麻纸上书德音，京畿尽放今年税。昨日里胥方到门，手持尺牒榜乡村。十家租税九家毕，虚受吾君蠲免恩。

缭绫 念女工之劳也。

缭绫缭绫何所似？不似罗绡与纨绮。应似天台山上明月（一作"月明"）前，四十五尺瀑布泉。中有文章又奇绝，地铺白烟花簇雪。织者何人衣者谁，越溪寒女汉宫姬。去年中使宣口敕，天上取样人间织。织为云外秋雁行，染作江南春水色。广裁衫袖长制裙，金斗熨波刀剪纹。异彩奇文相隐映，转侧看花花不定。昭阳舞人恩正深，春衣一对直千金。汗沾粉污不再着，曳土蹋泥无惜心。缭绫织成费功绩，莫比寻常缯与帛。丝细缲多女手疼，扎扎千声不盈尺。昭阳殿里歌舞人，若见织时应也（一作"合"）惜。

卖炭翁 苦宫市也。

卖炭翁，伐薪烧炭南山中。满面尘灰烟火色，两鬓苍苍十指黑。卖炭得钱何所营，身上衣裳口中食。可怜身上衣正单，心忧炭贱愿天寒。夜来城外一尺雪，晓驾炭车辗冰辙。牛困人饥日已高，市南门外泥中歇。两骑翩翩来是谁，黄衣使者白衫儿。手把文书口称敕，回车叱牛牵向北。一车炭重（一本无"重"字）千余斤，宫使驱将惜不得。半匹红纱一丈绫，系向牛头充炭直。

母别子　刺新间旧也。

母别子，子别母，白日无光哭声苦。关西骠骑大将军，去年破虏新策勋。敕赐金钱二百万，洛阳迎得如花人。新人迎来旧人弃，掌上莲花眼中刺。迎新弃旧未足悲，悲在君家留两儿。一始扶行一初坐，坐啼行哭牵人衣。以汝夫妇新嬿婉，使我母子生别离。不如林中乌与鹊，母不失雏雄伴雌。应似园中桃李树，花落随风子住（一作"在"）枝。新人新人听我语，洛阳无限红楼女。但愿将军重立功，更有新人胜于汝。

阴山道　疾贪虏也。（按：《李传》云：元和二年，有诏悉以金银酬回鹘马价。）

阴山道，阴山道，纥逻敦肥水泉好。每至戎人送马时，道傍千里无纤草。草尽泉枯马病羸，飞龙但印骨与皮。五十匹缣易一匹，缣去马来无了日。养无所用去非宜，每岁死伤十六七。缣丝不足女工苦，疏织短截充匹数。藕丝蛛网三丈余，回鹘诉称无用处。咸安公主号可（胡贾反）敦，远为可（音"克"）汗频奏论。元和二年下新敕，内出金帛酬马直。仍诏江淮马价缣，从此不令疏短织。合罗将军呼万岁，捧受金银与缣彩。谁知黠虏启贪心，明年马多来一倍。缣渐好，马渐多。阴山虏，奈尔何。

时世妆　警将变也。

时世妆，时世妆，出自城中传四方。时世流行无远近，腮不施朱面无粉。乌膏注唇唇似泥，双眉画作八字低。研娟黑白失本态，妆成尽似含悲啼。圆鬟无鬓椎髻样，斜红不晕赭面状。昔闻被发伊川中，辛有见之知有戎。元和妆梳君记取，髻椎面赭非华风。

李夫人　鉴嬖惑也。

汉武帝，初丧李夫人。夫人病时不肯别，死后留得生前恩。君恩不尽念未已，甘泉殿里令写真。丹青写出竟何益，不言不笑愁杀人。又令方士合灵药，玉釜煎炼金炉焚。九华帐深夜悄悄，反魂香降夫人魂。夫人之魂在何许，香烟引到焚香处。既来何苦不须臾，缥缈悠扬还灭去。去何速兮来何迟，是耶非耶两不知。翠蛾仿佛平生貌，不似昭阳寝疾时。魂之不来君心苦，魂之来兮君亦悲。背灯隔帐不得语，安用暂来还见违。伤心不独汉武帝，自古及今皆若斯。君不见穆皇三日哭，重璧台前伤盛姬。又不见太陵一掬泪，马嵬坡下念杨妃。纵令研姿艳质化为土，此恨长在无销期。生亦惑，死亦惑，尤物惑人忘不得。人非木石皆有情，不如不遇倾城色。

陵园妾　托幽闭，喻被谗遭黜也。

陵园妾，颜色如花命如叶。命如叶薄将奈何？一奉寝宫年月多。年月多，时光换，春愁秋思知何限。青丝发落丛鬓疏，红玉肤销系裙缦。忆昔宫中被妒猜，因谗得罪配陵来。老母啼呼趁车别，中官监送锁门回。山宫一闭无开日，未死此身不令出。松门到晓月徘徊，柏城尽日风萧瑟。松门柏城幽闭深，闻蝉听燕感光阴。眼看菊蕊重阳泪，手把梨花寒食心。把花掩泪无人见，绿芜墙绕青苔院。四季徒支妆粉钱，三朝不识君王面。遥想六宫奉至尊，宣徽雪夜浴堂春。雨露之恩不及者，犹闻不啻三千人。三千人，我尔君恩何厚薄。愿令轮转直陵园，三岁一来均苦乐。

盐商妇　恶幸人也。

盐商妇，多金帛，不事田农与蚕绩。南北东西不失家，风水为乡船作宅。本是扬州小家女，嫁得西江大商客。绿鬟溜去金钗多，皓腕肥来银钏窄。前呼苍头后叱婢，问尔因何得如此。婿作盐商十五年，不属州县属天子。每年盐利入官时，少入官家多入私。官家利薄私家厚，盐铁尚书远不知。何况江头鱼米贱，红鲙黄橙香稻饭。饱食浓妆倚柂楼，两朵红腮花欲绽。盐商妇，有幸嫁盐商。终朝美饮食，终岁好衣裳。好衣美食来何（一作"有来"）处，亦须惭愧桑弘羊。桑弘羊，死已久，不独汉世今亦有。

杏为梁　刺居处僭也。

杏为梁，桂为柱，何人堂室李开府。碧砌红轩色未干，去年身没今移主。高其墙，大其门，谁家第宅卢将军。素泥朱板光未灭，今日官收别赐人。开府之堂将军宅，造未成时头已白。逆旅重居逆旅中，心是主人身是客。更有愚夫念身后，心虽甚长计非久。穷奢极丽越规模，付子传孙令保守。莫教门外过客闻，抚掌回头笑杀君。君不见马家宅，尚犹存，宅门题作奉诚园。君不见魏家宅，属他人，诏赎赐还五代孙。（元和四年，诏特以官钱赎魏征胜业坊中旧宅，以还其孙，用奖忠俭。）俭存奢失今在目，安用高墙围大屋。

井底引银瓶　止淫奔也。

井底引银瓶，银瓶欲上丝绳绝。石上磨玉簪，玉簪欲成中央折。瓶沉簪折知奈何！似妾今朝与君别。忆昔在家为女时，人言举动有殊姿。婵娟两鬓秋蝉翼，宛转双蛾远山色。笑随戏伴后园中，此时与君未相识。妾弄青梅倚短墙，君骑白马傍垂杨。墙头马上遥相顾，一见知君即断肠。知君断肠共君语，君指南山松柏树。感君松柏化为心，暗合双鬟逐君去。到君家舍五六年，君家大人频有言。聘则为妻奔是妾，不堪主祀奉蘋蘩。终知君家不可住，其奈出门无去处。岂无父母在高堂，亦有亲情满故乡。潜来更不通消息，今日悲羞归不得。为君一日恩，误妾百年身。寄言痴小人家女，慎勿将身轻许人！

官牛　讽执政也。

官牛官牛驾官车，浐水岸边驱载沙。一石沙，几斤重，朝载暮载将何用。载向五门官道西，绿槐阴下铺沙堤。昨来新拜右丞相，恐怕泥涂污马蹄。右丞相，马蹄蹋沙虽净洁，牛领牵车欲流血。右丞相，但能济人治国调阴阳，官牛领穿亦无妨。

紫毫笔　诫失职也。

紫毫笔，尖（一作"纤"）如锥兮利如刀。江南石上有老兔，吃竹饮泉生紫毫。宣城工人采为笔，千万毛中选（一作"拣"）一毫。毫虽轻，功甚重。管勒工名充岁贡，君兮臣兮勿轻用。勿轻用，将何如？愿赐东西府御史，愿颁左右台起居。搦（一作"握"）管趋入黄金阙，抽毫立在白玉墀（一作"除"）。臣有奸邪正衙奏，君有动言直笔书。起居郎，侍御史，尔知紫毫不易致。每岁宣城进笔时，紫毫之价如金贵。慎勿空将弹失仪，慎勿空将录制词。

隋堤柳　悯亡国也。

隋堤柳，岁久年深尽衰朽。风飘飘兮雨萧萧，三株两株汴河口。老枝病叶愁杀人，曾经大业年中春。大业年中炀天子，种柳成行夹流水。西至黄河东至淮，绿影一千三百里。大业末年春暮月，柳色如烟絮如雪。南幸江都恣佚游，应将此柳系龙舟。紫髯郎将护锦缆，青蛾御史直迷楼。海内财力此时竭，舟中欢笑何日休？上荒下困势不久，宗社之危如缀旒。炀天子，自言福祚长（一作"垂"）无穷，岂知皇子封酅公。龙舟未过彭城阁，义旗已入长安宫。萧墙祸生人事变，晏驾不得归秦中。土坟数尺何处葬？吴公台下多悲风。二百年来汴河路，沙草和烟朝复暮。后王何以鉴前王，请看隋堤亡国树。（一本"缀旒"下多"炀天子，自言殊无极，岂知明年正朔归武德"三句。）

草茫茫　惩厚葬也。

草茫茫，土苍苍。苍苍茫茫在何处，骊山脚下秦皇墓。墓中下洞二重泉，当时自以为深固。下流水银象江海，上缀珠光作乌兔。别为天地于其间，拟将富贵随身去。一朝盗掘坟陵破，龙椁神堂三月火。可怜宝玉归人间，暂借泉中买身祸。奢者狼藉俭者安，一凶一吉在眼前。凭君回首向南望，汉文葬在灞陵原。

古冢狐　戒艳色也。

古冢狐，妖且老，化为妇人颜色好。头变云鬟面变妆，大尾曳作长红裳。徐徐行傍荒村路，日欲暮时人静处。或歌或舞或悲啼，翠眉不举花钿（一作"颜"）低。忽然一笑千万态，见者十人八九迷。假色迷人犹若是，真色迷人应过此。彼真此假俱迷人，人心恶假贵重真。狐假女妖害犹浅，一朝一夕迷人眼。女为狐媚害则（一作"却"）深，日增月长溺人心。何况褒妲之色善蛊惑，能丧人家覆人国。君看为害浅深间，岂将假色同真色。

黑潭龙　疾贪吏也。

黑潭水深色如墨，传有神龙人不识。潭上架屋官立祠，龙不能神人神（一作"异"）之。灾凶水旱与疾疫，乡里皆言龙所为。家家养豚漉清酒，朝祈暮赛依巫口。神之来兮风飘飘，纸钱动兮锦伞摇。神之去兮风亦静，香火灭兮杯盘冷。肉堆潭岸石，酒泼庙前草。不知龙神享几多，林鼠山狐长醉饱。狐何幸，豚何辜，年年杀豚将喂狐。狐假龙神食豚尽，九重泉底龙知无。

天可度　恶诈人也。

天可度，地可量，唯有人心不可防。但见丹诚赤如血，谁知伪言巧似簧。劝君掩鼻君莫掩，使君夫妇为参商。劝君掇蜂君莫掇，使君父子成豺狼。海底鱼兮天上鸟，高可射兮深可钓。唯有人心相对时，咫尺之间不能料。君不见李义府之辈笑欣欣，笑中有刀潜杀人。阴阳神变皆可测，不测人间笑是嗔。

秦吉了　哀冤民也。

秦吉了，出南中，彩毛青黑花颈红。耳聪心慧舌端巧，鸟语人言无不通。昨日长爪鸢，今朝大觜乌。鸢捎乳燕一窠覆，乌啄母鸡双眼枯。鸡号堕地燕惊去，然后拾卵攫其雏。岂无雕与鹗，嗉中肉饱不肯搏。亦有鸾鹤群，闲立扬高如不闻。秦吉了，人云尔是能言鸟。岂不见鸡燕之冤苦，吾闻凤凰百鸟主。尔竟不为凤凰之前致一言，安用哓哓（一作"嗟嗟"）闲言语。

鸦九剑　思决壅也。

欧冶子死千年后，精灵暗授张鸦九。鸦九铸剑吴山中，天与日时神借功。金铁腾精火翻焰，踊跃求为镆铘剑。剑成未试十余年，有客持金买一观。谁知闭匣长思用，三尺青蛇不肯蟠。客有心，剑无口，客代剑言告鸦九。君勿矜我玉可切，君勿夸我钟可刜。不如持我决浮云，无令漫漫蔽白日。为君使无私之光及万物，蛰虫昭苏萌草出。

采诗官　监前王乱亡之由也。

采诗官，采诗听歌导人言。言者无罪闻者诫，下流上通上下泰。周灭秦兴至隋氏，十代采诗官不置。郊庙登歌赞君美，乐府艳词悦君意。若求兴谕规刺言，万句千章无一字。不是章句无规刺，渐恐（一作"及"）朝廷绝讽议。诤臣杜口为冗员，谏鼓高悬作虚器。一人负扆常端默，百辟入门皆自媚。夕郎所贺皆德音，春官每奏唯祥瑞。君之堂兮千里远，君之门兮九重闷。君耳唯闻堂上言，君眼不见门前事。食吏害民无所忌，奸臣蔽君无所畏。君不见厉王胡亥（一作"炀帝"）之末年，群臣有利君无利。君兮君兮愿听此，欲开壅蔽（一本作"君兮君兮，若要除贪害开壅蔽"）达人情，先向歌诗求讽刺。

附：《长恨歌传》详略两本对照

兹取《文苑英华》附载之《丽情集》本，与铁琴铜剑楼旧藏宋刊《白氏长庆集》本互校，录其原文于下。

《文苑英华》七九四《长恨歌传》后附记云：

此篇又见《丽情集》及《京本大曲》，颇有异同，并录于后。

宋本《白氏长庆集》一二

《长恨歌传》　前进士陈鸿撰

开元中，六符炳灵，四海无波，礼乐同，人神和。天子在位岁久，倦乎旰食，——始委国政

开元中，——泰阶平，四海无事。——————玄宗在位岁久，倦于旰食宵衣，——政

————————于右丞相。端拱深居，—储思国色。——先是元

献皇后、武惠妃皆有宠，相

无小大，始委于右丞相。——深居游宴，以声色自娱。先是元

献皇后、武淑妃皆有宠，相

次薨谢，宫侍——————————无可—意者。上心忽忽焉不自

乐。时—岁十月，驾幸骊山之

次即世。宫中虽良家子千数，无可悦目者。上心忽忽—不—

乐。—每岁十月，驾幸———

华清宫，浴于温泉。内外命妇，熠耀景从，浴日余波，赐以汤

浴。——灵液不冻，玉树早

华清宫，—————内外命妇，熠耀景从，浴日余波，赐以汤

沐。春风灵液，—————

芳，春色澹荡，思生其间。上心油然，恍若有—遇。顾宫女三

千，—粉光如土。————

————澹荡———其间。上心油然，—若有顾遇。——左右

前后，粉色如土。诏高力士

使搜诸外宫，得弘农杨氏—女，———既笄矣。绿云生鬟，白

雪凝肤，渥饰光华，纤秾有

潜搜—外宫，得弘农杨玄琰女于寿邸，既笄矣。鬓发腻理，
————————————纤秾中

度。举止闲冶，如汉武帝李夫人。上见之明日，————诏浴
华清池，清澜三尺，中洗

度，举止闲冶，如汉武帝李夫人。————————别疏汤泉，诏
赐藻莹。——

明玉，莲开水上，鸾舞鉴中。既出水，娇多力微，—不胜罗
绮。——————————春正
————————————既出水，体弱力微，若不胜罗
绮。光彩焕发，转动照人。—

月，上心始悦。自是天子不早朝，后夫人不得侍寝。————
————————
——上—甚悦。————————————进见之
日，奏《霓裳羽衣曲》以导之；定

————————————

情之夕，授金钗钿合以固之。又命戴步摇，垂金珰。明年册为
贵妃，半后服用。繇是冶其

———————————————————————————时省风九州，

泥金五岳，骊山雪夜，上阳

容，敏其词，婉娈万态，以中上意。上益嬖焉。时省风九州，

泥金五岳，骊山雪夜，上阳

春朝，——行同辇，止同宴，——————妖其容，巧其词，

歌舞谈笑，婉娈便佞，以中

春朝，与上行同室，——宴专席，寝专房，——————

———————————

上心。故以为上宫春色，四时在目。——————————

—————————天宝中，后宫

————————————虽有三夫人、九嫔、二十

七世妇、八十一御妻，——

良家女万数，—————使天子无顾盼意。————

———————

暨后宫才人、乐府妓女，使天子无顾眄意。自是六宫无复进幸

者。非徒殊艳尤态致是，盖

————————————————叔父昆弟，

皆—————为通侯。女

才智明慧，善巧便佞，先意希旨，有不可形容者。叔父昆弟，

皆列在清贯，爵为通侯。姊

弟女兄，————富埒王室，车服制度，爵邑邸第，与大长
公主侔矣。恩泽势力，则又

妹———封国夫人，富埒王室，车服————邸第，与大长
公主侔。而恩泽势力，则又

过之。出入禁门不问，京师长吏，为之侧目。———————
————————

过之，出入禁门不问，京师长吏，为—侧目。故当时谣咏有
云："生女勿悲酸，生儿勿喜欢。"

天宝末，兄国忠盗丞相位，
又曰："男不封侯女作妃，看女却为门上楣。"其人心羡慕如
此！天宝末，兄国忠盗丞相位，

窃弄国柄。—羯胡乱燕，————————二京连陷，翠
华南幸，驾出都西门百余里，
愚弄国柄。及安禄山引兵向阙，以讨杨氏为辞，潼关不守，翠
华南幸，—出咸阳，————

—————————六师徘徊，拥戟不行。从官郎吏伏上马前，请诛
错以谢之。—国忠奉牦缨盘

道次马嵬亭。六军徘徊，持戟不进。从官郎吏伏上马前，请诛错以谢天下。国忠奉牦缨盘

水，死于道周。左右之意未快，————当时敢言者，请以贵妃塞天下之怒。上惨容怛心，

水，死于道周。左右之意未快。上问之，当时敢言者，请以贵妃塞天下—怒。上知不免，而

不忍见其死，反袂掩面，使牵之而去。拜于上前，回眸血下，坠金钿翠羽于地，上自收之。

不忍见其死，反袂掩面，使牵之而去。——————————————————

鸣呼！蕙心纨质，天王之爱，不得已，——————而死于尺组之下。叔向母云："甚美

——————————————————苍黄展转，竟就绝于尺组之下。———————

必甚恶。"李延年歌曰："倾国复倾城。"此之谓也。既而玄宗狩成都，肃宗受命灵武。粤明

——————————————————————既而玄宗狩成都，肃宗受禅灵武。—明

年，大赦改元，大驾还都，驻六龙于马嵬道中，君臣相顾，日月无光。不翼日，父子尧

年，大凶归元，大驾还都，———————————————

—————————

舜，天下大和。————太上皇，就养南宫。———————

——————————尊玄宗为太上皇，就养南宫，迁于西内。时移事去，乐尽悲来，每至春之

——————————宫槐夏花，梧桐秋雨。春日迟迟兮恨深，冬夜长长兮怨急。自死之日，斋之

日，冬之夜，池莲夏开，宫槐秋落，———————————

—————————

月，莫不感皇容，悼宸衷。每朱楼月晓，渌池冰散，梨园弟子，玉琯一声，闻《霓裳羽衣》一

———————————————————梨园弟子，玉琯发音，闻《霓裳羽衣》一

曲，则天颜不怡，侍儿掩泣。三载一意，其念不衰。自是南宫无歌舞之思，求诸梦，而精

声，则天颜不怡，左右歔欷。三载一意，其念不衰。———————

————————求之梦魂——

魂不来，求诸神，而致诚莫敢。（寅恪案："敢"当作"感"。）
成都方士————能乘气而游
杳不能得。————————————————————
适有道士自蜀来。——————————
上清。感—皇心追念杨贵妃不已，————————————————
————————————

————知上皇心—念杨—妃如是，自言有李少君之术。玄宗大
喜，命致其神。方士乃竭其

————————————————乃上大罗天，入地府，目眩
心摇，—求之—不见。遂驾
术以索之。不至。又能游神驭气，————出天界没地府——
————以求之，不见。

琅舆，张云盖，————————东下—海中三山，遂入蓬莱
宫中。————————
————————又旁求四虚上下，东极天海，————跨蓬
壶，——见最高仙山，上多楼

——金殿西厢，有洞户，——阖其门。署曰"玉真太妃
院"。——

——扣门，久之，有青衣

阙，——西厢下有洞户，东向，阖其门。署曰"玉妃太真院"。

方士抽簪扣扉，———有——

玉童—出，————————————————————

————————方士——

双鬟童女出应门。方士造次未及言，而双鬟复入。俄有碧衣侍

女又至。诘其所从。方士因称

——————传汉天子命。既入，————————————

————————

唐天子使者，且致其命。——碧衣云："玉妃方寝，请少待

之。"于时云海沉沉，洞天日晚，

琼扉重阖，悄然无声。方士—息气重足，拱手门下。海上风

微，洞天日暖。乃见仙女数人，

琼户重闾，悄然无声。方士屏息—敛足，拱手门下。———

————————————

相随出户。——————延客——至玉堂。堂上褰九华帐，

有一人冰雪姿，芙蓉冠，—

——————久之，而碧衣延入，且曰："玉妃出。"——

———见一人————冠金莲，

—露绡帔，————俨然如在姑射山。————————前揖。方士传汉天子命，——

披紫绡，佩红玉，曳凤舄，——————左右侍者七八人，揖—方士问皇帝———安否？

——————————言未终，退立惨然。忆一念之心，复堕下界。因泣下，使青衣小

次问天宝十四年已还事。言讫————悯默。———

——————————指碧衣—

童取金钗一股，钿合一扇，——————————奉太上皇。————苟心如金，坚如

—取金钗———钿合，各析其半，授使者，曰："为谢太上皇，谨献是物，——————

钿，上为天人，下为世人，重相见时，——好合如旧。方士受其—信，将行，色有不足。玉

————————————————寻旧好也。"——方士受辞与信。将行，色有不足。玉

妃固征其意，复前跪致词曰："请付当时一事，不闻于人—者，验于汉天子————畏——

妃固征其意，复前跪致词，一请一当时一事，不为他人闻者，
验于太上皇。不然，恐钿合

金钗钿合，负新垣平之诈也。"仙子敛容低肩，————含羞
而言曰："昔天宝六（寅恪案：
金钗，————负新垣平之诈也。玉妃茫然退立，若有所思，徐而
言曰："昔天宝十载，————

"六"疑当作"十"）年，侍辇避暑于骊山宫。—七月，牵牛
织女相见之夕，秦人风俗，
————————————侍辇避暑—骊山宫。秋七月，牵牛
织女相见之夕，秦人风俗，

是夜张锦绣缯绮，树瓜花，陈饮食，————焚香于庭，谓之
'乞巧'。————三拜
是夜张锦绣，————陈饮食，树瓜华，焚香于庭，号为
'乞巧'。宫掖间尤尚之。——

毕，缕针于月，衽线于裳。夜方半，歇侍卫于东西厢，独侍于
帝，凭肩而立，————
————————————夜始半，休侍卫于东西厢，独侍
上。上凭肩而立，因仰天感牛

————相与盟心誓曰：一世世为夫妇。誓毕，执手各呜咽。此

独君王知之。”————

女事，——密相誓心，愿世世为夫妇。言毕，执手各呜咽。此独君王知之耳。”因自悲曰：“

————————————————

————————————

由此一念，又不得居此，复堕下界，且结后缘。或为天，或为人，决再相见，好合如旧。”

————————————————————方士还长安，奏于太上皇。上皇甚感自悲，

因言太上皇亦不久人间，幸惟自安，无自苦耳。使者还，——奏—太上皇，—皇心震悼，日

殆不胜情。————————————嘻！女德无极者也，死生大别者也。故圣人节其欲，制

日不豫，其年夏四月，南宫晏驾。————————————

————————

其情，防人之乱者也。生感（寅恪案：乐天《新乐府·李夫人篇》云：生亦惑，死亦惑，尤物惑

————————————————

————————

人忘不得。然则"感"字当是"惑"字之形讹也）其志，死溺其情。又如之何？元和

————————————————————————

——————————————元和

〔元〕年冬十二月，太原白居易————尉于盩厔，予与琅琊
王质夫家仙游谷，因暇日—
—元—年冬十二月，太原白乐天自校书郎尉于盩厔，鸿与琅邪
王质夫家于是邑，—暇日相

携手入山。质夫于道中语及于是。——————————
——————————

携游仙游寺，————话及此事，相与感叹。质夫举酒于乐天
前曰："夫希代之事，非遇出

————————————————白乐天深于思———者
也，有出世之才，以为往事
世之才润色之，则与时消没，不闻于世，乐天深于诗多于情者
也，——————————

多情，而感人也深，————————故为《长恨词》以歌
之，——————————

——————————试为歌之如何?”乐天因为《长恨——
歌》，意者不但感其事，亦欲惩尤物，

——————————————使鸿传焉。世所—隐者，鸿非
史官，——不—知。—所知
窒乱阶，垂于将来也。歌既成，使鸿传焉。世所不闻者，予非
开元遗民，不得知。世所知
者，有《玄宗内传》今在。予所据王质夫说之尔。
者，有《玄宗本纪》—在。今但传《长恨歌》—云尔。

附

录

两晋南北朝史听课笔记片段

此课之重点，要讲司马氏及曹氏两个社会集团不同之关系及其盛衰之理由。

曹氏篡汉（刘氏），司马氏又篡曹氏，表面上看来虽为政权之转移，但实际上是两个不同集团的社会人物更替统治权。他们在东汉末，同是统治阶级，然而确实是两种人物。魏的时代，还是三国形势；到了西晋，则统一中国；以后又分为南北朝。

三国时代，太复杂，亦非本课之范围，故关于魏之情形，此课不多讲。今就司马氏之集团所以得到政治权，以及后来失去之原因，等等，此乃须注意者也。

一　西晋最初之情势

汉建安五年（公元二〇〇年）官渡之战，曹操打败袁绍，此为曹氏政权稳固之始。即东汉末年儒家大族之势力，被另一外集团之人打倒。曹操之家世不是东汉儒家大族，而正是其反面人物。（参看《三国志·魏志》一《武帝传》，又同书卷六陈琳檄文及讲义〔一〕第十六条、第十七条。简作〔一〕十六、十七。下同。）

魏嘉平元年（正始十年亦即公元二四九年），司马氏杀曹爽，此为司马氏夺政权之始。

东汉末年，刘氏虽为皇帝，但统治权实在外廷儒家大族及内廷宦官掌握之中，经过黄巾董卓之乱，刘氏做皇帝之虚名，亦难保持。似乎代替刘氏做皇帝之人物，应在儒家大族，而袁绍乃此集团之代表，不料官渡一战，袁败而曹胜，此一役即为曹魏基业开始之划分点。所以，建安五年"官渡之战"不仅是曹、袁个人之胜败，而是汉末两统治集团之胜败。

曹氏已得势，当时东汉儒家大族之人，不得不勉强隐忍屈服于曹氏政权之下。直到司马懿于二四九年杀曹爽起，至司马炎（武帝）篡魏，十六年内，帝业遂成。盖曹操之家世习惯及其道德标准，本非东汉大族。（参看〔一〕十六《魏志》一《武帝传》及〔一〕十七陈琳檄文，〔一〕十九《武帝传》及〔一〕二十《崔琰传》，所引材料。）曹氏之兴起，正是小族打倒大族。（参看讲义一页第一条及二页第一条。）袁安、杨震乃第一等儒家大族，（参看〔一〕四、五二人之传。）故司马篡魏，正是东汉儒家大族打倒了小族，夺得统治权，也可以说是恢复了东汉儒家大族的统治权。

何谓东汉儒家大族？

（参看《袁安传》、《杨震传》、《司马朗传》、《宣帝纪》及〔一〕九之《晋书·礼志》。）从中，可以知道大族重礼法，讲经学。他们在乡间传授经学，重家族伦理，道德上之表现为孝悌。礼法最重丧礼之制。离本乡即在洛阳太学游学，此种人之中心在河南一带。在政治上，是外廷掌政之人（内廷为宦官）。大族之代表人物，如王祥、何曾、荀颛三孝子，位至三公。（参看〔一〕十三、十四、十五《王祥传》、《何曾传》、《荀颛传》。）重丧礼，以晋之宣、景、文、武四帝为法。（参看〔一〕十《抱朴子·外篇·讥惑篇》。又〔一〕九《晋书·礼志中》。）其习惯重奢侈，道德观念尚仁孝，与曹操代表之社会集团恰恰相反。

何谓寒族？

不出身于儒家大族，其初家世寒微，是法家，不讲儒学，奖励节俭，政治严苛，不重家庭礼法。（参看〔一〕三十一、三十三《陈矫传》后段，夏侯惇等传。）其代表人物曹操，（参看〔一〕十六《三国志·魏志》一《武帝传》，又下一条陈琳檄文。）曹操赞赏之人如贾逵、陈矫等（参看〔一〕二十六、三十一《贾逵传》、《陈矫传》）尚节俭。（看〔一〕十八、二十《毛玠传》及《崔琰传》所引材料。）道德标准以才能为主，不重仁孝。（参看〔一〕二十一三条命令。）曹操公然以"不仁""不孝"之人可以治天下，握统治权，正是儒家大族之仁孝相反者也。

顾炎武《日知录》一三《世风篇》有言"自古以来之大变"，即所谓曹操之"三令"也。

二　西晋政权之构成及其失败

大部分是东汉儒家大族，小部分是寒族之投机分子。

就以上材料看来，曹氏与司马氏所代表的两种社会集团，其不同的程度如此之大，自然无并立共存之道理。当曹氏盛时，司马懿等人只有屈服待机，而曹家势衰后，司马家代表的集团复兴之势已成。那时本来属曹氏集团之人，因投机取巧，背曹氏而归司马氏，建立大功，做成晋之帝业，如贾充等人，即是其例。（参看〔一〕二十六《贾逵传》后裴《注》引《晋诸公赞》及〔一〕三十七《陈骞传》。）遂能与司马氏密切联合，成为一体。故西晋政权其大部分虽为东汉儒家大族，但含有一小部分法家、寒族。此种奇异之结合团体，其结果，二种不同社会集团之优点渐归消失；二种不同的劣点则集其大成。此为西晋政权崩溃之总因。

如寒族尚节俭（参看《毛玠传》《崔琰传》），而石崇等本出身寒族，其奢侈程度，过于大族之何曾等。

如闺门礼法，有晋皇室贾后之淫乱。寒家之妇女本以勤俭见称，而此等统治阶级之妇女无论其出身如何，皆变为奢侈、懒惰。（参看〔一〕四十九后《晋书》五《孝愍帝纪》引干宝之言。）

儒家大族之所谓宽仁，亦不过宽于大族。（参看〔一〕二十五《魏志》一《武帝传》建安九年九月令，及〔一〕三十九《蜀志》五《诸葛亮传》裴《注》引《蜀记》"郭冲"条亮答法正语。）其实宽于大族，即放任大族苛虐小民。此正加深统治阶级剥削之程度，以供其奢侈用费。况孙吴本是大族，政权腐败最甚，因而亡国。西晋灭吴，其统治者又乘胜利接收之机会，更令贪污腐败加剧。所以平吴以后，西晋之政治更为腐败。（参看〔一〕四十四《抱朴子·吴失篇》。）贪污腐败，亦有经济之关系。

此后有八王之乱、五胡乱华等，洛阳未瓦解前西晋已经乱了，失去了统治能力。

三　附论吴、蜀

刘备与孙坚的政权以何建立？

刘备自称为汉之后，但司马光不以之为正统。因为他虽自称是汉光武之宗族，实出身贫苦，卖履为业，绝非汉光武之可比，当属寒族。刘备与曹操同。因曹为法家，而刘用诸葛亮，也是法家。（他是诸葛丰之后，丰乃东汉时做司隶校尉的。）张悌说司马氏一定可以平蜀。

孙坚的家族不易考。他的家庭乃武力"强宗"，即人多，却非高文化者。后孙坚投往袁术处。袁术聚集一批人在淮南称帝，当时黄巾扰乱，社会秩序完全破坏。孙坚及其子孙策、孙权就在袁的系统内，建立了东吴的政权。——为"强宗""仕族"力量所组成的。

西晋灭吴之后，洛阳对于刘备或孙权的人，尚存疑虑。

《晋书》四六《刘颂传》略云：

颂上疏曰："自平吴以来，东南六州，（梁、益、荆、扬、兖、豫、青、徐为八州。梁益在西北，其余在东南，故云东南六州。）将士更守江表，此时之至患也。又内兵外守，吴人有不自信之心，宜得壮主以镇抚之，使内外各安其旧。"太康元年平吴。《通鉴》载此疏于晋武太康十年，虽不确切，也差不多在其前后。

羊祜、杜预、王浑、王濬，皆平吴之重要人物。平吴之兵，除了梁益之外，均镇守于吴。

（参看〔八〕一、二《晋书》六八《贺循传》与五二《华谭传》。）可见当时蜀人服化，而吴人尚未归顺。他们的意思是当用吴人。由此可知吴人比蜀人的反抗力强。

（唐笘　黄萱二十世纪五十年代听课记录）

唐代史听课笔记片段

一

唐朝乃中国最盛时代。地域之大，东至朝鲜，南至安南，西至波斯、阿富汗。

唐的特点是：虽以汉族为主，而汉族待各族却很好，不以"大汉族"自居。文化上也与各不同民族融合一起。这是历史上所未有。

唐史的材料虽不少，但多重复。重复可以有所比较，也有它的好处。史料却少得可怜。加之所有的史料多注重政治，其他各方面则更少了。因此我们只好到地下去寻找碑铭之类的文章。这种文章有一部分是有用的，大部分是不重要人物的记载，对历史无用处。许多墓志的写法，是用同一种格式填充的，也就没价值了。还是唐文集里的墓志，内容比较有价值。

唐代女人的地位很重要。有许多事，表面上看起来是男人的事，其实与女人很有关系。此点不但对于政治方面，对于家族婚姻方面，也很有关系。

在中国的古画中，找不到史料。在日本的正仓院，却保存着许多唐朝很有历史价值的画——类似现代的漫画。那些画曾经印出来，并送给北平图书馆及北京大学，我曾看到。但因当时中日邦交很不好，又被退回。

唐与我们隔得太远了，现在我们最重要的是了解唐留给我们的影响。

日本、朝鲜、安南现尚保存唐代的习惯很多。例如日本尚有霓裳散序遗音及双陆之戏。

二

唐书对于府兵的记载不全。最奇怪的是日本的法令，全似唐朝的法令，除"郡县"之类改为"国"。因此欲知唐的法律，当看日本的法律书。

唐朝三省：中书省、门下省、尚书省。宰相是同中书门下平章事。日本的外务省，是保存唐的"省"。

唐诗有很多材料，可补充唐史料的缺乏。唐诗有种特性：与作者的社会阶级及政治生活有密切的关系。

南北朝重贵族门第，他们重汉族文化。南朝的贵族，很少存留至唐朝。北朝有受汉族文化很深的胡人。血统是胡族，但因婚姻的关系，已成为混合的种族。这种人虽存留至唐代，但为数也不多。（东汉时这种贵族叫作"儒家大族"。）

"儒家"：在地方上学习"五经"。当时洛阳有太学，教官称"博士"。明经便是儒家。即所谓"经明行修"，便举他做一个小官，如郎令之类，乃至做到朝廷上的大官。

南北朝是门第制度，即注重家庭。六朝是其父做什么，其子亦从之。隋是科举制度。这种制度看来好像是很民主，但并不能推翻门阀的关系。唐朝考试以诗为最重要。清朝则考四书，做八股。

唐从西魏、北周传下来，武曌做皇帝时有很多改革。其中之一是变革隋代以来的科举制度，她把它改为进士科与明经科。帖括是完全靠记忆的，不用思想，因之，为高才者所不喜欢。武则天注重进士科，那便不管是什么人，也不分地域，只要能作诗、作文章，尤其是诗，便可到洛阳考进士。因此所有的人，都可以因会作诗，而爬到最高的地位。门阀的制度被推翻，社会的关系也由此而扩大，因之唐诗便成为对于历史很有关系的材料。

三

武曌注重诗词以打倒门阀，其不同之点在不重籍贯。唐朝的大行政区，叫作"道"，当时是任何地方的人，都可以被解送，不限行政区，也无论年老年少。江陵（荆州）这地方，文人不多，也有人被解送，即所谓"破天荒解"。可见那个时候的考试，是很民主的。

清朝有糊名及誊写的制度。唐朝则不然。它是用"通榜"。这是很公开的。要投考之前，找一个能作诗之名人，把所有诗文著作给他看，给他评定。被托的人可以把他平时的成绩告诉考官。那些诗文叫作"行卷"。

白居易到京师，以《草》这首诗给顾况看。白的出身不太好，但以此诗被注意。朱庆余考试时，也以"妆罢低声问夫婿，画眉深浅入时无"诗，呈张水部。

当时识字的人都作诗，但可分为"摹拟"与"创作"两种。

据我们看来，与历史有关的诗，一定不是"摹拟"而是"创作"。但没有关系的诗，有时也有价值。

唐诗七言的最多，因与音乐有关。现在中亚细亚人唱的多是七言。翻译的佛经，也是四句七言。可见七言对于饮食、起居、交际，都很有关系。

宋朝的词话是先有词，然后望名生义，造出一个故事来，完全不可靠。唐诗纪事比较可靠，对历史有用，但不够。那里面有些是有名的，有些是无名的。但无名的也不能忽略。例如讲天气之作，虽没有历史价值，我们若要研究当时气候与现在有何不同时，便有用处了。

四

武曌的大改革，史籍中不大看得见，诗里比较看得出来。

诗的好处：

一、纠正错误

二、说明真相

最重要的史书，都是官书。最高的统治者，都是隐恶扬善，颠倒是非。很多是不可信。唐朝的诗对于避讳较少。春秋有所谓"为尊者讳，为贤者讳"。例如韩愈与柳宗元、刘禹锡，虽友善，却是政敌。韩愈被贬三次。其一是谏迎佛骨。其二是宫市，或云天旱。天旱未能得其确解。宫市是说德宗的宦官买东西不给钱，或者是给很少的钱。史书里对于他被贬的原因，说得很含糊，但从他途中寄王涯诗里，可看出来。

德宗——顺宗——宪宗。顺宗做了一年傀儡皇帝，被宦官迫他逊位给宪宗。

柳宗元与李忠言同党。他拥护顺宗。韩愈与俱文珍同党，他们是拥护宪宗的。韩愈之所以被贬，便是这个原因。故宪宗即位，则韩愈回。

三、别备异说

唐诗很多是纪事的，有些是谣言，不可信。但民间的传说，很多是事实。例如杨贵妃之死，史书与小说、诗，各有不同的说法。各种记载可供考证。

四、互相证发

从杜甫的《哀王孙》，知当时安禄山在洛阳派兵驻长安，乃朔方军所属之同罗部落。

五、增补缺漏

武宗以后的历史很多缺漏。唐诗可以增补缺漏。例如李德裕死在海南岛，其柩被运回之证明有李商隐《无题》诗。李、牛两党弄权，其实是两党宦官的斗争。宣宗本是皇太叔，他即位牛党得势，贬李德裕于海南岛。大中三年李死。李柩回洛阳，乃大中六年六月。

宣宗时吐蕃内乱，势衰。汉人首领张义潮。有党项族归附中国，有时候反覆叛离，唐朝必须用兵。宣宗虽不以李党为然，忽然发现李德裕的旧功，所以把李德裕之柩运回洛阳。此事从出土的碑文与唐诗可以互相参补。

五

扬州书局本《全唐诗》为清代江宁织造巡视两淮盐政曹寅（曹雪芹祖父）所刻。

明末胡震亨有《唐音统签》。

清初钱谦益、钱曾、季振宜有一部《全唐诗》。故宫博物院亦有一部。

注：由于重读陈寅恪先生从前讲授的《唐代史笔记》，其中谈到《全唐诗》，使我想起陈先生于工作中，有时也给我谈些学术上的事。记得他曾谈过有关《全唐诗》的问题。他说：

"校《全唐诗》应参用明朝本。《全唐诗》或原本为钱牧斋所整理过。其中好的地方，都是牧斋所为。后归钱曾，然后由曾卖给季振宜。季乃盐商，很富有，是藏书家，但恐无如此学问做整理工作。季乃清初人。《全唐诗》只打季的印，无明言是他整理的。"

陈先生还说：

"李嘉言曾在甘肃写过整理《全唐诗》计划。但李没见过季的书。季本在南京，疑北京的季本，乃抄南京的。"

我曾以"南京和北京季本是否还存在？"请教于蒋天枢教授。他说：

"寅师所云在南京、北京的季本，今已不知所踪。"

果尔，则难查对了。

陈先生又说：

"《全唐诗》中令狐楚集有和诗，误为令狐楚诗。而裴度《睡》（《凉风亭睡觉》）诗，当为令狐楚所作。

"整理《全唐诗》应先搜集明朝时各集的版本。因中间有脱落了一个人的名字，因而误为上一个人所作的。"

唐诗为什么包括许多史料？

一、因为高宗、武则天重词科，进士科。

二、选取的人不限门第高低。女人、和尚都有能作诗的。如贾岛本名无本，也能作诗。阶层已扩大，诗中包括的史料，也就多了。

六

唐玄宗开元晚世，河北山东士族之改变：

山东士族本来的势力很大，为唐室所忌，却无法消灭之。唐皇室不愿与他们通婚姻。北朝和南朝的贵族本同一来源。南朝的贵族先消亡，而北朝仍保存。高等门第为一般人所羡慕。唐太宗的宰相如房玄龄、魏征、李勣（徐世勣），仍保持山东士族的势力。武则天、高宗时代，以科举制度始施破坏门阀势力，提拔了小地主，或破落户及胡人。

在突厥合东西两突厥为一，很强盛时，包括许多人种，民族复杂。至玄宗开元世，其本部衰，则其余部落散入中国内部或边境。

中国必须安置之。匈奴或吐蕃亦然。他们到河北山东一带，初来时并不汉化。山东士族虽有武力，但不及他们。所以山东士族必须迁移，先至河南之北部。

（黄萱二十世纪五十年代听课记录）

元白诗证史第一讲听课笔记片段

中国诗与外国诗不同之点——与历史之关系：

中国诗虽短，却包括时间、人事、地理三点。如《唐诗三百首》中有的诗短短二十余字耳，但……外国诗则不然，空洞不着人、地、时，为宗教或自然而作。

中国诗既有此三特点，故与历史发生关系。唐人孟棨有《本事诗》，宋人计有功亦有《唐诗纪事》，但无系统无组织。《本事诗》只说到一个人、一件事，一首首各自为诗。即使是某人之年谱附诗，也不过把某一个人之事记下来而已，对于整个历史关系而言则远不够。

有两点不综合：此诗即一件事与别事不综合，地方空间不综合，于历史上不完备。作者个人与前后之人不综合，作品亦与别人之关系不综合。

就白香山之诗而论，综合性尤嫌不够，需作再进一步之研究。综合起来，用一种新方法，将各种诗结合起来，证明一件事。把所有分散的诗集合在一起，于时代人物之关系、地域之所在，按照一个观点去研究，连贯起来可以有以下作用：

说明一个时代之关系。

纠正一件事之发生及经过。

可以补充和纠正历史记载之不足。最重要是在于纠正。

"元白诗证史"即是利用中国诗之特点来研究历史的方法。

唐朝人多能作诗，遗下来的诗不少，皆可用来证史，何以要取元白诗呢？

一、时代关系。如李太白在前而李商隐在后，元白之诗正在中唐时代，说上说下皆可。

二、唐人诗中看社会风俗最好。元白诗于社会风俗方面最多，杜甫、李白的诗则政治方面较多。

三、又以元白诗留传者较多。

以元白诗证史，

一、首先要了解唐朝整体局面情况，然后才能解释。

二、历史总是在变动的，看诗犹如看活动电影之变动，需看其前后之变迁。若仅就单单一片材料扩大之则不可，必须看到事物前后的变迁。

（唐筼二十世纪五十年代听课记录）

《陈寅恪合集》补记

一九六七年四月二日，陈寅恪在由唐筼代笔的《我的声明》中说：“我生平没有办过不利于人民的事情。我教书四十年，只是教书和著作，从未实际办过事。”［《陈寅恪先生编年事辑》（增订本）一九六七年谱］可见在陈寅恪的心目中，教书是他的第一使命，著作次之。

据陈寅恪的女儿回忆：“父亲去课堂授课，不提皮箧或书包，总用双层布缝制的包袱皮包裹着书本，大多是线装书。用不同颜色的包袱皮儿，以示不同类别的书籍。工作归来，通常仍会伏案至深夜。我们长大后，父亲多次对我们说，即使每年开同以前一样的课程，每届讲授内容都必须有更新，加入新的研究成果、新的发现，绝不能一成不变”；“父亲备课、上课发给学生的讲义主要是讲授时援引的史料原文，这些史料都是从常见史书中所摘取，至于如何考证史料真伪，如何层层剖析讲解这些材料而不断章取义、歪曲武断，做到水到渠成地提出他的观点，则全装在自己脑中，未见他写过讲稿。”（《也同欢乐也同愁》）陈氏著作的雏形大多形成于其教学过程，基本是他在教学之余积累撰写的。

西南联大外文系学员许渊冲旁听过陈寅恪先生的讲课，他在晚年回忆道：“他说研究生提问不可太幼稚，如‘狮子颔下铃谁解得’，解铃当然还是系铃人了（笑声）。问题也不可以太大，如两个和尚望着‘孤帆远影’，一个说帆在动，另一个说是心在动，心如不动，如何知道帆动（笑声）？心动帆动之争问题就太大了。问题要提得精，要注意承上启下的关键，如研究隋唐史要注意杨贵妃的问题，因为‘玉颜自古关兴废’嘛。”（《追忆似水年华》）可见治学严谨的陈寅恪在授课时也不失幽默。

一九四六年，双眼失明的陈寅恪重返清华大学，梅贻琦校长专门为陈氏配备了三名助手，王永兴为其中一位。据王永兴回忆，梅校长派历史系主任雷海宗先生来看老师，"劝他暂不要开课，先休养一段时间，搞搞个人研究。寅恪先生马上说：'我是教书匠，不教书怎么能叫教书匠呢？我要开课，至于个人研究，那是次要的事情。我每个月薪水不少，怎么能光拿钱不干活呢？'当时我站在老师身旁，看到老师说这些话时虽是笑着，但神情严肃且坚决。"（《纪念陈寅恪教授国际学术讨论会文集》）

一九五〇年，岭南大学的及门弟子胡守为选修了陈寅恪所开"唐代乐府"一课，学生仅他一人。胡守为回忆说："陈先生绝不因为选课学生的多少影响他的讲课质量。令我尤为感动的是，当时夏天他身着唐装在助手协助下在楼下工作，每当学生到家里听课，他都要自拄杖扶梯缓步上楼改换夏布长衫，然后才下来上课"；"这件事对我教育很深，这就是为人师表啊！"（同上）

一九六七年，"文化大革命"高潮期间，"本年底红卫兵要抬先生去大礼堂批斗，师母阻止，被推倒在地。结果，由前历史系主任刘节代表先生去挨斗。会上有人问刘有何感想，刘答：我能代表老师挨批斗，感到很光荣！"［《陈寅恪先生编年事辑》（增订本）一九六七年谱］

蒋天枢，清华研究院三期学员，陈寅恪晚年最知心的弟子。一九六四年五六月间陈寅恪向蒋天枢作了一生事业的"生命之托"，即将其晚年编定的著作整理出版全权委托蒋天枢。陈寅恪赠诗云：

"草间偷活欲何为，圣籍神皋寄所思。拟就罪言盈百万，藏山付托不须辞。"（《陈寅恪诗集》）蒋天枢没有辜负恩师的重托。他晚年放弃了自己学术成果的整理，全力校订编辑陈寅恪遗稿，终于在一九八〇年出版了近二百万言的《陈寅恪文集》，此《文集》基本保持了陈寅恪生前所编定的著作原貌。

　　我们选编的这套《陈寅恪合集》，正是以蒋天枢先生编辑的〔陈寅〕恪文集》为底本略作调整而成。在此套《合集》付梓出版之〔际，〕向蒋先生致以崇高敬意。

二〇一九年十月江奇勇补记

　　〔《合集〕》以"经纬陈寅恪，走进陈寅恪"为选编宗旨，以〔让更〕多读者接近陈寅恪，阅读其著，体悟其思"提供好版本为目〔的。《合集》中"史集"与"别集"的区分，体现其编排的独创〔性，〕符合《著作权法》第十四条之规定，其著作权由汇编人享有。汇编过程中，我们并不是简单地将繁体字竖排转换为简体字横排。而是勘对底本文字，径改文字讹误，异体字改通行正字；对底本的原标点做必要的调整，尽可能全面、正确地添加书名号。其汇编过程亦整理过程：无论是繁体字转简体字、异体字改通行正字，还是添加书名号，均耗时费力考籍核典，殚精竭虑决定取舍，以尽其意，以求准确。其汇编过程中产生的整理权符合《著作权法》第十二条之规定，其著作权由整理人享有。本《合集》的汇编作品著作权和整理权均受法律保护，不容他人侵犯，特此声明。

二〇二〇年元日又补